O COMPLEXO FRATERNO

Blucher

O COMPLEXO FRATERNO

Estudo psicanalítico

Luis Kancyper

Tradução
Julio Noto

O complexo fraterno: estudo psicanalítico

Título original: *El complejo fraterno: estudio psicoanalítico* (ISBN: 987-00-0447-4)

© 2004 Editorial y Distribuidora Lumen SRL, Luis Kancyper

© 2019 Editora Edgard Blücher Ltda.

Imagem da capa: Rembrandt, *Jacob Blessing the Children of Joseph*. Wikimedia Commons.

Blucher

Rua Pedroso Alvarenga, 1245, 4º andar
04531-934 – São Paulo – SP – Brasil
Tel.: 55 11 3078-5366
contato@blucher.com.br
www.blucher.com.br

Segundo o Novo Acordo Ortográfico, conforme 5. ed. do *Vocabulário Ortográfico da Língua Portuguesa*, Academia Brasileira de Letras, março de 2009.

É proibida a reprodução total ou parcial por quaisquer meios sem autorização escrita da editora.

Todos os direitos reservados pela Editora Edgard Blücher Ltda.

Dados Internacionais de Catalogação na Publicação (CIP)
Angélica Ilacqua CRB-8/7057

Kancyper, Luis
   O complexo fraterno : estudo psicanalítico / Luis Kancyper ; tradução de Julio Noto. – São Paulo : Blucher, 2019.
   324 p. : il.

   Bibliografia
   ISBN 978-85-212-1392-5 (impresso)
   ISBN 978-85-212-1393-2 (e-book)
   Título original: *El complejo fraterno: estudio psicoanalítico*

   1. Psicanálise 2. Irmãos e irmãs – Aspectos psicológicos I. Título. II. Noto, Julio.

19-0509   CDD 155.443

Índice para catálogo sistemático:
1. Psicanálise : Irmãos

Conteúdo

Notas gerais sobre a tradução — 7

Prólogo — 11

PARTE I
O complexo fraterno na cultura

1. Jacob ou o calcanhar de Esaú: o complexo fraterno na mitologia — 15
2. Complexo de Édipo e complexo fraterno na vida e na obra de Franz Kafka — 89
3. Complexo fraterno tanático e trófico na obra de Jorge Luis Borges — 127

PARTE II
O complexo fraterno no processo analítico

4. O rei está só: o complexo fraterno na psicanálise com crianças ... 173
5. Burro de carga: o complexo fraterno no processo analítico de adolescentes ... 209
6. O irmão de substituição: o complexo fraterno no processo analítico de adultos ... 249

Epílogo – O complexo fraterno e suas quatro funções ... 289

Referências ... 297

Índice de autores ... 311

Índice remissivo ... 315

Notas gerais sobre a tradução

Alguns princípios nortearam esta tradução. O primeiro deles e o mais difícil foi a tentativa de permanecer fiel ao estilo do autor. Conforme declaração dele, feita em outro texto de sua autoria – *Ressentimento e remorso* (1991b) –, ele apresenta *inclinações sensuais com a palavra*, o que nos fez optar, na medida do possível, pela manutenção de suas construções e expressões, na tentativa de ficar preservada a agradável sensação produzida pela leitura original.

Os nomes próprios dos personagens bíblicos contam com uma grande variedade de grafias. Como o autor utiliza uma delas e estabelece relações com outros termos de raiz etimológica análoga, mantivemos a forma utilizada originalmente em detrimento de outras mais comuns no português. Esse é o caso de Jacob, que frequentemente aparece como Jacó nos textos em português; a opção pela primeira forma se deu porque, como elucidado no texto, o nome deriva da palavra em hebraico "*acob*", que pode ser traduzida como *calcanhar*, que, por sua vez, remete ao fato de Jacob ter nascido agarrado ao *calcanhar* de seu irmão Esaú.

Nos relatos do material clínico, encontramos falas de personagens com eventuais gírias e predomínio de incorreções gramaticais próprias da linguagem coloquial ou familiar. Em português, em algumas regiões, é comum utilizar "você", pronome da terceira pessoa, com adjetivos, flexões e outros pronomes na segunda pessoa – por exemplo: *você* pergunta para a *tua* mãe. Desse modo, entende-se que a utilização da concordância adequada imprimiria ao texto um formalismo incompatível com o diálogo.

Alguns neologismos aparecem eventualmente no texto e foram mantidos. Nessas ocasiões, acredita-se que sua leitura por um público conhecedor dessas inovações não traz prejuízos à compreensão. É o caso do verbo "narcisizar", que inexiste em espanhol e em português, mas cujo significado é imediatamente compreendido pelo leitor. Também encontramos "historicizar", que adquire o sentido de inserir um fato no contexto histórico, mantendo o termo "historiar" com a conotação de narrar.

Em diversos momentos, o autor utiliza o termo "*mismidad*" em contraposição a alteridade; a opção no texto traduzido foi pela expressão "identidade própria", porque se acredita que daria mais clareza ao texto.

Alguns conceitos freudianos têm sido objeto de traduções diversas, realizadas por diferentes autores, chegando, inclusive, a gerar algum tipo de celeuma. Nesse sentido, algumas opções foram feitas com as seguintes justificações:

- *Ominoso*: do alemão *Unheimlich*, este conceito tem recebido as mais variadas traduções. Tem aparecido como "estranho" ou "sinistro". Como no decorrer do livro aparece também o adjetivo "estranho" em seu uso corrente, preferiu-se usar a forma empregada pelo autor, pois traz a vantagem de permitir ao leitor remeter-se ao sentimento relacionado à pulsão de morte não ligada. Ominoso aparece no *Novo Dicionário da Língua Portuguesa*, de Aurélio Buarque de Holanda Ferreira, como agourento, nefasto, funesto e, ainda, detestável, execrável.

- *Recusa da realidade*: em alemão, *Verleugnung*, diz respeito ao recalcamento da percepção (cujo modelo é o fetichismo). Outras opções são *desmentido*, forma habitualmente utilizada pelo autor, e *rejeição*, forma apresentada na Edição Standard Brasileira das Obras Psicológicas Completas de Sigmund Freud. Aqui, a escolha variou entre um termo e outro, visando dar ao leitor uma apreensão mais imediata do conceito.

Julio Noto

Prólogo

Este livro contém o itinerário de minhas reflexões e experiências analíticas, centralizadas na importância fundamental que desempenha o complexo fraterno na estruturação da vida psíquica individual e social.

Esse complexo ultrapassa muito a importância de um simples conjunto fantasmático. Possui sua própria envergadura estrutural, e seus efeitos costumam alcançar um grau de teor tão elevado que até podem chegar a firmar o destino da vida do sujeito e de seus descendentes.

Na psicologia das massas, suas influências estruturantes e desestruturantes são exteriorizadas nas flutuantes relações de crueldade e solidariedade que se evidenciam entre as diferentes religiões e povos; relações ambivalentes que têm resistido à erosão dos séculos e às mutações históricas.

No geral, tende-se a pensar que o complexo fraterno é um mero deslocamento do edípico, como uma via linear só de ida, de um desenvolvimento programado dos investimentos de objeto, que partem das figuras parentais e são substituídas por outras – irmãos, primos, amigos – que favorecem, de forma gradual e progressiva, o acesso à exogamia. Embora o irmão possa agir como um aliado para afrouxar as dependências edípicas, também pode, em certas circunstâncias, chegar a reforçá-las, em um movimento de retorno, fixando o sujeito a seus progenitores.

Em outros casos, o complexo fraterno costuma encobrir parcial ou totalmente a estrutura edípica, gerando confusão e superposição de papéis e, como consequência, perturbando gravemente o processo de identidade. O complexo fraterno apresenta uma especificidade irredutível e articula-se, ao mesmo tempo, com as dinâmicas narcisistas e edípicas.

Quero esclarecer que, com a inclusão dos psicodinamismos referidos à fratria, não tento enclausurar nenhum dos temas concernentes à importância nodal que desempenham Narciso e Édipo na configuração da vida psíquica. Ao contrário, uma das minhas finalidades centrais é, precisamente, colocar em evidência como essas três estruturas complementam-se de uma maneira estreita, o que permite ampliar as fronteiras da psicanálise, estabelecer novas pontes entre a teoria e a clínica e aguçar a escuta analítica.

De fato, partindo do complexo fraterno para o complexo de Édipo e daí para o narcisismo, e vice-versa, permite-se maior captação da complexidade da alma humana e uma possível superação dos obstáculos que se erguem nos processos analíticos sob uma luz mais amplificadora e não acessível até então.

Não se trata, portanto, de declarar a caducidade do complexo de Édipo, que constitui o complexo genuíno da neurose. Trata-se, ao contrário, de descomprimir este último e articulá-lo com as especificidades das estruturas narcisista e fraterna. Entre essas três estruturas, trama-se uma combinação singular e original que determina em cada sujeito a criação de uma identidade irreplicável e inacabada.

PARTE I
O complexo fraterno na cultura

1. Jacob ou o calcanhar de Esaú: o complexo fraterno na mitologia

Introdução

> *O mito expressa uma realidade instituidora da qual habitualmente não se fala, uma trama de situações vitais que determinam a estrutura secreta ou oculta do indivíduo. O homem de qualquer época não pode configurar-se sem mitos. Estes revelam que a vida, o mundo e o homem têm uma origem e uma história sobrenatural.*
> Montevechio, Rosenthal, Smulever e Yampey (1986, p. 374)

O mito constitui, para a psicanálise, uma fonte fecunda de descobrimentos. Seu conteúdo é sempre dramático, porque expressa e oculta graves situações conflitantes referentes às origens, à estrutura e ao destino dos homens.

Neste primeiro capítulo, proponho-me a ressaltar o relato bíblico de Jacob, porque o considero como o mito paradigmático que fornece à psicanálise novas vias de interpretação da estrutura fraterna e de sua articulação com as dimensões edípica e narcisista.

Nesse mito, são postos em cena os entrelaçados processos psíquicos que surgem na vida psíquica do segundogênito, de modo diferente das observações clínicas aportadas por Freud e Lacan, centralizadas no estudo do "complexo do intruso" ou das feridas narcísicas, e prejuízos egoicos padecidos pelo primogênito, em razão do aparecimento de um irmão rival que vem quebrar e questionar a crença da perfeição de seu narcisismo infantil. Desse modo, o mito do patriarca Jacob permite a fala do irmão menor, aquele cuja culpabilidade insidiosa o faz sofrer isolado e em silêncio no segredo das noites da infância.

O calcanhar de Esaú e o guisado de lentilhas

O mito bíblico de Jacob e seus descendentes representa uma versão aumentada e ampliada da presença, por um lado, das extremas e flagrantes moções afetivas de crueldade e sadismo e, por outro, de fantasias de hostilidade insuportável, como genuínos representantes da vida pulsional não inibida, inerente à fratria.

A conhecida história narrada no livro do Gênesis, capítulo 25, estende-se até o término do primeiro livro de Pentateuco.

No começo da narração bíblica, apresentam-se, de imediato, fantasias inerentes à gemelaridade, à rivalidade e ao roubo da primogenitura em troca de um guisado de lentilhas. Essas fantasias são acompanhadas por amplo leque de afetos hostis e de relações de domínio desde o início, ainda na vida intrauterina: "Os filhos lutavam no ventre dela". Além disso, a rivalidade estendeu-se, inclusive, até o momento do parto: "O primeiro saiu ruivo, o corpo recoberto como um manto peludo, e o chamaram Esaú. Em seguida saiu seu irmão, com a mão agarrada ao calcanhar de Esaú, e o chamaram Jacob".

O nome Jacob remete à palavra hebraica *acob*, que significa calcanhar. Da mesma raiz provém o verbo *acab*, que quer dizer enganar.

Esse mito põe a descoberto os pactos de lealdades visíveis e invisíveis e os conluios parento-filiais, inconscientes e conscientes, que costumam permanecer atuantes e latentes após uma manifesta e reiterada rivalidade entre irmãos: "Isaac amava Esaú. . ., mas Rebeca amava Jacob".

A seguir, vamos perceber as palavras e os silêncios sugestivos deste relato da Bíblia:

> *E estas são as crônicas de Isaac, filho de Abraão. Abraão gerou Isaac. Isaac tinha quarenta anos quando tomou Rebeca por mulher, filha de Betuel, arameu de Padã-Arã, irmã de Labão, o arameu. Isaac suplicou ante o Senhor por sua mulher, pois ela era estéril. O Senhor aceitou sua oração e sua mulher concebeu.*
>
> *Os filhos lutavam no ventre dela, que disse: "Se é assim, por que isso me acontece?". E foi perguntar ao Senhor. O Senhor lhe disse: "Dois povos existem em teu ventre; duas nações de tuas entranhas vão se separar; o poder passará de uma nação a outra e a maior servirá à menor".*
>
> *Quando se completaram os dias de sua gravidez, eis que havia gêmeos em seu ventre. O primeiro saiu ruivo, o corpo recoberto como um manto peludo, e o chamaram Esaú. Em seguida saiu o irmão, com a mão agarrada no calcanhar de Esaú, e o chamaram Jacob; Isaac tinha sessenta anos quando Rebeca deu à luz.*
>
> *Os jovens cresceram, e Esaú tornou-se caçador, homem do campo; porém, Jacob era um homem íntegro*

vivendo em tendas. Isaac amava Esaú porque comia suas caças, mas Rebeca amava Jacob.

Jacob preparou um guisado de lentilhas, Esaú chegou do campo e estava exausto. Esaú disse a Jacob: "Coloca em minha boca um pouco desse cozido tão vermelho, pois estou exausto". Por isso, foi-lhe dado o nome de Edom. Jacob disse: "Vende-me hoje a tua primogenitura". E disse Esaú: "Se no final eu terminarei morrendo, de que me serve a primogenitura?". Disse Jacob: "Jura-me neste dia".

Esaú jurou e vendeu sua primogenitura a Jacob. Jacob deu a Esaú um pão e o guisado de lentilhas, e ele comeu e bebeu, levantou-se e saiu. Esaú desprezou a primogenitura. (Torá, Gênesis 25, 19-34)

A gemelaridade

O tema da gemelaridade ocupa um lugar importante na fantasmática inconsciente. Os gêmeos proporcionam uma expressão eloquente da natureza fundamentalmente escópica do ser, do duplo da reflexividade essencial do sujeito.

Esse duplo, o gêmeo maravilhoso ou ominoso, personifica o paradigma de fenômenos ligados à aquisição progressiva e tardia do sentimento de identidade, suas relações com o narcisismo e com a pulsão de morte, que costumam manifestar-se diante da fantasia da existência de um gêmeo imaginário.

Em 1919, Freud escreveu sobre o duplo em seu artigo "O ominoso", texto que preludia *Além do princípio do prazer*, no qual introduz o conceito de Tânatos, seu intrincamento e desintrincamento com Eros.

O duplo foi, em sua origem, uma segurança contra o sepultamento do ego, um desmentido enérgico do poder da morte, e é possível que a alma "imortal" tenha sido o primeiro duplo do corpo. Essas representações nasceram sobre o terreno do amor irrestrito por si mesmo, o narcisismo primário que governa a vida anímica da criança e do primitivo; com a superação dessa fase, muda o sinal do duplo: de uma segurança de sobrevivência, passa a ser o ominoso anunciador da morte. Esse duplo imortal caracteriza-se por ser inquietante, familiar e estranho. Por corresponder, segundo Freud, por um lado:

> *a um retrocesso a fases singulares da história do desenvolvimento do sentimento egoico, de uma regressão a épocas nas quais o ego não havia ainda se distinguido nitidamente do mundo exterior nem do outro. Retém-se um efeito ominoso quando se apagam os limites entre fantasia e realidade, quando aparece em frente a nós como real, algo que havíamos considerado como fantástico, quando um símbolo assume a plena função e o significado do simbolizado. (Freud, 1919a, p. 225)*

Esse duplo age como corpo estranho no ego, apaga os limites da identidade própria e da alteridade e é, por consequência, fonte de angústias confusionais. Instala-se na espacialidade psíquica do sujeito como um inquilino violentador que o transforma em um escravo, além de impedir o ego de ser o dono da própria casa.

O irmão pode ser visto como um usurpador todo-poderoso que se apropria magicamente de seus atributos. Produz-se, assim, uma atuação defensiva da distância social ou geográfica: ir aos confins do mundo, porque o lugar já está ocupado pelo outro ou porque o outro representa, exterioriza e localiza aquilo que não quer ver em si mesmo.

A clínica das relações fraternas, sobretudo dos gêmeos, ilustra a dialética do senhor e do escravo de Hegel, na qual um irmão é necessariamente dominado pelo outro, o dominador.

Aquele que domina preocupa-se com o outro, tem maior necessidade desse outro e, frequentemente, isso se torna intolerável. O senhor necessita ser reconhecido como tal, enquanto o "dominado" pode prescindir do "dominante" e adequar-se à situação. Portanto, esse fato coloca-o em uma posição de força que enfurece o outro com uma "raiva narcisista" que pode produzir uma lamentável violência. (Brusset, 1987)

Encontramos uma particular encenação imaginária nos gêmeos: a fantasia com relação à existência de um só espaço, um só tempo e uma só possibilidade para dois. Por exemplo, existe uma única carreira profissional, uma beleza excludente, uma única posição econômica e social. Se uma irmã gêmea é mãe, a outra é tia; se uma é inteligente, a outra é boba; se uma é linda, a outra é feia; se uma é rica, a outra é pobre.

Essa dimensão sacrificial entre os gêmeos é uma consequência da estratificação superposta de fantasias de roubo e simbiose (de fusão e confusão, de adjudicações e apropriações mútuas de papéis e funções) e funciona como as raízes que nutrem remorsos e ressentimentos mais virulentos, que costumam expressar-se, por exemplo, pelo evitamento extremo de toda competição, pela rivalidade. Recordemos que o termo "rivalidade" provém do latim *rivalis* e significa ter direito à mesma corrente de água.

Os remorsos cerceiam, no irmão mais talentoso do par especular e simbiótico, suas possibilidades de oportunidade e evolução pessoal, em razão de sua incapacidade de fracassar de forma parcial ou total no esforço para conseguir o triunfo, visto que suas conquistas, ao existir uma única possibilidade para os dois, costumam ser vivenciadas como a realização alucinatória do *homo homini lupus*, com consequentes sentimentos de culpa e desencadeamento da necessidade de castigo. Por sua vez, o gêmeo postergado nas suas realizações individuais contabiliza correlativamente seus ressentimentos, esperando vingar-se do gêmeo privilegiado, que considera responsável por seus fracassos. Assim, entre eles, há um tempo circular tanático que perturba a aquisição da identidade discriminada de cada um.

Freud descreve em "Psicogênese de um caso de homossexualidade feminina" (1920) uma observação analítica entre irmãos gêmeos e não gêmeos, que denomina como "colocar-se de lado", relacionado com o evitar da ineludível competição entre os semelhantes. Ele assinala seus efeitos na definição da escolha de objeto sexual e vocacional.

> *Como esse "colocar-se de lado" não foi anteriormente mencionado entre as causas da homossexualidade, tampouco relacionado ao mecanismo de fixação libidinal, acrescento aqui uma observação analítica similar, interessante por uma circunstância particular. Conheci certa vez dois irmãos gêmeos, ambos dotados de fortes impulsos libidinosos. Um deles tinha muita sorte com as mulheres e mantinha inumeráveis relacionamentos com senhoras e senhoritas. O outro, a princípio, seguiu o mesmo caminho, mas depois lhe desagradou estar caçando em seara alheia, ser confundido com aquele em ocasiões íntimas, em razão de sua semelhança; por isso, resolveu a dificuldade tornando-se homossexual. Abandonou as mulheres ao seu irmão e "colocou-se de lado" em relação a ele.*

> *Em irmãos não gêmeos, esse "colocar-se de lado" desempenha um importante papel também em outros âmbitos, não somente no da eleição amorosa. Por exemplo, se o irmão mais velho se dedica à música e desfruta de reconhecimento, o menor, musicalmente mais dotado, logo interrompe seus estudos musicais, apesar de desejar dedicar-se a eles, sendo impossível persuadi-lo a tocar um instrumento. Isso é apenas um exemplo de um fato muito comum e a indagação dos motivos que levam a "colocar-se de lado" em vez de aceitar a rivalidade, revelando condições psíquicas muito complexas. (Freud, 1920, p. 152)*

O conluio mãe-filho

O termo "colusão"[1] deriva do latim *ludere* (brincar) e também de *illudere* (enganar). Conluio é "confabulação, complô para enganar alguém; é um engano compartilhado".

O conceito de conluio foi formulado por Laing (1961) para referir-se a um jogo inconsciente de transferências produzidas por reforçamento recíproco de fantasias compartilhadas. Outros autores se ocuparam do tema com o intuito de aplicá-lo à relação de casais e entre analista e analisando, na situação analítica. Eu aplico esse conceito, por outro lado, ao tratar do conluio parento-filial. No caso do mito apresentado, estabeleceu-se um eloquente conluio entre Rebeca e seu filho menor, contra Isaac e Esaú.

---

[1] Embora o termo "colusão" exista em português, preferimos utilizar seu sinônimo "conluio", por ser mais utilizado e ter sentido mais imediato no contexto. [N.T.]

E aconteceu que, quando Isaac envelheceu e seus olhos se nublaram, chamou a Esaú, seu filho mais velho, e lhe disse: "Meu filho". E ele lhe respondeu: "Eis-me aqui". E Isaac lhe disse: "Verás que envelheci, e não sei qual é o dia da minha morte. Agora, por favor, afia tuas armas, tua espada e teu arco, sai ao campo e apanha para mim alguma caça. Em seguida, prepara-me um guisado saboroso como eu gosto e traze-mo, para que eu coma, para que minha alma possa abençoar-te antes que eu morra".

Rebeca escutou o que Isaac disse a seu filho Esaú; e Esaú foi ao campo para apanhar uma caça que havia de trazer. Rebeca disse a seu filho Jacob: "Eis aqui o que ouvi que teu pai falava a teu irmão Esaú: 'Traze uma caça e prepara-me um guisado saboroso para que coma, e eu te abençoarei na presença do Senhor antes de morrer'. Agora, meu filho, escuta minha voz naquilo que te mando. Vai agora ao rebanho e traze-me de lá dois cabritos selecionados e com eles prepararei um cosido saboroso para teu pai, como ele gosta. E levá-lo-ás a teu pai para que o coma, para que possa abençoar-te antes de sua morte".

Jacob respondeu a Rebeca, sua mãe: "Mas meu irmão Esaú é um homem peludo e eu sou de pele lisa. Talvez meu pai me toque, e então serei a seus olhos um enganador, e assim trarei sobre mim uma maldição em vez de uma bênção". Mas sua mãe lhe disse: "Que tua maldição recaia sobre mim, meu filho; porém, obedeça minha voz e vai e traze-mos". E ele foi, tomou-os e trouxe-os à sua mãe; e sua mãe fez um guisado saboroso como seu pai gostava. Rebeca tomou roupa limpa de seu filho mais velho Esaú que tinha em casa e vestiu Jacob, seu filho mais novo. Com as peles dos cabritos cobriu os braços e a lisura do pescoço. E deu o guisado saboroso e o pão que tinha preparado na mão de Jacob, seu filho.

E ele foi diante de seu pai e disse: "Pai". E ele disse: "Eis-me aqui; quem és tu meu filho?". Jacob disse ao seu pai: "Sou eu, Esaú, teu primogênito; fiz tal qual me ordenaste; por favor, levanta-te, senta-te e come do que cacei, para que tua alma me abençoe". Isaac disse a seu filho: "Como é que encontrastes tão rápido, meu filho?". E ele disse: "Pois o Senhor, teu Deus, fez que o encontrasse diante de mim". Isaac disse a Jacob: "Aproxima-te, por favor, para que eu possa tocar-te, meu filho. De verdade sois Esaú, ou não?".

Jacob aproximou-se de seu pai Isaac, que o tocou e disse: "A voz é a voz de Jacob, porém as mãos são as mãos de Esaú". Mas não o reconheceu, pois suas mãos eram tão peludas como as mãos de seu irmão Esaú; e o abençoou, dizendo-lhe: "És meu filho Esaú?". E ele respondeu: "Eu sou". Isaac disse: "Sirva-me e deixa-me que coma o que caçou, meu filho, para que minha alma te abençoe".

Então Jacob lhe serviu e Isaac comeu; depois lhe trouxe vinho e Isaac bebeu. E Isaac lhe disse: "Aproxima-te, por favor, e beija-me, meu filho". Ele se aproximou e o beijou; cheirou o aroma de sua roupa e o abençoou, dizendo: "Veja, o aroma de meu filho é como o aroma de um campo abençoado pelo Senhor. E que Deus te dê o orvalho dos céus e a fertilidade da terra, e grãos e vinho em abundância. Os povos te servirão, e os governos se inclinarão diante de ti; sê senhor de teus irmãos e os filhos de tua mãe se prostrarão diante de ti; malditos sejam os que te amaldiçoarem e benditos sejam os que te abençoarem".

E quando Isaac havia terminado de abençoar Jacob, que já havia se afastado da presença de Isaac, Esaú, seu irmão, voltou da caçada. Ele também preparou guisados saborosos e os trouxe a seu pai. E disse a seu pai: "Que meu pai se levante e coma o que caçou seu filho, para que tua alma me abençoe". Isaac, seu pai, perguntou: "Quem és?". E ele disse: "Sou teu filho, teu primogênito Esaú". Então, Isaac tremeu, absolutamente perplexo, e disse: "Quem, pois, é aquele que apanhou a caça e ma trouxe, aquela que comi quando tu ainda não havias vindo, e que eu abençoei? Ele também será bendito".

Ao ouvir Esaú as palavras de seu pai, emitiu um tremendo e amargo grito e disse a ele: "Abençoa-me também a mim, pai!". Mas Isaac disse: "Teu irmão veio com astúcia e tomou tua bênção". Esaú disse: "Não foi justamente chamado Jacob e por isso já duas vezes me enganou? A primogenitura me tomou e eis que agora me tomou minha bênção". Em seguida disse: "Não reservaste para mim uma bênção?".

Então Isaac, seu pai, respondeu a Esaú: "Eis que o tenho posto como senhor sobre ti e de todos os teus irmãos e lhe tenho dado por servos, de trigo e vinhos o tenho fortalecido. Para ti, que posso fazer, meu filho?".

E Esaú disse a seu pai: "Tens uma só bênção, meu pai?

> *Abençoa-me também a mim, pai!". E Esaú levantou sua voz e chorou.*
>
> *Isaac, seu pai, lhe disse: "Eis aqui que a tua habitação será a terra fértil e o orvalho dos céus do alto. Por tua espada viverás, mas a teu irmão servirás, entretanto, quando estejas arrependido, poderás livrar-te do jugo que cinge teu pescoço".*
>
> *Esaú odiou Jacob por causa da bênção com a qual o havia abençoado seu pai e pensou para si mesmo: "Quando chegarem os dias de luto por meu pai, então matarei meu irmão Jacob". (Torá, Gênesis 27, 1-41)*

O texto bíblico não explicita as causas que motivaram Rebeca a instigar um conluio com Jacob, seu filho menor.

> *No jogo intersubjetivo de um conluio, ambos os participantes encarnam o personagem necessitado pelo outro. Ambos desempenham o papel que o outro lhe adjudica e, ao mesmo tempo, o papel necessitado por cada um em si; tornando estereotipados os mecanismos de conluio, o que implica ainda um jogo de lealdades em conflito com os objetos primários. (Losso & Packiarz, 2001, p. 125)*

Podemos supor que, por meio do conluio com sua mãe, Jacob satisfazia seu desejo pré-natal de destronar o primogênito; Rebeca, por sua vez, satisfazia a ânsia de exercer, por intermédio de Jacob, a ginecocracia no meio familiar. Jacob atuava, então, como um "pseudópode hostil da ameba narcisista" de sua mãe.

De fato, esse relato mítico revela como a luta silenciosa de poderes entre os gêneros do casal parental costuma ser atuada com estridências por meio de uma rivalidade manifesta e inflamada entre os irmãos. Rebeca, apesar de se posicionar diante de Isaac como uma inocente passiva e vítima queixosa do destino, manipulava e dominava Jacob de forma a enganar o marido e triunfar sadicamente sobre ele e o filho mais velho. Desse modo, permanecem finalmente unidos mãe e filho menor, em uma ligação cruel e atormentadora.

O conflito bíblico conclui com estas palavras:

> *Foram comunicadas a Rebeca as palavras de seu filho mais velho, Esaú. Ela mandou chamar Jacob, seu filho menor, e lhe disse: "Eis que teu irmão se consola com a ideia de matar-te. Agora, pois, meu filho, ouve a minha voz e levanta-te; foge daqui e acolha-te com Labão, meu irmão, em Jaran. E more com ele alguns dias até que se aquiete a ira de teu irmão. Até que aplaque a zanga de teu irmão contra ti e se esqueça do que lhe fizeste; então enviarei e farei vir-te de lá. Por que haveria eu de perder aos dois de vós no mesmo dia?".*
>
> *E Rebeca disse a Isaac: "Menosprezo minha vida por causa das filhas de Jet; se Jacob tomar uma mulher das filhas de Jet, como são filhas desta terra, para que devo seguir vivendo?". (Torá, Gênesis 27, 42-46)*

A personagem de Rebeca evidencia, com base no ângulo materno do triângulo edípico, como a sedução e a instigação da mãe reativam as fantasias edipianas e fraternas no filho e irmão mais novo.

Jacob achava-se atarefado por chegar a materializar um desejo pontual veemente com relação ao roubo e à apropriação da bênção do pai. É que, por meio da bênção paterna, obtém-se um efeito legal: reconhece-se o sucessor e herdeiro do pai. O que acontece é que não existe bênção para mais de um filho; ainda que o amor do pai possa ser estendido à fratria, sua lei designa somente um como o mais velho por decreto.

Para o Antigo Testamento, nem todos os irmãos valem a mesma coisa: "Os povos te servirão, e os governos se inclinarão diante de ti; sê senhor de teus irmãos e os filhos de tua mãe se prostrarão diante de ti; malditos sejam os que te amaldiçoarem e benditos sejam os que te abençoarem".

Assoun assinala que, apesar de Isaac comprovar ter sido enganado por seu filho Jacob, que agiu com astúcia contra Esaú, não lhe retirou sua bênção: "O dito, dito está; a lei paterna não pode recusar-se, porque a palavra do pai tem força de lei. Além disso, o que se consagra é também a vontade de domínio da mãe, e parece que Jacob nunca pede nada sem que ela o incite" (1999, p. 145).

Jacob representa a servidão secreta do herói: escolhido (pela mãe), abençoado (pelo pai) e eleito (por Deus) para assumir ser: Israel. Esaú, ainda que manifeste sua fúria contra a traição de seu irmão, esguelha a participação e a responsabilidade que teria sua mãe nesse pacto de conluio. Pergunta-se, com intuição etimológica, se não é o nome que seu irmão carrega que, desde o início, marca os enganos a que ele foi exposto: "Não foi justamente chamado Jacob e, por isso, já duas vezes me enganou? A primogenitura me tomou e eis que agora me tomou minha bênção... Quando chegarem os dias de luto por meu pai, então matarei meu irmão Jacob".

A experiência clínica nos tem ensinado que, com muita frequência, os deslocamentos e encobrimentos da situação edípica pela problemática conflitiva fraterna atuam como uma das fontes inconscientes mais relevantes e geradoras de cruéis mal-entendidos. Esses mal-entendidos costumam ser transmitidos pela memória do rancor ao longo de várias gerações, dando origem, desde os tempos bíblicos até a atualidade, a uma escalada crescente de renovados mal-entendidos que dão origem a impiedosas lutas entres religiões e povos.

A mitologia egípcia nos revela o edifício íntimo de um frequente conluio materno-filial que se deu com o mito de Hórus. Esse herói reivindicador foi concebido por Ísis, sua mãe, para lutar contra Seth e vingar a morte de Osíris. Hórus nos elucida a natureza alicerçante do mito das origens reivindicatórias. Esse deus egípcio tinha permanecido, com proteção manifesta de Ísis, em uma missão sacrificial. Devia saciar a sede de vingança por conta da injustiça padecida por sua mãe e regular a homeostase do narcisismo parental. Essa missão reivindicatória inscrita antes de seu nascimento biológico havia agido de maneira permanente e cindida na sucessão de sua existência.

> *Ísis, que tinha sido engravidada por Osíris, aproximou-se com todo o coração dos deuses e lhes disse: "Eu sou Ísis, a irmã de Osíris. Sua semente está em meu corpo. Recriei sua figura no fruto do meu ventre, no primeiro filho. Ele governará esta terra e aceitará a herança que seu pai recebeu de Geb. Ele defenderá Osíris e matará Seth, o inimigo de seu pai. Oh, deuses, protegei-o!".*
> *Então Rá lhe disse: "Tem muita esperança! Tu caminhas grávida com uma criança que provém do sêmen de Osíris. Porém, mantenha-se alerta visto que o inimigo se colocou de pé; ele que matou o pai da criança agora também quer atentar contra a vida do que está por nascer".*

> *Então Ísis pediu proteção a Rá e a outros deuses para si mesma e para a criança no seu seio. Rá lhe concedeu. Os outros deuses lhe prometeram igualmente sua ajuda e assistência.*
> *Depois que o filho de Ísis, Hórus, nasceu, ela o criou secretamente para protegê-lo das armadilhas de Seth, seu inimigo mortal. Quando observou que ele já era suficientemente forte para encarregar-se das funções que exercia seu pai, chamou-o e ordenou-lhe que, com o nome do "falcão que está pousado sobre os muros da morada de deus com um nome secreto", impusesse seu poder no país de seu pai e defendesse seu trono frente a Seth. Então Hórus subiu ao trono de seu pai e promulgou o seguinte: "Eu sou Hórus, o falcão, e sou quem está pousado sobre os muros da morada do deus com um nome secreto. Meu trono se ergue diante dos antigos deuses e diante de Seth, que era o inimigo de meu pai. Perto de mim não há nenhum deus que possa desempenhar o que eu realizei. Eu sou Hórus, nascido de Ísis e Osíris. Ninguém poderá danificar-me com blasfêmias ou ataques injuriosos. Estenderei os domínios do meu trono mais que todos os homens e deuses, já que sou Hórus, o filho de Ísis". (Beltz, 1986, p. 115)*

Também nos mitos latino-americanos achamos pactos de conluio entre mãe e filho mais novo contra outros filhos e irmãos. No povo asteca, o deus solar Huitzilopochtli faz um conluio com sua mãe Coatlicue, deusa da terra e da morte, contra sua filha Coyolxāuhqui, deusa da lua. Coyolxāuhqui representa a deusa decapitada e mutilada de braços e pernas por seu irmão mais novo. Conta a lenda que Coatlicue, um dia:

> *varrendo o templo na colina de Coatepec, recolheu umas plumas preciosas e as guardou em seu regaço, ficando assim grávida. Coyolxāuhqui incitou a seus irmãos, as estrelas, os quatrocentos surianos (os indígenas centzonhuitznaua), a ir até aquela colina e matar sua mãe, Coatlicue, por tê-los desonrado. Decidiram matá-la antes que nascesse o filho que estava esperando. Coatlicue se atemorizou, porém o filho em seu ventre a tranquilizou falando-lhe desde seu interior. No momento em que iam matar Coatlicue, nasceu Huitzilopochtli, ornado como um guerreiro; e com uma serpente de fogo na mão feriu e decapitou Coyolxāuhqui, ou seja, a lua, que caiu do alto da colina, desmembrando-se em muitos pedaços. No momento seguinte, o guerreiro afugentou seus irmãos, as estrelas, os quais se dispersaram no firmamento e muitos morreram". (Guía oficial, 1996, p. 108)*

O conluio materno-filial acha-se também insinuado, mesmo que não explicitado como tal, na obra de Freud. Em *Psicologia das massas e análise do eu* (1921b), no apêndice B, quando se refere à psicologia do mito do herói, lemos:

> *Herói foi quem, sozinho, matou o pai, aquele pai que no mito aparecia ainda como monstro totêmico. Assim como o pai tinha sido o primeiro ideal do filho homem, agora o poeta criava o primeiro ideal do ego no herói que quis substituir ao pai. A transição para o herói foi oferecida, provavelmente, pelo filho mais moço, o preferido da mãe, a quem ela tinha protegido do ciúme paterno e que nos tempos da horda primitiva fora*

> *o sucessor do pai. Na mentirosa transfiguração poética da horda primitiva, a mulher, que fora o prêmio do combate e a isca para o assassinato, passou a ser provavelmente a sedutora e instigadora do crime.* (Freud, 1921b, p. 129)

Do exposto até agora, podemos inferir, com base nos ensinamentos aportados pela mitologia à psicanálise, que a perpetuação de uma rivalidade fraterna inflamada costuma estar sustentada por diversos conflitos que ainda se mantêm ativos nas dimensões intrassubjetiva e intersubjetiva.

Com efeito, o irmão é simultaneamente um duplo de si e um estranho; por isso favorece, por sua proximidade consanguínea, ser o depositário de certos aspectos inaceitáveis de si mesmo.

1. No plano intrassubjetivo, um enfrentamento interminável entre irmãos costuma encobrir, na realidade:

- a presença de traumas infantis não processados e denunciados por meio de uma exteriorização recorrente de feridas narcisistas e prejuízos egoístas;
- sentimentos inconscientes e conscientes de culpa e necessidade de castigo;
- a perpétua relação sadomasoquista que se trava entre o ego e o ego ideal, o ideal de ego e o superego no espaço mental de cada um dos rivais.

Esses inevitáveis conflitos sadomasoquistas, firmados no plano intrassubjetivo, costumam gerar, diante de falsas ligações, frequentes mal-entendidos no jogo dinâmico da intersubjetividade. Uma vez produzidos, tais mal-entendidos são produtores de novos mal-entendidos; assim perpetuam-se ao longo da vida do sujeito.

2. No plano intersubjetivo: uma rivalidade fraterna insistente pode chegar a manter-se pela persistência de pactos de conluio inconscientes e conscientes, promovidos, mantidos e reativados por conflitos pré-edípicos e edípicos do casal parental.

3. Além disso, a rivalidade fraterna pode chegar a atuar de modo defensivo para desviar a atenção da elaboração da rivalidade edípica.

A luta de Jacob em Peniel

O relato bíblico do combate de Jacob em Peniel ilustra a função estruturante que tem o confronto e o reconhecimento geracional e fraterno para que cada sujeito possa aceder e sustentar seu projeto desiderativo. Nesse patético episódio da Bíblia (Gênesis 32, 24-31), podemos coligir a sequência de três momentos fundamentais (luta, confirmação e separação) que precederam o temido encontro entre Jacob e seu irmão Esaú.

> *Assim, Jacob ficou sozinho; e com ele lutou um homem até que raiasse a alvorada. E quando o homem viu que não podia com ele, tocou a região da juntura da coxa de Jacob e a desconjuntou enquanto lutava com ele. E disse: "Deixa-me, porque raiou a alvorada". E o homem perguntou: "Qual é o teu nome?"; ele respondeu: "Jacob".*
>
> *E o homem lhe disse: "Não se dirá mais teu nome Jacob, mas sim Israel, porque lutaste com Deus e com os homens e venceste". Então Jacob disse: "Declara-me agora teu nome". E o homem perguntou: "Por que*

> *me perguntas meu nome?". E o homem o abençoou ali. Jacob chamou aquele lugar Peniel e disse: "Vi a Deus cara a cara e minha alma foi salva". E quando passou Peniel, saiu o sol. E ele mancava por causa de sua coxa. (Torá, Gênesis 32, 24-31)*

Peniel representa a sede onde se desencadeia o inevitável confronto entre o filho e o pai-Deus. Recordemos que, em hebreu, Peniel significa "o rosto de Deus", e que Israel é *o que luta com Deus,* ou melhor, *Deus luta.*

Ambas as gerações requerem ser atravessadas por esse Peniel, por esse lugar onde se produz a desconjuntura dos sistemas narcisista, pigmaliônico e edípico, fundidos e confundidos. Nesse lugar, travam-se múltiplas batalhas de ambivalências e ambiguidades, ressignificadas de maneira privilegiada na adolescência. Nele, participam e confluem ao mesmo tempo a luta pulsional, o conflito da idealidade entre pais e filhos e a incidência da mudança dos ideais fomentados e exigidos pelo superego da cultura imperante.

Wiesel (1982) se pergunta: "Quem é o agressor desconhecido de conduta enigmática? Quem lhe enviou e com que objetivo? Não é sequer um ser humano?". No texto bíblico, utiliza-se o termo *isch* (um homem). Os comentários lhe conferem traços de anjo. Enquanto Jacob, que deveria saber disso, eleva-o mais: "Vi Deus cara a cara e continuo vivo". É um episódio confuso e inquietante, cujos protagonistas tem mais de um nome, em que as palavras possuem vários significados e cada pergunta arrasta outra: "De que se trata? De um encontro fortuito ou desejado? De uma mudança de nome? O que é um nome, na realidade? Por que aceitou Jacob um novo nome? Por acaso não lhe convinha o antigo?". (Wiesel, 1982, p. 106).

A vida de Jacob poderia ser considerada como a de um fugitivo tenebroso que termina sua fuga em Peniel, quando, antes de encontrar-se com seu irmão, enfrenta seu oponente e assume a rivalidade, que não se reduz à edipiana, mas que inclui a rivalidade fraterna. Cada uma dessas rivalidades apresenta psicodinamismos próprios que, em alguns casos, articulam-se, encobrem-se e/ou reforçam-se. Peniel constitui um acontecimento transcendente na vida de Jacob, porque, em vez de fugir, assume a confrontação edipiana e fraterna.

> *Jacob, o não violento, o temente, o fraco, o resignado, o medroso que sempre fugia dos enfretamentos, sobretudo se fossem violentos, torna-se repentinamente belicoso e impõe condições a seu oponente: "Antes tens que abençoar-me" (Luta e confirmação). O adversário não quer e prefere continuar. Enredam-se novamente em um abraço feroz e, por último, são obrigados a deixá-lo. Nenhum venceu e os dois acham-se feridos. Jacob no quadril e o anjo em seu amor-próprio. Separam-se como amigos ou como cúmplices. Agora Jacob aceita de bom grado deixar ir seu agressor (a separação) e este, como agradecimento, concede-lhe um novo nome, que simbolizará, pelas gerações, o combate, a resistência eterna em mais de uma terra, por mais de uma noite. (Wiesel, 1982, p. 118)*

Nesse sentido, Peniel seria o lugar da encruzilhada estrutural entre a saída do labirinto da alienação e o ingresso na subjetividade.

De fato, a luta corpo a corpo de Jacob com o anjo introduz um novo tempo: o tempo inevitável do trabalho de elaboração psíquica e superação das fantasias parricidas e fratricidas que estão na vida anímica de todo sujeito.

Peniel representaria o lugar no qual se desprende o ato do duplo confronto intergeracional e intrageracional, para evitar, precisamente, que se repita a atuação do primeiro fratricídio da humanidade. Representaria, então, o lugar inquestionável para confrontar e não para repetir. Confrontar para elaborar e superar a fantasia fratricida de Caim que, "convertido em metáfora, continua vagando pelo mundo tantos milênios depois, renovando seu crime a cada instante, perseguido por sua culpa e sem jamais morrer" (Schoo, 2001, p. 179).

Wiesel se pergunta se Jacob necessitou de um agressor para tomar consciência de sua força, de sua verdade, da esperança que representava.

> *Necessitava, de fato, de um adversário, um adversário perigoso, para converter-se em Israel? Devia tanto Israel a seu inimigo?*
> *Os relatos dos rabinos não são unânimes acerca de quem era esse agressor. As opiniões variam muito. Não era um pastor, nem um mágico, nem um sábio, nem um bandido. Porém, a maioria dos autores prefere que seja um anjo para infundir-lhe valor. Depois do combate, o anjo lhe disse: "Veja, eu sou uma criatura celestial e me venceste; te equivocas, pois, ao desconfiar de Esaú; tu o derrotarás no teu momento".*
> *A ideia parece mais lógica que confere um sentido imediato, beirando ao utilitário: aquele combate não era senão um exercício de treinamento. (Wiesel, 1982)*

Em outra interpretação, o anjo representaria o anjo de Jacob. Nesse sentido, o episódio sugere que o encontro não se reduz unicamente ao enfrentamento geracional inerente à conflitiva edipiana, remetendo também à dinâmica da dimensão narcisista. Em Peniel, assistimos o confronto entre Jacob e Jacob, o combate entre Jacob e seu duplo. O duplo e a imagem especular que se caracterizam por sua bipolaridade, maravilhosa e ominosa.

Requer-se, como condição necessária, obter uma múltipla vitória em cada batalha no âmbito da idealidade – sobre o duplo ideal e sobre o ideal imortal, sobre o duplo especular e sobre o bissexual –, para assumir o irreversível rompimento narcisista que representa, segundo palavras de um analisando, "que a gente não é eterno e que não se pode perpetuar mais no outro". Desse modo, é possível logo ingressar na espacialidade, na temporalidade e na afetividade não alienadas das idealizações próprias e dos outros, pois tais operações não são possíveis caso não se cruzem os desfiladeiros da desidealização.

É precisamente nesse intrincado e doloroso processo da desidealização que se requer a intervenção do ódio, pois, por meio de sua função de desligamento, promove-se a discriminação na relação de objeto e permite-se que o dispositivo da prova de realidade possa intervir para efetuar a distinção entre os estímulos internos e externos, evitando a possível confusão entre o que o sujeito percebe e o que meramente é representado.

O processo de desidealização é desencadeado do desligamento, da retirada do elevado investimento (maravilhoso ou ominoso) que havia recaído no objeto sobrevalorizado (positiva ou negativamente), da mesma forma que sobre a onipotência do ego, gerando a consequente reestruturação do vínculo com o objeto e consigo mesmo. Além disso, promove uma reordenação nos ideais do ego.

A desproporção do ideal pode converter-se em um ideal proporcional baseado no reconhecimento do outro como limite irredutível ao propósito dominador do sujeito.

Entretanto, a função trófica do ódio na relação intrassubjetiva e intersubjetiva pode enfraquecer-se e até chegar a perder-se quando a agressividade, a serviço dos propósitos discriminatórios de Eros, inerentes à separação e à individualização, converte-se em sinônimo de destrutividade, confundindo a condição de oponente e diferente com a de inimigo. Isso acontece quando o ódio funde-se com o componente sádico da libido e associa-se ao potencial mágico e intimidativo da agressão tanática, que tende ao estabelecimento repetitivo de um estado anterior por meio da presença de uma força radicalmente desorganizadora e fragmentadora.

A recusa da luta geracional e intrageracional provoca severas perturbações na identidade. O sujeito que não atravessa o enfrentamento e o rompimento do espelho da imortalidade própria e dos demais, necessários e inevitáveis, vai elaborar autoimagens narcisistas – que são suportes figurativos do sentimento de si – carentes de relevo, densidade e limites precisos, permanecendo representado pela figuração de um incessante exílio interior e exterior.

De fato, a imagem do combate de Jacob com o anjo representa uma nova humilhação ao narcisismo e à onipotência do ser humano. À afronta narcisista, "que consiste em mostrar que o homem não tem um lar em si mesmo, ou seja, que ele mesmo não é o dono e que, ao final, não está no centro" (Laplanche, 2001, p. 132), pela presença atuante de seu inconsciente, é acrescentada uma nova ferida narcísica na relação intersubjetiva. Nesta, o sujeito não pode exercer um poder omnímodo sobre o outro e reduzi-lo à condição de mero objeto de seu domínio. Ele também depende desse objeto e precisa admitir o outro como um sujeito diferenciado, auxiliar e complementar de sua própria desproteção e necessidade de ser, finalmente, confirmado e reconhecido narcisisticamente por esse outro.

Portanto, a luta patética entre Jacob e o anjo emblematiza as incessantes batalhas paradoxais do narcisismo que se suscitam de modo vão e repetitivo, porque tentam negar e forçar a irredutível dimensão da alteridade.

As comparações: tolerância e intolerância

Os autênticos lutadores contra a intolerância são aqueles que aceitam o relativo e depõem a cegueira do fanatismo que conduz à segregação e até à aniquilação do outro e de si mesmo.

Essa manifestação do "narcisismo das pequenas diferenças" exterioriza um dos aspectos negativos do ego ideal, formação narcisista intrapsíquica que instala na relação intersubjetiva uma lógica sadomasoquista, comandada por uma identificação heroica, sustentadora de uma crença enfatuada, em virtude da qual a afirmação do si mesmo cavalga inexoravelmente sobre a negação do outro.

Nessa lógica excludente, a autoestima, sentimento de si ou sentimento da própria dignidade (*Selbstgefühl*), encontra-se condicionada por definir alguém como um ser inferior na escala dos valores humanos. Segundo essa definição de autoestima, ativa-se uma comparação compulsiva, baseada no menosprezo do outro, e uma sobrevalorização do ego, que permanece superinvestido com uma cruel megalomania.

Podemos classificar quatro tipos de comparações: a masoquista, a maníaca, a obsessiva e a comparação propriamente dita. A última possibilita o exercício de um cotejo, de uma confrontação do semelhante, do diferente e do complementar entre os elementos que intervêm nessa comparação. A comparação propriamente dita inaugura a lógica da tolerância e do relativo, o que propicia, por sua vez, uma crescente complexidade e um desenvolvimento em cada um dos participantes.

Nas outras comparações, a confrontação é substituída pelo ato de provocação, que, ao gerar extrema dependência do objeto, impede o sujeito de instalar-se em si mesmo. Isso o detém em suas possibilidades de evolução e o retém, finalmente, em uma interminável e infrutífera comparação. Assim, na comparação masoquista, o sujeito sobrevaloriza o outro, a serviço de acrescentar sua própria megalomania negativa: "Eu, quando me comparo, sou o pior de tudo e de todos".

A superestimação do negativo próprio desencadeia sentimentos negativos: culpabilidade, vergonha e autocondenação, que promovem a reativação da fantasia de "Uma criança é espancada" (Freud, 1919b) revertida sobre a própria pessoa. Nessa fantasia de humilhação e flagelação, ativa-se, segundo Freud, o complexo paterno. Considero que, além disso, participam outros elementos em sua formação, relacionados aos complexos materno, fraterno e parental.

Na comparação maníaca, ativam-se os mecanismos de negação, desqualificação e triunfo sádico sobre o outro. Já na comparação obsessiva, aquela que oprime implementa os mecanismos de controle e domínios onipotentes que solapam, de forma gradual e progressiva, a subjetividade do outro e do si mesmo até chegar ao extremo da aniquilação. Nessas duas comparações, atribui-se todo o poder a um só, que permanece como um ser enaltecido e soberano, mas também incapacitado para tolerar o poder e os direitos inalienáveis que os outros detêm e possuem junto a ele. Nas comparações maníaca e obsessiva, reativa-se uma fantasia narcisista singular que denomino de fantasia do "unicato".

> *O unicato é uma denominação inventada em fins do século XIX, aplicada ao governo de um único partido reacionário e corrupto. O eixo desse sistema político era uma concepção absolutista de um poder executivo unipessoal que inutilizava e avassalava os demais, impedindo o estabelecimento de uma oposição organizada.*
> (Romero, 1956)

Com frequência insólita, achamos que o desejo de permanecer no lugar do unicato ficou conservado no inconsciente e desenvolve, desde a repressão, seus efeitos particulares.

Essa fantasia edifica-se como o ego ideal mesmo – que é um cultivo puro de narcisismo – sobre a base de recusas da realidade e, em virtude dessas recusas, conserva sua existência. Diante da morte, eleva sua pretensão de imortalidade e, diante das angústias do mundo e suas contingências, aferra sua invulnerabilidade ao perigo. Ele, em si e por si, é digno do amor, do reconhecimento e do poder ilimitado e inquebrantável.

Essa fantasia é encenada desde os tempos primordiais da Bíblia, nas representações oníricas dos sonhos de José, o filho predileto declarado de Jacob, que despertou os vigorosos ciúmes fraternos, "e a saga judia de José e seus irmãos bem mostra aonde podem levar esses ciúmes" (Freud, 1938, p. 103).

> *E amava Israel a José mais que a todos os seus filhos, porque o havia tido em sua velhice; e lhe fez uma túnica de diversas cores.*
> *E vendo seus irmãos que seu pai o amava mais que a todos os irmãos, aborreciam-no e não podiam falar-lhe pacificamente. E sonhou José um sonho e o contou a seus irmãos; e eles chegaram a aborrecê-lo mais ainda.*

> *E ele lhes disse: "Escutai agora este sonho que sonhei: Eis que estávamos atando feixes no meio do campo e eis que o meu feixe se levantava e ficava direito e os vossos ficavam em volta e se inclinavam ao meu".*
> *Seus irmãos lhe responderam: "Reinarás tu sobre nós ou terás domínio sobre nós?". E lhe aborreceram ainda mais por causa de seus sonhos e de suas palavras. Sonhou ainda outro sonho e o contou a seus irmãos, dizendo: "Eis aqui que sonhei outro sonho e eis aqui que o sol e a lua e onze estrelas se inclinavam a mim".*
> *E o contou a seu pai e a seus irmãos, e seu pai lhe repreendeu e lhe disse: "Que sonho é este que sonhaste? Acaso eu e tua mãe e teus irmãos vamos nos prostrar por terra diante de ti?".*
> *E seus irmãos lhe tinham inveja, mas seu pai meditava sobre isso. (Torá, Gênesis 37, 3-11)*

Talvez Jacob meditava sobre sua responsabilidade e culpa por ter imposto entre seus filhos seu próprio "calcanhar de Esaú": a repetição compulsiva, desde o ventre materno, de uma comparação e uma luta permanentes com um gêmeo rival. Trauma precoce que deixou como marca, em Jacob/Israel, um processo de narcisização deficiente e uma resolução edípica e fraterna atormentada. A repetição desse trauma se deslocou não só aos vínculos com os filhos, como também se ressignificou nos netos.

De fato, Jacob não abençoou Rubem, seu primogênito, mas ungiu a José. Este provocou a explosão de inveja, ciúme, ódio e ressentimento em seus irmãos, por intermédio da imposição de comparações maníacas e obsessivas representadas nesses dois sonhos (o "unicato"). Essas comparações suscitaram atos retaliativos, e José, finalmente, foi vendido como escravo ao Egito por seus irmãos ("Uma criança é espancada").

Quando Jacob foi ao Egito, repetiu nos filhos de José seu "calcanhar de Esaú": abençoou primeiro a Efraim, o segundo neto. Essa cena foi usada pelo cristianismo para alegar seu afã de unicato e legitimar um histórico poder divino sobre o povo eleito de Deus.

Tal episódio bíblico foi eternizado em uma pintura de Rembrandt (1606-1669). Nela, saem à luz os influxos exercidos pelos conflitos inconscientes na configuração da história das religiões. Pontualmente, iluminam-se nesse quadro os efeitos ainda atuantes da fratria nas relações entre o judaísmo e o cristianismo.

A bênção de Jacob

Rembrandt mostra em seu quadro *Jacob abençoando os filhos de José* (1656) o visível e o invisível, o conhecido e o enigmático, que está subjacente no estado convulsivo dos traumas não processados na infância e em sua compulsão repetitiva atemporal, que costuma estender-se ao longo das gerações.

Nessa pintura, podemos inferir como os influxos inconscientes das três estruturas – narcisista, edípica e fraterna – geram seus efeitos duradouros na estruturação e desestruturação da vida anímica das massas. Rose Marie Hagen e Rainer Hagen (2001) realizaram um extenso estudo do quadro e assinalam que Efraim, o segundogênito de José, imita a figura de Cristo.

Transmito a seguir alguns dos fragmentos mais relevantes:
   a. Jacob foi um dos patriarcas do povo judeu; segundo a tradição, viveu 147 anos. No leito de morte abençoou seus filhos;

também fez vir a dois de seus netos, Manassés e Efraim, para dar-lhes a bênção. O pai das crianças, José, amparou o ancião, enquanto a mãe, Asnath, observou a cena.

A ação desenvolve-se no Egito, porém, não se pode distinguir se o lugar é uma tenda ou um edifício. Rembrandt retratou Jacob com um gorro como os que se usavam no século XVII; o filho porta um turbante turco, e a mãe, uma touca típica da Borgonha, antigamente em moda nos Países Baixos. Esses detalhes indicam ao espectador que a cena transcorreu há muito tempo no Oriente. Naquela época, desconhecia-se quase por completo como eram os trajes dos povos do Antigo Testamento, mas o conteúdo das escrituras era muito familiar. Os personagens e as narrações bíblicas eram parte do patrimônio cultural de todas as classes sociais. Qualquer contemporâneo de Rembrandt conhecia a história da bênção de Jacob e seu significado.

Hoje em dia, quase ninguém conhece o sentido da bênção. Praticada unicamente pelos eclesiásticos, é concebida tão somente como uma espécie de súplica e uma graça divina. A bênção no Antigo Testamento tinha um significado mais amplo: quem era abençoado pelo patriarca adotava um posto determinado no seio da família da tribo e na História Sagrada. Porque, para os homens da Bíblia, a vida na Terra respondia à vontade divina. Deus intervinha diretamente, ajudava a seus fiéis e castigava os infiéis.

Era costume que o pai ou o patriarca pusesse a mão direita sobre a cabeça do primogênito, para lhe atribuir o papel de chefe. Jacob procede de maneira diferente com seus netos e põe a mão sobre a cabeça de Efraim, o mais novo de José. O pai das crianças quis desviar a mão do ancião. Pensava que era uma confusão do pai, porque "seus olhos haviam enfraquecido com a idade". Porém, Jacob replica:

Eu o sei, meu filho, eu o sei; também ele virá a ser um povo e também será engrandecido; mas seu irmão mais novo será maior que ele, e sua descendência formará multidões de nações". E Jacob os abençoou naquele dia dizendo: "Faça-se Deus como a Efraim e como Manassés". E pôs Efraim antes de Manassés. (Torá, Gênesis 48, 19-20)

Assim se narra esta cena no capítulo 48 do Gênesis.

b. Os motivos da vida de Jacob foram muito frequentes na Idade Média e no período do Barroco, especialmente a bênção dos netos. Para a maioria dos artistas e seus clientes, o principal era que os braços de Jacob aparecessem cruzados, o que se considerava uma alusão à cruz de Gólgota. Favorecendo o irmão pequeno, Jacob se remete à fé do Antigo Testamento segundo a doutrina da Igreja: Efraim representa o cristianismo, e Manassés é a fé judia mais antiga.

Em 1620, poucos decênios antes de Rembrandt, Guercino (1591-1666), um italiano da escola bolonhesa, pintou uma bênção em que Jacob mantém as mãos uma sobre a outra no centro do quadro.

Na versão de Rembrandt, carece de importância se as mãos ou braços aparecem cruzados. Os dedos da mão esquerda sobre o cabelo escuro de Manassés são apenas esboçados, pouco se vê claramente se Manassés se encontra um pouco adiante de seu irmão, o que seria necessário para que os braços fossem cruzados. O pintor ressalta a importância de Efraim com outros meios: representa-o como um Cristo jovem, com um halo luminoso, e as mãos cruzadas sobre o peito.

Na pintura, tornam-se visíveis vários temas relevantes:

1. As relações de domínio que estão subjacentes nos jogos de poder entre os duplos consanguíneos, segundo a diferente ordem de nascimento entre os irmãos.
2. O filho-religião e o povo escolhido de Deus.
3. Seus efeitos na distribuição dos distintos direitos e deveres, bem como suas incidências em situações conflitantes relacionadas à herança e à justiça.
4. As influências da temática fraterna, mesmo tão universais na estruturação psíquica do indivíduo, apresentam-se também na vida anímica das massas; desde épocas remotas até o presente, desencadearam, por um lado, uma nova ordem social, ética e religiosa e, por outro, acontecimentos destrutivos de relevância.

Freud (1938) assinalou que o judaísmo havia sido uma religião do Pai e que o cristianismo tinha se tornado uma religião do Filho. Considero que, entre essas duas religiões, não só se reanima uma atormentada relação parento-filial como se reativa uma rivalidade fraterna na qual o cristianismo, ao ocupar o lugar de um segundogênito frente ao judaísmo, não largou sua própria aspiração ao exercício do "unicato" e ainda permaneceu estendendo a mão para alcançar o reconhecimento e a confirmação de um irmão mais velho. E este, ao colocar-se como o legítimo primogênito, possuidor de um inquestionável "unicato", por ter sido declarado por Deus como seu povo escolhido, provocou em outras religiões irmãs recorrentes comparações de hostilidade. De fato, a dinâmica fraterna passa a ser uma importante ligação entre o processo esquecido do tempo primordial e seu ressurgimento tardio na forma de religiões monoteístas.

Quero assinalar que a intensidade e a permanência da intolerância e do fanatismo entre as religiões e os povos devem ter, evidentemente, mais de um fundamento. Pode-se inferir toda uma série de razões, muitas delas derivadas da realidade material, externa ou objetiva, porém seus motivos mais profundos estão arraigados nas épocas míticas do passado remoto.

Esaú e Jacob na situação analítica

Nos relatos bíblicos e nas tragédias gregas, são os deuses que movem os destinos dos personagens.

No caso de Hernán, irmão gêmeo de Román, os efeitos patógenos exercidos pelos processos inconscientes o condenaram a permanecer identificado no seio familiar, no lugar mítico de Esaú; como o primogênito espoliado de direitos, mas obrigado a subscrever com o pai um contrato narcisista de imortalidade e um conluio paterno-filial contra a mãe e o irmão. Laura, a mãe, 45 anos de idade, por iniciativa própria solicitou uma entrevista diagnóstica porque:

> Doutor, meu filho Hernán está muito voltado para dentro, sem nenhum incentivo. Nada o motiva. Não participa nas reuniões familiares. Em casa não emite um som. Vive isolado. Fecha-se em seu quarto muitas horas, fabricando

maquetes de aviões. Enquanto Román vive agitado. É inquieto e curioso. Meus dois filhos são dois polos opostos. Román é extremamente ambicioso e avassalador. Ele acredita que não tem de pedir permissão a ninguém e que pode dispor das coisas de seu irmão como se fossem dele. Desespera-me o fato de que Hernán não toma conta das próprias coisas; não cuida delas. Ele não fala: isso é meu, é de minha responsabilidade.

Nós demos um carro para Hernán. É de sua propriedade, só dele. Porém, não toma conta e se deixa oprimir por seu irmão. Inclusive quando assiste à televisão, Román pode mudar de canal e ele não se opõe. Entre eles, não há discussão. Não há brigas. Hernán cede sempre o seu lugar.

A princípio tratei de ser justa e equitativa com os dois. Eu me organizava de tal maneira que, quando dava banho em um primeiro, no outro dia começava pelo outro. Fazia a mesma coisa com a comida. Não os amamentei no peito, dei mamadeira.

Eu sempre estive muito atenta. Não queria fazer diferença entre eles. Até que, aos 2 anos, Román teve convulsões febris por amigdalites recorrentes, que acabaram numa doença reumática. Aí perdi meu equilíbrio e comecei a me preocupar muitíssimo com Román. Sem perceber, descuidei bastante de Hernán. Além disso, Román era sempre muito demandante e meu marido se dedicou mais, desde o início, a Hernán.

Hernán é o mais velho, foi o primeiro a nascer. Tem traços semelhantes ao pai. Preocupa-me que, como o pai, tudo dá no mesmo. Não reage. Não briga pelas suas coisas. Deixa passar. Por outro lado, Román é tudo ao contrário. Fico exasperada de ver meu filho assim.

Eu repito, doutor, eu não tinha preferências, queria me repartir em partes iguais. Porém, não sei o que passou, porque o pai sempre teve devoção por Hernán. Ele tem seu mesmo nome. Quando cresceram, falava só com Hernán na mesa e eu, para compensar, me dedicava a Román. Tentava fazer o contraponto. Queria encontrar um equilíbrio, mas na verdade me sinto em falta com Hernán. Eu nunca pude me dedicar a um com tranquilidade. (Pausa.) Faz cinco anos que estou separada do pai dos meninos. E essa diferença que já existia entre eles se acentuou. O pai, quando fala por telefone, pergunta diretamente por Hernán e com Román quase nunca fala. Román também não vai ver o pai.

Doutor, preciso que o senhor veja o Hernán o quanto antes. Ele não estuda nada de nada. Não sai com amigos. Ninguém telefona para ele. Não pratica esportes. Está robotizado.

O favorito

Hernán tem 16 anos no momento da consulta. É um adolescente muito magro, de estatura elevada e portador de um olhar inteligente e, ao mesmo tempo, esquivo.

Admite que está muito mal e que não sabe o porquê. Também comenta que jamais teria vindo consultar por iniciativa própria. Ele me esclarece que o pai não está de acordo que procure um psicólogo, mas que, de qualquer modo, está disposto a tentar comigo com a condição de vir apenas uma vez por semana. Expressa-se com fluidez e precisão e com uma marcada distância afetiva. Jamais me chamou de você[2] ao longo dos quatro anos de sua experiência analítica.

---

2 Em oposição ao uso de "senhor", que é um tratamento mais respeitoso e distante. [N.T.]

Eu sei que sou o favorito do meu pai. Ele tem preferência por mim desde que nasci. Eu fui registrado num número de documento anterior ao meu irmão. Meu número termina com 79 e o do meu irmão com 80. Nascemos de cesariana. Talvez o que nasceu antes foi aquele que pegaram antes. De qualquer maneira, eu sou o primeiro, e ele, o segundo.

Não sinto que minha mãe tenha preferência por Román. Não sei se demonstra sua preferência por algum. Não sei se tem por alguém. Também não percebia a preferência que meu pai tem por mim, mas meu irmão sentia, sim. Uma vez ele me disse: "Papai prefere você"; e eu fiquei assim, isso me pareceu estranho.

De qualquer forma, não sei porque eu sou o favorito. Nem mesmo sei que atributos tenho para ser o preferido.

Analista: Você se sente mal por ser o favorito?

Hernán: Eu preferiria que meu irmão não soubesse. Também não sei se quero ser o preferido do meu pai. Não vejo nenhuma vantagem nem desvantagem. Pode ser que a desvantagem seja meu irmão se aborrecer comigo por isso. Nunca fiz nada nem tenho planejado fazer nada; nada de nada. Às vezes não sei o que sinto. Tanto faz.

(Em outra entrevista comenta.)

Hernán: Muitas coisas que me fazem pensar também me fazem sentir mal. Procuro não pensar muito em algumas coisas. Muitas vezes, evito pensar porque não quero sentir coisas más. Eu não penso em coisas boas, não sinto coisas boas. Eu não sei se tenho coisas.

O pai resistiu a vir ao consultório, porém, diante do reiterado pedido de Hernán, aceitou vir a uma única entrevista. Apresentou-se com uma franca atitude querelante. Manifestava oposição a que seu filho se consultasse por problemas emocionais, porque, segundo seu parecer, não apresentava nenhum transtorno. O tema central de seu discurso girava em denunciar sua ex-mulher como a única causadora do divórcio conjugal; além disso, havia renunciado, aparentemente sem culpa, a algum vínculo seu com Román. Desde o momento da separação, o pai depositou sua responsabilidade na assistência material a seus filhos.

A entrevista que mantive com Hernán e seus pais me evocou, a princípio, o mito de Jacob e Esaú. E comecei a comparar as semelhanças e as diferenças entre os irmãos e seus pais com a dinâmica estrutural dos personagens bíblicos.

Desde o início, são postas em evidência as influências exercidas pelo singular complexo fraterno nos gêmeos, bem como sua articulação com as dinâmicas narcisista e edípica, pelos particulares psicodinamismos que se entrelaçam, inconscientemente, entre pais e filhos.

Tanto no mito como na família de Hernán, tornam-se presentes as rivalidades encobertas e manifestas entre os gêneros do casal, a divisão do "butim filial" entre eles e as alianças entre o pai e o filho mais velho, e entre o filho mais novo e a mãe. Porém, diferentemente do relato bíblico, no qual se instalou um conluio materno-filial entre Rebeca e Jacob, estabeleceu-se, nesse caso, um conluio pai-filho contra a mãe e o filho/irmão mais novo.

De fato, o pai de Hernán o havia tomado narcisicamente como seu eleito, como seu duplo especular reivindicatório. Hernán-Pai, à semelhança do patriarca Isaac, padecia também de uma cegueira, porém ela era psíquica. Não percebia o profundo padecimento de seu filho. Tinha um escotoma mental que o impedia de visualizar o profundo estado regressivo no qual seu filho permanecia retraído e dolorido. Hernán-Filho havia sido identificado a tomar parte de uma missão reivindicatória. Seu dever consistia em saciar, em nome de seu pai e em seu próprio nome, uma sede insaciável de represálias.

Esse conluio pai-filho, no qual intervém um sistema extravagante de identificações primárias, narcisistas, alienantes, impostas pelo pai e assumidas por Hernán, gerava nele um tormento de lealdades, interceptando os processos de narcisização e de constituição e elaboração dos complexos de Édipo e fraterno.

Desejo esclarecer que a abordagem terapêutica de um adolescente gêmeo não supõe modificações na técnica àquelas já conhecidas e aplicadas ao adolescente em análise. Porém, fica evidente, com base em entrevistas e sessões que apresento a seguir, que a situação dos gêmeos requer ser historiada como um ponto de partida importante, como um fator relevante relacionado a um complexo fraterno singular, mas não como fator único, e sim como outro entre os diversos fatores determinantes do destino de uma vida. Apesar da condição de ser gêmeo ter uma potencialidade traumática, já que existe de início e determina, por sua vez, condutas particulares entre os irmãos e dinâmicas dos progenitores com eles, somente se converte em trauma na medida em que as crianças e seus pais não conseguem lidar com ela e, em consequência, isso gera efeitos paralisantes e desorganizantes na mente e/ou no corpo.

É importante que o analisando e o analista não convertam a situação inicial de gêmeos em uma categoria particular que concede, por meio de uma série de racionalizações, direitos e concessões particulares, como se transformar em uma subidentidade de excepcionalidade. Nesses casos, essa subidentidade pode chegar a ter um valor defensivo, ao passo que o sujeito consegue armar-se e ancilosar-se a partir dela, como uma vítima condenada credora ou devedora de um pré-fixado e imutável destino.

O muro narcisista e masoquista

Freud, na conferência número 26, intitulada *A teoria da libido e o narcisismo* (1916d), diferencia as neuroses de transferência das neuroses narcisistas. Essa distinção marcaria uma linha divisória entre o analisável e os contornos da análise. Nesse mesmo texto, Freud assinala a oposição entre interesse e libido e descreve o muro narcisista e as resistências que se levantam para se opor à mudança psíquica.

> *As neuroses narcísicas são apenas abordadas com a técnica que nos tem servido no caso das neuroses de transferência. Sempre nos ocorre que, após um breve avanço, tropeçamos com um muro que nos detém. Como já sabem, também nas neuroses de transferência tropeçamos com barreiras parecidas que opõe resistência, mas podemos desmontá-las peça por peça. Nas neuroses narcísicas a resistência é insuperável; quando muito, podemos lançar um olhar curioso por cima do muro para vislumbrar o que ocorre do outro lado. Portanto, nossos presentes métodos técnicos têm de ser substituídos por outros; ainda não sabemos se conseguiremos tal substituto.* (Freud, 1916d, p. 385)

Ao descrever a migração libidinal entre ego e objetos, Freud assinala que, quando a libido se torna narcisista, não pode achar o caminho de regresso para os objetos, perde sua mobilidade, obstaculiza-se e passa a ser patógena. Diz: "Parece que o acúmulo de libido narcisista não é tolerado além de certa medida. E ainda podemos imaginar que se chegou ao investimento de objeto justamente por isso, porque o ego se viu forçado a emitir sua libido para não adoecer com sua estase" (Freud, 1916d).

As megalomanias na paranoia, na mania e na melancolia, que tomam a forma de delírio de insignificância, são manifestações da estase libidinal no ego por refluxo do narcisismo secundário. Em "Uma dificuldade da psicanálise", Freud (1917) escreve: "Ao estado no qual o ego retém junto a si a libido, nós o chamamos narcisismo, em memória da lenda grega do jovem Narciso, que se enamorou de sua própria imagem especular".

Porém, Hernán, longe de enamorar-se de sua própria imagem especular, ele a desprezava. Suas autoimagens narcísicas, como representantes figurativos de seu "sentimento de si", estavam superinvestidas de onipotência negativa. Ele era, segundo suas próprias palavras, uma "metade" e um "nada". Era o ego ideal negativo do outro duplo especular e maravilhoso, investido como o ego ideal positivo. Entre ambas as metades cindidas, não se conseguia configurar uma unidade integrada (Lacan, 1981, p. 197).

Hernán partia de um lugar certeiro de impotência e sofrimento, acompanhado de humilhações morais e erógenas. Ele era o Verdugo de si mesmo – "Eu sou a ferida e a faca, a bochecha e a bofetada" (Baudelaire, 1982, p. 102) –, o suporte das fantasias de "Uma criança é espancada" (Freud, 1919b, p. 195), revertidas sobre sua própria pessoa. Essas fantasias e autoimagens narcisistas condenavam-no a permanecer retido dentro de um enclausurado destino kafkiano de retração e impotência.

> Não acho que estou deprimido, mas não quero fazer nada. Sinto que me falta alguma coisa, uma vida. Não porque acho que esteja numa de não querer viver nem nada parecido. Falta viver minha vida.

Quando digo "viver", é ter mais amigos, sair, ter garotas, um objetivo no futuro que me entusiasme. Quero viver a vida com mais diversão. Eu tinha me organizado para ser piloto. Continuo com o violão, com o professor de quem eu gosto muito. Mas não sei o que me acontece que em certo momento eu desanimo e largo tudo.

Também o estudo me custa. Eu voluntariamente não faço o contrário do que faz meu irmão. Mas obviamente as coisas saem assim. Román não tem problemas com as mulheres. Eu gosto de mulheres, mas tenho dificuldade com a conquista, não sei como chamar melhor, com a cantada. Ele não tem problema com a cantada. (Pausa.)

Eu estou cheio das comparações. Elas me enchem o saco. Sendo gêmeo, a comparação existe sempre. Mesmo que não falem nada. É muito mais que quando você tem um irmão. Muitas vezes não se fala da comparação, mas se pensa.

Hernán permanecia robotizado e retraído regressivamente em um doloroso mundo isolado e atormentado por representações e afetos hostis contra si mesmo: "Eu sou um ressentido com a vida, para dentro. A vida me parece injusta na realidade. É que na realidade eu mereço mais do que tenho". Essas queixas e reclamações para dentro engrossavam a espessura das paredes de seu muro narcisista-masoquista.

Ao longo do trabalho analítico com Hernán, foi possível constatar que ele apresentava uma severa afecção narcisista, não por estase libidinal, mas por uma falta na constituição inaugural do narcisismo. Seria uma afecção pré-narcisista por carências precoces no processo de narcisização originária.

Algo e algia

Em "Introdução ao narcisismo", Freud assinala:

> *é uma suposição necessária que não esteja presente desde o começo no indivíduo uma unidade comparável ao ego; o ego tem de ser desenvolvido. Pois bem, as pulsões autoeróticas são iniciais, primordiais; portanto, algo deve agregar-se ao autoerotismo, uma nova ação psíquica, para que o narcisismo se constitua.* (1914a, p. 87)

Freud não chega a especificar em que consiste esse "algo" da nova ação psíquica. O novo ato psíquico tem o valor de uma mudança estrutural: organizar as pulsões parciais em uma imagem unitária de si mesmo. Aqui, adquire fundamental relevância como o *infans* foi olhado ou não pela mãe, bem como a identificação com esse olhar.

Lacan (1976, p. 11) e Winnicott (1967, p. 147) ocuparam-se com profundidade desse tema. Isso significa que esse *algo* mantém seus nexos com os efeitos estruturantes, de ligação, que provêm das primeiras relações de objeto. No caso de Hernán, podemos verificar, com base nas entrevistas que mantive com ambos os pais, que haviam sido insuficientemente desenvolvidas, originando falhas na textura psíquica precoce. Substituindo o *"algo"* pela *"algia"*, a dor da nostalgia e do rancor primigênios por aquilo que injustamente não se conseguiu estruturar.

Acontece como se a presença da algia tentasse substituir e obliterar certas carências precoces. Nesses casos, a algia tem a função de ligadura, de "remendar" a estruturação falhada do narcisismo originário; forma-se, como consequência, uma neocriação. Em lugar de erguer-se um muro narcisista por estase libidinal, forma-se um muro narcisista-masoquista, elevadamente superinvestido para o sujeito, porque, por seu alto valor defensivo, atua como um guardião da vida para o sujeito (Freud, 1924, p. 167).

Nesses casos, o masoquismo, fornece, por meio da formação cicatricial da dor, da algia, uma função vicariante de ligação e de complementação para dar coesão e estrutura. Assim, conjura-se o perigo da fragmentação das pulsões primordiais, autoeróticas, agindo como uma neoação psíquica para que "o narcisismo se constitua" (Freud, 1914).

No processo analítico de Hernán, instalou-se desde o início uma eloquente transferência neurótica. Gradualmente, apresentou-se, além disso, outro funcionamento psíquico, não neurótico e arcaico de sua personalidade. Esse setor mental cindido havia permanecido silenciado e acantonado atrás de um muro narcisista-masoquista de alta complexidade. Hernán permanecia retraído regressivamente em seu muro-cela. Durante longas horas, autossequestrava-se em seu quarto, infringindo-se humilhações com acessos de desalento, desconfiança e dor. O desânimo erodia sua vitalidade e "o convertia em uma figura átona, quase inanimada, que impregnava de uma maneira muito funda os investimentos e gravitava sobre o destino do futuro libidinal, objetal e narcisista" (Green, 1986, p. 209). Seu profundo desânimo gerava uma ausência de expectativa vital e de desesperança na situação analítica. Cindia e projetava massivamente a esperança e a confiança na possível mudança psíquica em minha pessoa.

> Eu me abato muito rapidamente. Quando me desanimo, não posso manter minha vontade. Custa-me muito ter esperança. Eu a vejo, mas não acredito no que vejo. Eu vejo e sei que tem uma forma de saída e que é fácil. Sei que a

ação é uma coisa simples, mas não sinto que vou mudar isso. Eu só sei que não posso.

Analista: Talvez você espere que eu possa e faça isso por você e que, além disso, te injete uma boa dose de esperança em cada sessão.

Hernán: Sim, pode ser. Eu vejo a esperança, mas não a sinto. Eu tento fazer coisas justamente para mudar. Porém, ao ver que as coisas que faço não saem direito, acabo dizendo: "Bom, sei lá eu! Não presto para nada". Geralmente, quando vou dormir penso que amanhã vou conseguir ir para a frente e ver tudo. Mas vejo todas as coisas como más. Eu sei que é um mecanismo que tenho de mudar, que eu preciso ver as coisas boas, porém, quando me comparo, as más superam.

Analista: Volta novamente o tema da comparação.

Hernán: Eu acredito que saia perdendo na comparação com qualquer um, porque vejo o mal em mim. Eu vejo que na vida social Román tem muito sucesso, e isso para mim é o mais importante. No estudo ele não vai bem. Mudou outra vez de faculdade. Agora estuda teatro e vai a reuniões de literatura. Ele não trabalha. Eu trabalho. Eu digo que não é que eu não vejo a mudança. Eu sei que pode ser de outro jeito. Porém, não vejo que eu chegue a ser de outra forma. Também não digo que me sinto esgotado. Mas tem dias que sim. Não tenho nada ordenado, nem no estudo, nem na minha vida. Não faço as coisas direito.

Analista: Talvez você tenha uma fantasia de que eu seja como uma espécie de um clone teu e que execute certas coisas por você.

(Sorri, e seus olhos rapidamente refletem um olhar brincalhão.)

Hernán: Eu gostaria, por que não? Que o clone fosse aos barzinhos e cantasse todas as meninas. Ou que faça os

exames por mim. Eu tenho um milhão de coisas que gostaria de fazer e não faço. Gostaria de aprender a fazer plastimodelismo, mas não faço bem. Porém, com o violão me dou bem. É uma das poucas coisas que posso e faço bem.
Analista: Parece que, de repente, num momento dado, mete, sem mais nem menos, um pau na roda que te breca.
Hernán: Não, na roda não. Me metem um pau no cu.
Analista: E quem te pôs esse pau?
(Ele me olha fixo, fica sério, com uma voz grave.)
Hernán: Já estava assim; quando olhei para trás.

O sujeito que permanece refugiado e fechado atrás de um muro narcisista-masoquista acha-se retraído em um mundo secreto de violência em que uma parte de si mesmo voltou-se contra a outra parte, em que partes do corpo foram identificadas com partes do objeto ofensor; além disso, essa violência acabou sexualizada ao extremo (Joseph, 1987, p. 241), com necessidades conscientes e inconscientes de castigo moral e erógeno.

O siamês imaginário e os vasos comunicantes

Brusset assinala que:

> *a análise da relação fraterna pode ser central no trabalho psicanalítico e que a observação objetiva das inter-relações afetivas não permite, necessariamente, detectar os processos realmente determinantes que se organizam em relação ao irmão.*
> *O fato de ter, desde o ponto de vista pulsional, um estatuto lateral não implica que desempenhe um papel*

marginal; pelo contrário, pode favorecer uma grande proximidade e lhe conferir um papel fundamental do ponto de vista da constituição do ego. A relação de objeto fraterno distingue-se das relações de objeto parentais, em razão da operacionalização da projeção (sobretudo sob a forma de identificação projetiva) na proximidade de uma relação simétrica, próxima, inevitável, que confronta diretamente o sujeito e a alteridade de um objeto que é simultaneamente um duplo de si e um estranho. O racismo é o oposto, ou se prefere o conteúdo latente, da ideologia da fraternidade.

Na lógica das relações fraternas querer compreender o irmão é tentar compreender a si mesmo, definir-se no negativo; mas como ter certeza de não ser ele? É conhecida a brincadeira de Mark Twain (Twin): "Eu tinha um irmão gêmeo. Nós éramos tão parecidos que, tendo morrido um de nós no nascimento, nunca pude saber se era ele ou eu...". O desdobramento narcisista está diretamente figurado pelos gêmeos e a indiferenciação parcial, pelos "siameses".

O "gêmeo imaginário" descrito por Bion (1967) com base em numerosos casos representava as partes dissociadas da personalidade, personificadas dessa forma. Esse duplo pode ser procurado diretamente no analista. A capacidade de personificar as partes dissociadas da personalidade pode, segundo Bion, ser vinculada à capacidade para formar símbolos, no sentido em que M. Klein descreve sua importância no desenvolvimento do ego. A visão joga aqui um papel essencial. (1987)

O "siamês imaginário" e a fantasia que descrevi dos "vasos comunicantes" representam as partes mais indiscriminadas da personalidade. Essas duas fantasias são encenadas nos sujeitos que apresentam um funcionamento mental simbiótico nas relações conjugais e de família.

Na fantasia dos "vasos comunicantes", intervêm diferentes formas de sentimentos de culpa que não se reduzem unicamente à culpabilidade edípica, já que se agregam a ela a culpabilidade fraterna e narcisista. A fantasia dos vasos comunicantes baseia-se no modelo físico de um sistema hidrostático composto de dois ou mais recipientes comunicados por sua parte inferior. Nos vasos comunicantes, é possível verificar experimentalmente o fato de que, em cada um dos tubos de diferentes formatos, a água ou o líquido vertido atinge o mesmo nível em todos os vasos, pois, na realidade, os vasos e o tubo de comunicação formam um só recipiente cheio de líquido.

A aplicação desse funcionamento na fantasia fisiológica da consanguinidade configura a representação dos irmãos, como se fossem tubos comunicantes, relacionados entre si por laços de sangue e unidos ao tubo de comunicação parental, que age como uma fonte inesgotável que nutre e, ao mesmo tempo, distribui a todos os integrantes do sistema de um modo unitário, para que finalmente tudo se mantenha em um perfeito equilíbrio. Esse sistema premia a nivelação e condena a diferença.

Nivelação não é solidariedade, mas negação da alteridade e da identidade própria, o que eclipsa o direito de discordar e de abrir-se para imprevisíveis possibilidades e realizações que podem surgir da confrontação geracional e fraterna. Porém, toda confrontação requer, como condição primária, a admissão do desnível do arco de tensões que marca a diferença de gerações entre pais e filhos e entre cada um dos irmãos. O princípio da nivelação dessa fantasia hidrostática bipessoal ou multipessoal dos vasos comunicantes baseia-se na troca "arterial e venosa" e no empréstimo de "órgãos" entre os componentes do sistema, o que costuma desencadear intensos sentimentos de culpa e necessidade de castigo quando se quebra a homeostase. Isso acontece precisamente por parte daquele que, por suas próprias condições, desnivela-se dos restantes, podendo situar-se – se entra em jogo uma elaboração masoquista – na posição de "vítima privilegiada" que permanece acachapada na espera vigilante da desforra do outro, ou outros, ressentido que, como vítima privilegiada, poderia conspirativamente vingar-se dele, estabelecendo assim um pêndulo retaliativo de recriminações e encobrimentos, de queixas e remorsos.

Esses vínculos conflitivos entre irmãos costumam deslocar-se para a relação com os amigos e com o par. Tornam-se presentes dentro do próprio sujeito, flutuando de um modo repetitivo entre ambas as posições: de vítima privilegiada a privilegiada vítima com pensamentos e atos de contrição (Kancyper, 1995).

Em continuação, transcrevo uma sessão que intitulei "O clone". Por meio desse significante, põe-se em evidência momentos relevantes do trabalho de elaboração, superação e ressignificação dessas fantasias, durante o processo analítico de Hernán.

> Hernán: Seria bom que houvesse um clone para que complemente tudo o que me falta. Mas que esse clone seja eu; senão, não tem graça. Não outra pessoa, mas eu mesmo. Um clone em mim, mas não no outro.
> Eu quero um montão de coisas, mas não ajo. O que acontece é que me desinteresso rápido. Não tem sentido que alguém faça as coisas por mim. Não serve. Mas o que acontece comigo que não faço logo as coisas?

(Assinalo que talvez, por ser gêmeo, mantenha uma esperança secreta de que seu irmão seja para ele, em sua fantasia, como um clone que aja por ele.)

Isso que o senhor me diz; não sei. O que lhe digo é que nós brigamos muito. Pode parecer estranho, mas não nos cumprimentamos. Cumprimentar é demais. Às vezes, passa uma semana que eu não o vejo e não o cumprimento, nem ele a mim.

O fato de não saber onde meu irmão está não me incomoda, é porque a vida é dele. Eu não vou perguntar aonde ele vai. Se ele diz aonde vai, está bem; se não diz, não.

Quando minha mãe vem e me pergunta se ele está em casa, eu não sei se está ou se saiu; e ela fica brava e eu não posso entender. Desde que eu tenho memória, sempre foi assim.

O que acontece é que não havia necessidade de nos cumprimentarmos. Se nós nos víssemos todos os dias. Cumprimentar estaria demais. Dividíamos os mesmos amigos, a escola. Sempre estávamos juntos.

(Interpreto para ele que talvez os dois não se diferenciavam bem e eram uma espécie de um, ou o outro era uma parte do mesmo um. Um não cumprimenta a parte do próprio corpo. Essa parte é propriedade do um e executa funções para esse um. Representa-se, assim, a fantasia do siamês imaginário e dos vasos comunicantes.)

Ele tem o mesmo sangue. Também ele é A positivo. Eu não posso dizer ao senhor nem sim nem não. Posso dizer-lhe que sua teoria explica bem, mas não lhe posso dizer: sim.

(Digo a ele que, além disso, o irmão, pelo que ele me descreve, está permanentemente em ação, mudando de amigos e de estudos, e já levou para casa várias namoradas, e que ademais de viver acelerado, parece estar muito entusiasmado, enquanto que ele...)

Sim, o senhor me explica o fenômeno, bem. A teoria explica perfeitamente que um seria o oposto do outro. Mas isso é alguma coisa que eu não penso, que eu não faço para me opor a ele. Eu escolhi estudar engenharia eletrônica, não porque ele agora estuda teatro e literatura. Sim, tem alguma coisa por trás disso tudo, não sei. Não posso lhe dizer que eu queria ser o oposto de Román. (Pausa.)
Acredito que meu irmão poderia ter sido outro, mas eu seria igual. Eu não sou o oposto dele. Penso que está muito longe disso. Acho que sou assim por um montão de coisas. (Pausa.)
Eu não dizia nada para meu irmão porque não queria discutir com ele. Ele era como uma parede; e eu não tinha vontade de empurrar. Ele mudou algumas coisas porque quis mudar. Eu não disse nada porque achava que não ia conseguir nada. A movimentação que ele tem é parte da sua personalidade. Ele é assim. Mas não é tão incômodo, pelo menos com as minhas coisas. Não sei se com outras pessoas é diferente. Quando se trata do outro, acho que não se consegue nada por meio daquilo que se possa falar. Eu nunca vou poder confirmar sua teoria. Chamo de teoria, mas não para desqualificá-lo. Eu não tenho uma explicação tão geral para poder descartá-la. Como teoria me arremata, mas não faria dela uma lei. Não tenho uma explicação tão geral para contradizer o senhor.

Ele me olha fixo e surpreso. Registro uma circulação afetiva inédita na dinâmica da sessão. Uma diferente atmosfera emocional de distensão, como consequência da suspensão da sufocação da agressão e dos afetos de amor e ternura. Como se começassem, após as múltiplas batalhas analíticas da dinâmica entre nós, a despontar com clareza os primeiros momentos da inevitável confrontação intergeracional. Eu assinalo que é a primeira vez que ele me confronta na sessão e se mantém em uma posição firme. Além disso, necessito esclarecer-lhe que sua oposição não me ataca nem despoja, ao contrário, ela me serve e me ensina.

Na sessão seguinte, comenta:

> Seria bom que as coisas caíssem assim de cima para a gente, mas pode chegar a ser chato. É como querer ter tudo resolvido, mas, com isso, se perde a conquista e a satisfação de não ter se esforçado. Eu tinha a esperança de ter as coisas de uma maneira fácil, com outro que me ajudasse em algo. Ter os outros solucionando as coisas para mim. Eu acho que alguma vez pensei que, se eu não faço as coisas, alguém vai fazê-las por mim. Mas percebo que, se eu não faço, ninguém faz. É como colocar a expectativa no outro e não em mim. Porém, agora eu já vejo bem.

Aqui, comprovamos a elaboração e o abandono das fantasias do gêmeo imaginário, do siamês imaginário e dos vasos comunicantes. Durante o processo analítico, Hernán costumava depositar essa expectativa em mim. Esperava que eu agisse como um duplo dele ou parte de seu si mesmo e em nome dele, cindindo a passagem para a ação de seus desejos irrealizados em minha pessoa. Enquanto isso, Hernán permanecia condenado e sofredor atrás do muro defensivo narcisista-masoquista. Esperava esse *"algo"* de mim, que eu me ocupasse desse novo ato psíquico para que seu narcisismo como estrutura se constituísse. Esse algo estava personificado por um duplo imaginário que flutuava entre o materno e o fraterno e que, ao não se materializar na realidade efetiva, transmutava-se pela frustração em *algia*. A *algia*, paradoxalmente, ligava, machucava e narcisava Hernán; dessa maneira o masoquismo e o narcisismo voltavam a ser religados.

A ressignificação no adolescente gêmeo e em seus pais

A instrumentação do conceito do *a posteriori*, da ressignificação retroativa, possibilita efetuar fecundas considerações teóricas e técnicas na clínica da adolescência.

> *A ressignificação não é o descobrimento tardio de um evento que se tinha esquecido, mas sim uma tentativa, por meio da interpretação, da construção e da historização, de extrair uma compreensão nova do significado desse evento enigmático e ocultado.*

De fato, a ressignificação retroativa, o *aprés-coup*:

> *transcende a polaridade entre a realidade histórica e a realidade psíquica. É o momento em que o traumático e o não significado do passado se liga – com a ajuda de sensações, afetos, imagens e palavras do presente –; desse modo o cindido se integra à realidade psíquica e pode, portanto, submeter-se à repressão e ao esquecimento.* (Künslicher, 1995)

É esse o momento em que o passado misterioso, repetitivo e incompreensível torna-se subitamente uma realidade mais clara e audível e, ao ser integrado e reordenado na realidade psíquica, permite ao adolescente reescrever sua própria história.

Quero sublinhar que o importante, em nosso trabalho clínico, não é restituir o passado nem o buscar para revivê-lo, mas reescrevê-lo em uma estrutura diferente. Trata-se menos de recordar que de reescrever. O destaque cai mais sobre a reescrita do que sobre a revivescência. O revivido é fundamental, mas não suficiente. É um ponto de partida, mas não o ponto de chegada, que é a reestruturação. O sujeito se define ao passo que se ressignifica, ou seja, reestrutura sua biografia para transformá-la em sua própria história.

A adolescência é, precisamente, a etapa privilegiada da ressignificação e da alternativa, em que o sujeito teria a opção de poder efetuar transformações inéditas em sua personalidade. Representa o "segundo apogeu do desenvolvimento" (Freud, 1926). É o "momento mais importante e, ao mesmo tempo, o mais dramático da vida; representa um momento trágico: o fim da ingenuidade" (Balthus). O termo "ingenuidade" denota a inocência de quem nasceu em um lugar do qual não se moveu e, portanto, é carente de experiência. Deriva da raiz indo-europeia *gn*, que significa nascer e conhecer (Bordelois, 2003).

A adolescência simboliza um momento trágico no ciclo vital humano, porque nessa etapa se requer sacrificar a ingenuidade inerente ao período da inocência da sexualidade infantil e o lugar azarento desconhecido e passivo do jogo das identificações alienantes e impostas à criança pelos outros. Devem ser despertadas e processadas nessa fase do desenvolvimento, para que o adolescente conquiste um conhecimento e uma inédita reordenação do herdado e faça surgir um projeto desiderativo sexual e vocacional próprio. Projeto que, atingido, estruturará e orientará sua identidade e que, ao ser assumido com responsabilidade por ele, dará fim à sua posição antiga: a de uma ingênua vítima passiva da infância.

Concordo absolutamente com Bergeret, que diz ser necessária a revalorização, muito mais ainda do que se fez até o presente, da qualidade de flexibilização à mudança psíquica abrigada no período da adolescência, porque é nessa etapa libidinal que se produzem as transformações psíquicas, somáticas e sociais que possibilitam ao sujeito o aparecimento de uma profunda mutação psíquica estrutural no meio de um furacão pulsional e conflitual: "Não existem adolescentes sem problemas, sem sofrimentos, é talvez o período mais doloroso da vida. Porém, é simultaneamente o período das alegrias mais intensas, cheio de força, de promessas de vida, de expansão" (Dolto). Ainda: "é nas manifestações dessa ineludível crise de sentido em que se agarra a possibilidade de resistência do adolescente e o germe da alternativa para se pensar diferente" (Kononovich citado por Kancyper, 2003).

Nessa etapa de maior maturação emocional e cognitiva, o adolescente possui, por um lado, novas ferramentas para refletir sobre os enigmas e as impressões do passado e, por outro lado, adoece de períodos de turbulência, nos quais, de modo intempestivo, são reabertas as portas da memória caótica da ressignificação. Essa pode ser uma oportunidade imperdível para a construção e a historização daquilo que, desde os tempos remotos, permaneceu oculto, misterioso e cindido.

De fato, nessa fase são ressignificadas privilegiadamente as situações de traumas anteriores e, ao mesmo tempo, desata-se uma retomada estrutural em todas as instâncias do aparelho anímico do adolescente; trata-se do reordenamento identificatório no ego, no superego, no ideal do ego e no ego ideal e da elaboração de intensas angústias que necessariamente devem tramitar no adolescente e em seus pais e irmãos, para possibilitar a despregadura do ato da confrontação edípica e fraterna. Ato essencial e ineludível em todo o período da vida, porém fundamental na etapa da adolescência, possibilitando a elaboração das identificações que intervêm na plasmação do inacabado processo da identidade.

Essa confrontação requer, como pré-condição, a admissão da alteridade e da identidade própria, bem como da semelhança e a oposição nas relações parento-filiais e entre irmãos. Para tanto, cada um desses integrantes necessita atravessar inelutáveis e variados lutos nas dimensões narcisista, edípica e fraterna.

Recordemos que Freud (1908) assinala que a operação de desprendimento da autoridade parental é uma tarefa absolutamente necessária de ser cumprida, porque é condicionante do crescimento em todos os sujeitos. Seu não cumprimento, por outro lado, detém o desenvolvimento individual e social:

> *No indivíduo que cresce, seu desprendimento da autoridade parental é uma das operações mais necessárias, mas também mais dolorosa do desenvolvimento. É absolutamente necessário que se cumpra e é lícito supor que todo homem tornado normal levou isso a cabo em certa medida.*
>
> *Mais ainda: o progresso da sociedade descansa, todo ele, nessa oposição entre ambas as gerações. Por outro lado, existe uma classe de neuróticos em cujo estado evidencia-se, como condicionante, seu fracasso nessa tarefa. (Freud, 1908)*

Uma das manifestações mais eloquentes da severa afecção narcisista de Hernán era, precisamente, sua paralisia na operação de confrontação. No lugar da rebelião própria por sua condição de adolescente, permanecia atemporalmente retraído, rendido e sofrendo em um muro narcisista-masoquista, como se tivesse sido programado para a obediência e a submissão. Não lhe ocorria opor-se nem sabia como fazer isso.

Hernán permanecia fechado em uma exasperante couraça imaginária, padecendo a violência de uma autoimposição condenatória. Carecia de outros reflexos que não fossem os da fuga, não para fora, mas para dentro. Ruminava um atormentado silêncio carregado de rancor, seu alimento cotidiano. Vivia e existia abrigando em segredo uma esperança reivindicatória. De fato, Hernán tinha se armado psiquicamente, com férrea teimosia, ao redor do rancor, que representava paradoxalmente um dos afetos norteadores que lhe davam um sentido tanático e, ao mesmo tempo, estruturante à sua vida.

Nesses momentos, pensava em vários interrogantes sobre como abordar a compulsão repetitiva de seu rancor:

- Como processar os remorsos e os ressentimentos que lhe outorgavam a legitimidade da represália perpétua?

- Como ceder e renunciar, finalmente, à idolatria do rancor e da vingança próprios, bem como àquelas emprestadas e impostas por seu pai e assumidas por ele por meio de uma identificação reivindicatória, se já formavam parte do sentido de sua vida?

- Como aceder à liberação do necessário ódio ao serviço dos propósitos de Eros, para atingir a discriminação e o desprendimento dos objetos, com os quais se mantinha confundido e em conluio tanático consciente e inconsciente? Porque, enquanto persistem sem elaborar nem superar os ressentimentos e os remorsos, são paralisados os processos do luto e da desidentificação.

- Como esclarecer, dentro da estrutura superposta do rancor, a presença de dois tipos de ressentimentos e remorsos para demarcar entre ressentimentos e remorsos intersubjetivos e intrassubjetivos?

O primeiro é reativo às violências e às frustrações do meio ambiente, produto das situações traumáticas desencadeadas nas relações intersubjetivas entre pais e filho, e irmãos, que clama pelo desalojamento de uma fúria agressiva para saciar sua sede de vingança.

> *Por outro lado, o ressentimento e o remorso intrassubjetivos são um expoente do acionamento da própria pulsão de morte no filho que, em sua articulação com as próprias fixações traumáticas, repete compulsivamente uma insaciável atitude litigante. É necessário, em cada caso, avaliar a maneira das séries complementares, o que vem do meio ambiental como violência e frustração traumáticas e o que nasce do próprio filho como ressentimento, pesando cuidadosamente o entrecruzamento de um e de outro.*

Hernán era um enigmático e implacável ruminador. Nele, prevalecia a memória do rancor sobre a memória da dor. A memória do rancor o atormentava e não propiciava o surgimento daquela rebeldia adolescente necessária para promover uma mudança e não se subjugar diante das identificações impostas por seus pais e por sua condição de gêmeo. O poder hostil e retaliativo do rancor cindido retinha-o na imobilização e na ruminação de seu passado, que não podia manter à distância do presente. Não podia esquecer, não podia perdoar nem se perdoar.

Hernán, diferentemente de Ricardo III, de Shakespeare (Kancyper, 1998), que representa o paradigmático personagem do ressentimento, atormentava-se e atiçava remorsos, que se exteriorizavam nas sessões por meio dos temas reiterados da queixa e das comparações. Ele se comparava não somente por estar mal como também para voltar a estar mal.

Em lugar de travar uma batalha como adolescente para libertar-se de seu muro-prisão, fazia uma eloquente militância de seus fracassos. Hernán os contabilizava de maneira compulsiva e, assim, voltava a comparar-se e a queixar-se. A experiência de sua impotência converteu-se em uma defesa hostil e onipotente.

Quando me comparo com outro, eu me fixo no quanto tenho de menos e nunca no quanto tenho de mais.
Analista: E o que isso te produz?
Hernán: Eu me deprimo.
(Sorrio e aponto que ele é um bom artesão para criar argumentos que, finalmente, o frustram e que, desse modo, pode chegar logo a infringir-se algumas surras. Ele também sorri e repete.)
Hernán: Sim, sou um bom artesão. Mas é assim que me acontece. Sempre olho o quanto me falta e não o quanto consigo. Acontece assim comigo. Está incorporado em mim. Eu sei que perco com a comparação. É que, na realidade, nunca consegui nada. Nunca tenho um ganho significativo. Eu me desanimo muito rapidamente.
(Na sessão seguinte.)
Hernán: Eu deixo de fazer e depois me queixo do mal que acontece. Não é que eu me proponha a fracassar em alguma coisa. Eu não falo: "Vou fazer todo o possível para que dê errado", mas o que faço é me acomodar ao jeito que sair, assim, sem mais nada.
Analista: O que significa "acomodar"?
Hernán: Acomodar significa não agir. Acomodo e deixo que a situação ande sozinha. Não vou dirigi-la. Vou sempre igual, direto e não procuro alternativa.
Analista: Então você se mantém rígido e não produz nenhuma mudança. Só aumentam os fracassos.
Hernán: Exatamente. Eu tenho, não sei como falar, duas formas de viver. Uma é a vida que a gente tem, por assim dizer. Acho que tenho muitas possibilidades para o que quero: tenho teto, comida, dinheiro para estudar em qualquer universidade. Esta é a vida que tenho, e a outra e aquela que eu vivo, é aquela que a gente faz. É diferente. Essa segunda parte da vida depende das opções que eu

escolho, das decisões que tomo; dentro dessa parte, entra a relação com pessoas. Isso depende de mim. A outra vida depende da minha mãe. Mas também podia definir-se assim: uma vida é a material e a outra é a espiritual, porque não encontro outra palavra. Eu poderia ir viver sozinho, se tivesse um trabalho que permitisse me manter, e poderia estar bem economicamente. Mas me faltaria a outra parte também.

Analista: A parte da vida dos afetos?

Hernán: Não sei se há uma falta em meus afetos, porém alguma coisa anda mal. É a maneira de interagir com outros afetos. Tudo termina muito achatado, muito medíocre.

Analista: Penso que com o ressentimento você não é tão medíocre.

Hernán (sorri): Pelo menos nisso sou forte. Mas eu não estou ressentido com ninguém em particular. Eu não digo que tudo é uma merda, que todos estão contra mim e que a culpa é dos outros. Eu me ressinto comigo. Antes eu me xingava um montão. Agora não faço muito isso, mas fica uma raiva contra mim.

Analista: Essa raiva contra você se chama remorso.

(Abre os olhos com surpresa e move seus lábios repetindo, em silêncio, a palavra "remorso".)

Hernán: Hoje aprendi uma palavra nova: remorso. E isso dá um nome a algo que eu sentia. Essa palavra me esclarece o que sinto.

Hernán, como adolescente,

> *necessita enfrentar, a partir de sua metamorfose corporal, uma realidade que lhe impõe um reordenamento afetivo e representacional para realizar a tarefa de*

> *aceitar seu novo corpo; renunciando às satisfações infantis e indo ao encontro de novos instrumentos objetais que, sem romper sua trama histórica, lhe permita aceder a novas posições identificatórias. (Olmos, 2000, p. 226)*

Uma das tarefas primordiais do analista seria:

- registrar e nomear os afetos cindidos do analisante;
- oferecer uma figuração falada nesse momento em que o adolescente mostra-se enfrentando um sofrimento quase impensável;
- favorecer o trabalho de simbolização e autossimbolização.

De fato, Hernán, com base em seu *insight* afetivo, nos diz: "Hoje aprendi uma palavra nova: remorso. E isso dá um nome a algo que eu sentia. Essa palavra me esclarece o que eu sinto". Real e efetivamente, a detecção e a nomeação dos afetos clarificam. Agem como um foco e uma bússola que iluminam e orientam os pensamentos e as ações.

Aisenberg (1999) agrupa os afetos em três categorias, levando em conta seus destinos:

- Afetos ligados ao inconsciente reprimido, cujos três destinos são descritos por Freud na metapsicologia. Remetem ao funcionamento neurótico e podem ser articulados com o discurso do paciente. São afetos integrados na cadeia das representações. Trata-se da inervação motriz da conversão histérica, do deslocamento da neurose obsessiva e, por último, da transformação em angústia de fobias e depressões.
- Transformação em angústia de neuroses atuais, em que há um funcionamento no qual se predomina a quantidade com déficit de ligadura e de representação.

- Afetos relacionados com o inconsciente cindido, afetos expulsos da psique.

McDougall (1989, p. 123) denomina assim a desafetação ou o curto-circuito que Green (1995, p. 113) assinala com a passagem a ato ou soma. Esses afetos são um fator de desorganização traumática. São afetos cindidos (Aisenberg, 1999, p. 302).

Hernán, por sua vez, não apresentava fenômenos psicossomáticos; precipitava-se de modo paroxístico nas atuações contra si mesmo, entrincheirando-se durante várias horas em seu quarto e oprimindo-se com angústias, sentimentos de culpa e necessidade de expiação.

Identificação reivindicatória

A identificação reivindicatória tinha uma particular gravitação nesse processo analítico. Nela, devemos diferenciar a identificação imposta da alienante. Na identificação reivindicatória alienante, o sujeito se submete, por via inconsciente, a humilhações, agravos narcisistas, ressentimentos e remorsos que concernem às histórias secretas das gerações que precederam seu nascimento, mas das quais permanece cativo e identificado no cumprimento de uma missão singular: lavar a honra ofendida de "outro" mediante a vingança. O "outro" significa o narcisismo parental e a identificação com ele mesmo. O regime narcisista parental de apropriação-intrusão é o que força o sujeito a uma adaptação alienante por suas identificações inconscientes com a totalidade da história dos pais.

Faimberg assinala: "Não existe um espaço psíquico para que a criança desenvolva sua identidade livre do poder alienante do narcisismo parental. Cria-se um paradoxo do psiquismo que, ao mesmo tempo, está cheio e vazio em excesso" (1985, p. 1048). Quer dizer, cheio de uma alteridade ominosa e vazio de uma identidade própria por carecer de uma espacialidade psíquica discriminada. O processo de intrusão explica o "cheio em excesso" de um objeto que não se ausenta jamais. O sujeito fica cativo dos desejos reivindicatórios do outro, que representa um objeto excessivamente presente, que mora no ego ideal do sujeito, apropriando-se de suas qualidades. Assim, torna-se um engrandecido herói que vai libertá-lo por meio da vendeta, da desforra, da represália, das feridas não cicatrizadas provocadas pelas histórias parentais.

Esse ego ideal, "concebido como um ideal narcisista de onipotência, serve de suporte ao que Lagache descreveu com o nome de identificação heroica com personagens excepcionais e prestigiosos" (Laplanche & Pontalis, 1971); no caso da identificação reivindicatória, põe em destaque os aspectos destrutivos do narcisismo.

O processo de apropriação explica o vazio de uma espacialidade psíquica própria, porque, por parte do sujeito, há uma falta de reconhecimento na relação de objeto. Constitui-se por meio do remorso e do ressentimento. Ele é enquanto cumpre a função de vitimário e de vítima em nome de "outro". Trata-se da identificação que o estrutura com base nesse paradoxo, em um pleno de rancores e culpas que não lhe pertencem, mas que igualmente o possuem, bem como em um repúdio a toda realidade que pode comprometer sua identificação alienada pela submissão à sua tarefa redentora.

A identificação reivindicatória reanima o sentimento ominoso em razão do desamparo do ego diante da repetição não deliberada, imposta, de forma fatal e irreversível, por esse outro que não é "efetivamente algo novo ou alheio, mas algo familiar de antigo à vida anímica, apenas afastado dela pelo processo da repressão. Esse outro que, destinado a permanecer no oculto, saiu à luz" (Freud, 1920). O *Unheimlich* do duplo.

Essa situação paradoxal detém o sujeito em uma relação ambígua com o outro, com seu corpo e com a temporalidade (Kancyper, 1989), uma relação de ambiguidade com um objeto enigmático e vinculado com uma história críptica de situações traumáticas inerentes ao sistema narcisista intersubjetivo e desenvolvido pelo sujeito. É precisamente o caráter enigmático e não verbalizado de seus objetos internos, pertencentes a outras gerações, o que fascina e detém o sujeito em uma história que não lhe concerne.

As identificações reivindicatórias alienantes pertencem à categoria das patógenas e requerem que o trabalho analítico passe, necessariamente, pela reconstrução das situações traumáticas que as produziram. O acesso a tais situações não pode ser conseguido sem um trabalho de historização progressiva dos fatos traumáticos relacionados aos progenitores em interação com o sujeito; deve-se reconhecer os mecanismos em jogo e a colocação em evidência dos efeitos patógenos. A identificação reivindicatória alienante se diferencia da imposta pela presença de um objeto externo que pressiona e impõe, mediante explicitada verbalização, o mandato de que o sujeito assuma, na realidade material, uma função reivindicatória. Esse objeto externo costuma promover e impor diversos conluios conscientes e inconscientes.

No caso de Hernán, a personalidade do progenitor-pai pesava fortemente sobre o sistema de seus vínculos subjetivos contra sua mãe e seu irmão. Esse pai funcionava como um objeto enlouquecedor (García Badaracco, 1987, p. 217). Ele o tinha identificado, desde seu nascimento, como seu primogênito eleito, investindo--lhe em certos momentos como seu duplo especular e imortal e/ou como uma parte siamesa de seu si mesmo. Hernán-pai se espelhava em Hernán-filho. Este deveria materializar as represálias e ser o polo efetor do pai para restaurar seus agravos narcisistas (Aulagnier, n.d., p. 7). Essa identificação reivindicatória era, além de alienante, imposta. E ainda continua sendo, já que Hernán-pai continuou mantendo, ainda que com menos frequência, discursos querelantes contra Román e Laura.

Essa situação de Hernán-pai ressignificava a fantasia de "Uma criança é espancada" (Freud, 1919b) em Hernán-filho. As três fases dessa fantasia masoquista – meu pai espanca uma criança a quem odeio; eu sou espancado por meu pai; uma mulher espanca outras crianças – eram convalidadas com certezas na realidade factual pela rejeição manifesta do pai em relação a sua mulher e Román. Tal situação ressexualizava o complexo paterno em Hernán, reanimava seu Édipo negativo e reativava as culpas edípicas, fraterna e narcísica como consequência de permanecer confirmado como filho único que destrona seu irmão gêmeo, ao mesmo tempo que triunfa sobre sua mãe, a quem tinha a missão de humilhar em nome do pai.

Essas diferentes fontes de sentimento de culpabilidade carregam suas próprias dinâmicas e necessidades de expiação. Requerem ser discriminadas e não meramente subsumidas na culpa edípica. Esses diversos sentimentos de culpabilidade, que se articulam e reforçam entre si, podem oferecer uma resposta e elucidar o questionamento formulado por Freud em "Dostoiévski e o parricídio":

> *Segundo uma conhecida concepção, o parricídio é um crime principal e primordial da humanidade e do indivíduo. Em todo caso, é a principal fonte do sentimento de culpa; não sabemos se a única, pois as indagações não puderam ainda estabelecer com certeza a origem anímica da culpa e da necessidade de expiação. Porém, não faz falta que seja a única. A situação psicológica é complicada e requer elucidação. (1927, p. 181)*

A seguir, transcrevo um fragmento de uma sessão vincular mãe-filho, na qual Hernán surpreendentemente apresenta um *insight* da imposta e alienante identificação reivindicatória que, inconscientemente, mantinha com seu pai.

Mãe: Eu te impulsionei para que começasse o tratamento porque via que estava muito mal, mas você não percebia.

Hernán: Sim, é verdade que eu não percebia, mas não me diga que você me impulsionou. Você me impôs.

Mãe: Eu te impus? Não concordo.

Hernán: Você é uma pessoa muito autoritária.

(Pronunciou a frase com um tom alto e muito firme nas palavras, situação inédita nele. Em seguida, faz uma longa pausa e exala, de repente, um segredo inconfessável.)

Hernán: Pensei dizer "um pouco", mas disse "muito autoritária".

Analista: Ou seja, você disse algo diferente do que na realidade pensa de tua mãe.

Hernán: Sim.

Analista: Quem disse e diz que tua mãe é muito autoritária?

Hernán: Meu pai.

Analista: Até que ponto, Hernán, você fala às vezes em nome de outro que te impôs seus próprios pensamentos e sentimentos e com o qual você manteve e mantém uma espécie de pacto.

Hernán: Pode ser.

(Em seguida, lança um olhar terno para sua mãe, que o olha com doçura. Em continuação, ela dirige seu olhar para mim com uma expressão de alívio. Todos permanecemos calados. Eu sinto uma atmosfera de distensão no campo analítico. A mãe volta a dirigir para mim um olhar e um silêncio de gratidão, e pergunto a ela no que ficou pensando e sentindo.)

Mãe: Sinto que Hernán está muito melhor, que agora pode dizer o que sente. Que já não se cala como antes e que eu gostaria muito que aumentasse a frequência das sessões. Mas não como imposição, porque penso que ele necessita delas.

Hernán: Não é que eu não concorde em vir mais de uma vez, mas é por causa da grana.

Mãe: Pelo dinheiro, não fique preocupado. (Silêncio.)

Analista: Até que ponto você também não me vê como uma mãe que quer impor uma segunda sessão? Eu apenas recomendo, não imponho, porque existem momentos no processo analítico no qual se requer aumentar a frequência das sessões. Eu sugiro que você pense, porque já faz tempo que vem repetindo que tem algo que te impede de passar para a ação, que falta um algo mais.

Hernán: Vou continuar pensando.

Nessa sessão, abre-se um leque diferente de olhares, representações e afetos. Por meio do intercâmbio de olhares entre filho e mãe, são visualizados os movimentos de mudança dos lugares dentro da estrutura familiar.

Hernán já não olha a mãe com os olhos acusadores do pai, mas com seu próprio olhar terno. São olhares que falam. Cada um recupera seu próprio olhar. Também a mãe muda a amedrontada posição que mantinha diante de seu filho. Ela começa a distingui-lo do Hernán-pai e a perdoar-se por suas antigas culpas e autoacusações que costumava infringir-se por sua originária função materna falida. Tudo isso aconteceu logo que Hernán-filho se desprendeu da identificação reivindicatória alienante imposta pelo pai e assumida por ele.

Nessa sessão, Hernán e sua mãe manifestam o registro da distinção e da separação. Hernán, ao deixar de se identificar com seu pai, não permanece confundido com ele; a mãe, ao mesmo tempo, desprende-se e não assume a hostilidade que Hernán sufocava de seu pai pelas imposições que ele pressionava e que deslocava massivamente sobre a mãe e sobre mim.

Nessa sessão, produziu-se uma mutação sobre a fantasia inconsciente básica do campo analítico, que se encenava pela imposição e pelo forçamento de uma fantasia sadomasoquista de domínio.

Insight e *autoimagens narcisistas*

O *insight* não é o resplendor repentino que desponta de uma epifania mágica; trata-se do produto e da conclusão de um trabalho paciente de elaboração gradual, no qual tramitam progressivas transformações. No momento dado, essas transformações coalham e se reordenam de um modo súbito, iluminando e discriminando a realidade interna.

Para M. Baranger, o *insight*, como visão interior estruturada, implica ao mesmo tempo um momento de discriminação e integração: "É a discriminação que permite evoluir a estrutura por redistribuição de seus elementos e inclusão de elementos novos em uma estrutura ampliada" (1956, p. 166). O *insight* não é a causa da discriminação, mas seu registro e verbalização, porque já se produziu previamente uma modificação estrutural interna.

Na sessão que transcrevo em seguida, presenciamos o *insight* de certas identificações com o "objeto-pai" com o qual Hernán permanecia confundido, indiscriminado e identificado. Quando, no começo da sessão, anuncia "que nada vai mudar", a expressão já revela a presença de uma mudança interna nele, bem como a resistência a ela. Sente a mudança que já se produziu e luta para negá-la. Na sessão, produz-se uma mudança estrutural a partir da desidentificação de suas identificações patógenas e da revelação e superação de suas autoimagens narcisistas.

> Eu procuro não me iludir com nada para que não me machuque tanto no tombo. Eu estou vacinado. Não quero me meter na vida dos outros. Nada vai mudar. Eu sempre procuro baixar as expectativas para não me desiludir; faço isso conscientemente.
> Analista: Você não espera mudança nenhuma de quem?
> Hernán: E... principalmente do meu pai. Está sempre atacando minha mãe e a família dela. Tudo o que vem da parte dela, ele vê mal.
> Analista: Também foi uma ideia de tua mãe que você viesse se analisar comigo.
> Hernán: Sim, ele acredita que a psicologia é como uma moda de agora e que eu não preciso de nenhum psicólogo.
> Analista: Você diz que é teu pai que fala isso. Mas você, em algum sentido, pensa parecido com ele sobre os benefícios da psicanálise?
> Hernán: Eu, conscientemente, não encaro meu pai como exemplo nem como imagem, mesmo que tenha coisas dele que eu não percebo.
> Analista: Talvez você faça coisas em direção oposta a ele, mas que no fundo são similares às dele. Por exemplo, você me fala que teu pai vive se queixando para fora.
> Hernán: E... eu me queixo para dentro. É verdade, me parece que tem o mesmo fim. Ele se põe assim para ficar como a vítima, como o "pobre papai", e eu por aí, inconscientemente, me queixo para dentro dizendo: "Bom, que injusta é a vida que me coube! Como me fazendo de vítima de mim mesmo. Sei que faço as coisas. Se faço mal, sei que não tenho porque me queixar. Sei lá. Permanecer na

queixa; e... não serve para nada. Não serve. Parece que mudam as aparências com meu pai, mas tenho pontos em comum com ele. Eu quero acabar com a queixa. Sempre faço as coisas pela metade.

Analista: Hernán, durante os últimos meses, venho indicando a você a necessidade de fazermos duas sessões semanais, e você resiste. Vem a uma única sessão. Vem à metade da frequência das sessões que considero adequada para este momento.

Hernán: Sim, eu vou à faculdade, mas não estudo. Faço as coisas pela metade. Sempre tenho boas intenções, mas nunca as materializo. Tenho a metade de um trabalho, já que só trabalho quatro horas por dia. Tenho metade de uma família, porque se separaram e foram cada um para um lado. Tenho também a metade da atenção da família. (Dá risada.) Temos que me juntar com meu irmão para ver se fazemos um inteiro. E tem razão, eu uso a metade das sessões.

Analista: Parece que o gêmeo que não teve um espaço nem um tempo inteiro para si, só a metade, ainda continua presente.

Hernán: Sim, está ali.

Analista: O que significa: está ali?

Hernán: Está em todos os lados.

Analista: Você, desde o início foi gêmeo. Este foi um acontecimento evidente em tua vida; porém esse fato vai marcar para sempre os teus atos?

Hernán: Espero que não.

(Ele me olha relaxado. Lentamente, aproxima seu corpo da escrivaninha que nos separa e percebo, correlativamente, uma mudança na circulação das moções afetivas e das relações de domínio no campo dinâmico da situação analítica transferencial-contratransferencial. Essas mutações se expressam pelo registro da queda tensional percebida em meu corpo. Após dosar uma breve pausa, eu assinalo a Hernán que já passou tempo suficiente de oposição entre nós, para que finalmente possamos compartilhar algo diferente. Não apenas a metade do tempo e do espaço analíticos, mas um tempo mais inteiro e relaxado. E proponho a ele uma mudança: fazer duas sessões na próxima semana, para provar como nos sentimos.)

Hernán responde imediatamente: Bom. Aceito vir.

(Pergunto se ele gostaria de ter mais tempo para pensar nisso.)

Hernán: Não, não faz falta. Quero provar. Virei as duas vezes.

Nessa sessão, minha escuta analítica foi surpreendentemente marcada pela frase pronunciada por Hernán logo depois de seu *insight* sobre sua identificação e confusão com o complexo paterno: "Parece que mudam as aparências com meu pai, mas tenho pontos em comum com ele. Eu quero acabar com a queixa. Sempre faço as coisas pela metade". Foi pontualmente a palavra "metade" que focalizou minha atenção e ressoou em meu corpo com a gravitação do peso de uma "palavra-detalhe".

Digo "palavra-detalhe" porque os "detalhes", segundo Marai, deixam tudo bem atado e aglutinam a matéria-prima das lembranças. Esse autor afirma que "é preciso conhecer os detalhes, porque por meio deles podemos conhecer o essencial dos livros e da vida". Benjamin afirma que o conteúdo das verdades vive e se esconde nas pregas dos detalhes, mas nunca se estabiliza neles, passa de um a outro e, sobretudo, emerge no seu contraste. De fato, a palavra-detalhe, como recurso de iluminação, costuma elucidar e focalizar o inusual e o particular, com a certeza de que ali, na aparente insignificância dos abstraídos e recortados detalhes, subjazem certas claves que capturam o fugitivo e preparam o caminho para apreender o essencial e o núcleo da verdade contido neles.

Nessa sessão, a palavra-detalhe "metade" representa uma das autoimagens mais destacadas de Hernán.

Autoimagens narcisistas

As autoimagens narcisistas são suportes figurativos que representam o "sentimento de si", o sentimento da própria dignidade (*Selbstgefühl*). Agem como pontos de partida a partir dos quais o adolescente se relaciona consigo mesmo, com o outro e com a realidade externa. Intervêm como os referentes constantes que, de modo contínuo, participam, *a posteriori*, na estruturação e desestruturação de sua singularidade.

Essas imagens persistem e insistem de uma maneira autônoma em relação à vontade, e não cessam de funcionar; fica o adolescente, paradoxalmente, girando ao redor de suas próprias autoimagens, como se desse voltas amarrado a uma roda-gigante, pois as autoimagens narcisistas são desconhecidas, fundamentais e singulares para cada sujeito. Desconhecidas porque são constituídas de uma multiplicidade de processos inconscientes que permanecem vigentes e porque são estruturantes do aparelho psíquico. Singulares porque se resume nelas a história psicanalítica que particulariza cada sujeito. Tal sujeito assimila as autoimagens e se transforma total ou parcialmente com base nelas. Isso quer dizer que se identifica: ele é tais imagens.

Em 1909, Freud empregou a expressão "imagem viva de si mesmo", extraída de *Fausto*, de Goethe (parte I, cena 5): "Ele vê no rato inchado, claramente, a viva imagem de si mesmo". Descreveu o "homem dos ratos" como quem:

> *frequentemente havia sentido compaixão desses pobres ratos. Ele mesmo era um tipinho assim asqueroso e sujo, que na ira podia morder os demais e ser, por isso, açoitado terrivelmente. Real e efetivamente podia achar no rato a imagem de si mesmo. (Freud, 1909)*

Considero que em todo processo analítico é preciso pôr em evidência e elaborar as autoimagens narcisistas que particularizam cada analisante e suas flutuações; revelar os processos inconscientes que tiveram intervenção em sua constituição e o núcleo de verdade histórica, no singular ou no plural, em torno do qual foram construídos. O fazer analítico requer desmontar as autoimagens narcisistas e a polissemia ligada a elas e revelar as crenças psíquicas que subjazem. Essas são condições essenciais de nossa tarefa analítica para que o analisante, ao desativar as autoimagens, consiga reestruturar sua biografia, transformando-a em sua própria história e convertendo-se, em grande medida, no autor suficientemente responsável e não no espectador passivo e indefeso que é vítima de um destino imutável (Kancyper, 1989).

As autoimagens narcisistas são de edificação complexa e de aclaração difícil.

Hernán via a si mesmo como metade de seu irmão e metade dentro da dinâmica do triângulo edípico. Flutuava entre ser um todo reivindicador do pai e um nada da mãe. Sua oscilante autoimagem narcisista o detinha dentro de estruturas diádicas que interferiam em sua passagem para a triangulação. De modo real e efetivo, sua autoimagem narcisista se exteriorizava de maneira factível na realidade material e na situação analítica.

Sempre tenho boas intenções, mas nunca as materializo. Tenho a metade de um trabalho, já que só trabalho quatro horas por dia. Tenho metade de uma família, porque se separaram e foram cada um para um lado. Tenho também a metade da atenção da família. Temos que me juntar com meu irmão para ver se fazemos um inteiro. E tem razão, eu uso a metade das sessões.

Ao afirmar, em seguida, com eloquente precisão, que seu irmão "está em todos os lados", Hernán lança uma viva luz sobre a importância e a ubiquidade que tem o complexo fraterno na vida anímica. Seu processo analítico confirma, com particular clareza, o afirmado por Freud ao longo de toda sua obra: o núcleo genuíno e o complexo nuclear das neuroses estão representados pelo complexo de Édipo (Freud, 1919). Porém, não devemos equiparar o nuclear com o exclusivo e único. Não podemos descuidar, precisamente, da presença atuante, na vida anímica, de diversos funcionamentos psíquicos que, além do complexo de Édipo, comportam suas próprias lógicas, relacionadas com as estruturas míticas de Narciso, de Caim-Abel e de Jacob-Esaú. Essas diferentes lógicas manifestam-se não apenas na clínica psicanalítica; seus significados inconscientes geraram e continuam gerando influxos na psicologia das massas. Seus notáveis efeitos estruturantes e desestruturantes se exteriorizam na flutuação das relações sadomasoquistas e de confraternidade suscitadas, que continuam sendo suscitadas entre as religiões e os povos.

2. Complexo de Édipo e complexo fraterno na vida e na obra de Franz Kafka

Introdução

> *O destino de Kafka foi transmutar as circunstâncias e as agonias em fábulas. Redigiu sórdidos pesadelos num estilo límpido. Kafka é o grande escritor clássico de nosso atormentado e estranho século. . . . Cada escritor cria seus personagens. Seu trabalho modifica nossa concepção do passado, como há de modificar o futuro.*
> Borges (1952)

> *A literatura aporta algo imprevisto, faz amadurecer o instrumento analítico e enriquece por sua singularidade as possibilidades de escuta. No intercâmbio que contemplamos entre literatura e teoria analítica, o privilégio lhe corresponderá invariavelmente ao texto. O encontro entre ambas dará lugar a incessantes modificações teóricas e não a confirmações, mas a conformações.*

> *Em lugar de adaptar o texto à psicanálise, a psicanálise se adaptará ao texto literário.*
>
> *Ali onde a clínica não deu (ou não ainda) exemplo cabal para a intuição freudiana, a literatura pode ser chamada a fazê-lo.*
>
> *Freud filtra a literatura no molde de sua teoria do momento. É como se dissesse para o texto não desenvolver sua pergunta singular, pois já tem a resposta universal. Oscila entre o descobrimento e a conquista. Não interroga a obra sobre o que pode aportar de novo, mas tenta voltar a encontrar ali seus próprios princípios teóricos pré-formados.*
>
> *Seria conveniente inverter as relações entre psicanálise e literatura; em lugar de servir de campo de aplicação para conhecimentos analíticos previamente adquiridos, a obra literária interroga a psicanálise na sucessão até dotá-la de novos instrumentos de escuta e compreensão. (Rand & Torok, 1997, p. 35)*

A obra de Kafka fornece um fecundo campo de investigação para a psicanálise. Seus contos e suas novelas oferecem múltiplas possibilidades de descobrimento, esclarecendo certas zonas crípticas da vida psíquica. De fato, os personagens kafkianos representam uma eloquente amostra desse intrincado nexo que se estabelece entre o narcisismo e os complexos de Édipo e fraterno.

A seguir, desenvolvo estes temas:

1. A estrutura polifônica do superego e seus componentes edípicos e fraternos.

2. Os efeitos psíquicos de um irmão morto no irmão vivo e nos seus pares; semelhanças e diferenças desse infausto acontecimento nas vidas e obras de S. Freud e F. Kafka.

3. "A sentença", texto kafkiano paradigmático, no qual se articulam e recobrem Narciso, Édipo e Caim, inibindo o ato da confrontação.
4. A culpabilidade ubíqua e a crença inconsciente.

A estrutura polifônica do superego

Os estudiosos da obra kafkiana concordam que uma das obsessões mais permanentes e determinantes de sua vida foi, sem dúvida alguma, seu pai, e que poucos elementos do entorno biográfico de Kafka tiveram tanto rendimento literário como aquele que alcançou a pessoa – tornada símbolo – de seu pai biológico. Como bem sugeriu o estudioso francês Gilles Deleuze, em uma epígrafe de seu livro sobre Kafka, teve algo assim como um "Édipo demasiado grande".

Entretanto, assinala Llovet (1992), pelo que sabemos por meio de outras fontes, documentais e biográficas, contemporâneas de Franz e Hermann Kafka (1852-1931), o pai do escritor não apresentava aspectos tão singulares, bárbaros ou diferentes dos que poderiam caracterizar qualquer chefe de família nos primeiros decênios do século, em uma capital do Império Austro-Húngaro como Praga.

Hermann Kafka, de família judia igual à sua futura esposa e mãe do escritor, Julie Löwy, havia nascido pobre em Wosek, uma aldeia ao sul da Boêmia, filho de Jacob Kafka, açougueiro de profissão. Sua infância foi relativamente desditosa e dela seu filho Franz recordava algumas cenas lamentáveis, sem dúvida modificadas por seu pai pelo exagero que permitem o passar dos anos e a mudança de sorte, que Hermann Kafka experimentaria com o tempo. Entre outros detalhes, Franz resume, por exemplo, a imagem de seu pai quando era criança: arrastava uma carrocinha e distribuía carne pelas ruas de sua aldeia natal, andando descalço na neve e vestindo pouca roupa, nos rigorosos invernos da Europa central.

Seja como for, o pai de Kafka emigrou para Praga no início da década de 1880. Ali se instalou como comerciante de artigos de armarinho e acessórios de roupas, um negócio que não deixou de prosperar durante todos os anos de vida de seu filho Franz, que veio ao mundo em 1883, como primogênito da família.

Depois de Franz, Hermann Kafka e Julie Löwy tiveram outros cinco filhos, nascidos entre 1885 e 1892. Dois meninos, Georg e Heinrich, morreram com poucos meses. Os outros filhos, as três irmãs de Franz, Gabriele (Elli, 1889), Valeria (Vally, 1890) e Ottilie (Ottla, 1892), viveram mais que o irmão, mas sucumbiram em 1941, 1942 e 1943, respectivamente, nos campos de concentração nazista.

Os Kafka viveram folgadamente em moradias espaçosas no centro da Praga moderna e tiveram sempre preceptoras para cuidar das crianças, que frequentaram os centros pedagógicos de maior prestígio da cidade. Entre 1901 e 1906, Kafka estudou língua e literatura germânicas e direito na universidade alemã de Praga e, ao fim de seus estudos, passou a trabalhar como advogado, sem nenhuma dificuldade, inicialmente na banca de um parente; depois, numa companhia italiana de seguros com sede em Praga; e, por fim, na companhia de seguros de acidentes de trabalho, sempre em Praga, onde trabalhou até a aposentadoria precoce em 1922, decorrente de uma tuberculose. Faleceu em 3 de junho sem que seus pais estivessem presentes e, em 11 de junho, foi enterrado em Praga (Llovet, 1992, p. 7).

Llovet volta a levantar uma questão, sem ainda encontrar respostas esclarecedoras: "Com independência das características reais do pobre Hermann Kafka, seu filho Franz exorbitou sua figura e sua autoridade e as converteu, naturalmente sem querer, no emblema de uma lei absoluta, de um pai omnímodo e de uma autoridade inquestionável e severa" (1992).

Eu respondo a Llovet de acordo com sua observação e questionamento e proponho – com base nos ensinamentos aportados pelos textos de Kafka – a seguinte hipótese: o complexo paterno kafkiano esteve condicionado e reforçado por sobreinvestimentos ominosos provenientes de uma elaboração masoquista de culpa no pequeno Franz, pelos lutos patológicos pela morte precoce de seus irmãos homens que, como duplos consanguíneos ominosos, o perseguiam e incriminavam, projetando essas incriminações fraternas na figura de seu pai. Além disso, abrigava, de um modo secreto, ressentimentos contidos contra sua mãe (alguns dos quais se fazem ouvir – retorno do reprimido – em certos parágrafos de *Carta ao pai* e em outras narrações), que também foram deslocados e condensados na figura de Hermann Kafka.

Freud expõe, em "A dissolução do complexo de Édipo", o modo como os investimentos de objeto são renunciados e substituídos por identificações:

> *A autoridade do pai, ou de ambos os progenitores, introjetada no ego, forma aí o núcleo do superego, que toma emprestada do pai sua severidade, perpetua a proibição do incesto e, assim, assegura o ego contra o retorno do investimento libidinoso de objeto.* (1924b)

Em *Novas conferências introdutórias à psicanálise*, de 1933, Freud assinala que o superego é uma diferenciação no ego que resulta da incorporação por identificação da autoridade parental: "A instauração do superego pode ser descrita como um caso plenamente proveniente de identificação com a instância parental". Já em *Moisés e o monoteísmo*, sustenta que:

> *o superego é sucessor e sub-rogador dos progenitores (e educadores) que vigiaram as ações do indivíduo em seu primeiro período de vida; continua as funções deles quase sem alteração. Mantém o ego em servidão, exerce sobre ele uma pressão permanente. Da mesma forma que na infância, o ego cuida de não arriscar o amor do amo, sente seu reconhecimento como liberação e satisfação, e suas reprimendas, como remorso da consciência moral. (1938)*

Concordo com Landolfi ao propor a presença de dois introjetos na configuração surperegoica. O introjeto fraterno junto ao parental sobredimensiona e aumenta a ação de culpa do superego: "É provável que devamos aceitar que, ademais dos deuses-pais, aos quais o ego rende culto e dos quais recebe castigo, existem ainda outros deuses, os irmãos sacrificiais, diante dos quais o ego experimenta uma culpa característica" (1998).

A seguir, transcrevo um breve conto, "O abutre", em que Kafka descreve a ferocidade de sua instância superegoica e a indestrutividade da desesperança, dois temas centrais em sua narrativa. Ao longo de toda sua obra, manifesta que, diante do atoleiro de uma irrefreável culpabilidade crescente, surge a morte como uma vertigem libertadora.

> *Havia um abutre que me bicava os pés. Eu tinha tirado os sapatos e as meias, e agora me bicava os pés. Sempre dava uma bicada, voava em círculos inquietos ao redor e, em seguida, continuava a ação. Passou um senhor, olhou-nos um instante e perguntou-me por que eu tolerava o abutre.*

– Estou indefeso – lhe disse –, veio e começou a me bicar, eu quis espantá-lo e até pensei em torcer-lhe o pescoço, mas esses animais são muito fortes e queria me pular na cara. Preferi sacrificar os pés: agora estão quase em pedaços.
– Não se atormente – disse o senhor –, um tiro e o abutre se acabou.
– O senhor acha? – perguntei. – O senhor quer se encarregar do assunto?
– Com muito prazer – disse o senhor –, apenas tenho que ir até em casa buscar a espingarda. O senhor pode esperar mais meia hora?
– Não sei – respondi, e por um instante fiquei rígido de dor. Depois acrescentei: – Por favor, tente de qualquer modo.
– Bom – disse o senhor –, vou me apressar.
O abutre tinha escutado tranquilamente nosso diálogo e tinha deixado vagar o olhar entre o senhor e eu. Agora, vi que tinha compreendido tudo: voou um pouco, retrocedeu para tomar o impulso necessário e, como um atleta que lança um dardo, encaixou o bico na minha boca, profundamente. Ao cair de costas, senti como uma liberação; que no meu sangue que cumulava todas as profundidades e inundava todas as ribeiras, o abutre irreparavelmente se afogava. (Kafka)

Escutamos, na sequência, no conto "Barulho", de 1911, os vários sons que confluíram na plasmação polifônica de seu superego. Este não se constituiu unicamente a partir da voz arrebatada proveniente de um desconsiderado pai que abre brechas em seu quarto-mente; participaram, ainda, o breve canto de uma voz feminina e de uma irmã e os sons mais suaves, mais dispersos e desesperantes, presididos pelos cantos de dois canários, supostos irmãos mortos-vivos, diante dos quais se metamorfoseou em uma serpente, como um mecanismo de fuga, para não ser agarrado pela culpa fraterna do irmão sobremorrente.

Nesse conto, pode-se vislumbrar a importância dos introjetos fraternos com os parentais na estruturação do superego. Possibilita um entendimento mais abarcador e dinâmico dos processos identificatórios e dos diferentes sentimentos de culpabilidade e necessidades de castigo conscientes e inconscientes. Reabre, ademais, a possibilidade de desmontar, nos processos analíticos, a via dupla que se estende entre os complexos fraternos e edípicos por meio do estudo, em cada caso, do modo como ambos se articulam, reforçam e recobrem.

Quero escrever com um tremor constante na fronte. Estou sentado em meu quarto, que é o quartel-general do ruído de toda a casa.
Escuto bater todas as portas; com seu estrépito, só me livro de ouvir os passos de quem corre entre elas; escuto inclusive a batida da porta do forno da cozinha. Meu pai abre brecha na porta de meu quarto e a cruza arrastando seu butim; no aquecedor do quarto vizinho estão raspando as cinzas; Vally pergunta a alguém indeterminado, através do vestíbulo, gritando como se estivesse numa rua de Paris, se já limparam o chapéu de papai; um cicio que está a ponto de me ser amistoso suscita a gritaria de uma voz que lhe replica.
Destravam o ferrolho da porta principal e seu chiado parece sair de uma garganta encatarrada; depois,

continua abrindo a porta com o breve canto de uma voz feminina e volta a fechar-se com um surdo arrebatamento masculino, que acaba sendo o mais desconsiderado. O pai saiu, e agora se inicia o som mais suave, mais disperso, mais desesperante, presidido pelas vozes de dois canários. Já tinha pensado antes, mas, ao ouvir os cantos dos canários, ocorre-me outra vez que poderia abrir a porta deixando unicamente uma pequena fresta, arrastar-me como uma serpente para o quarto ao lado e, assim, desde o chão, pedir a minhas irmãs e a sua preceptora que se calassem. (Kafka, 1911)

As vozes acusatórias de seu superego polifônico e cruel o condenaram e à sua febril paixão sem trégua; a literatura não conseguiu neutralizar a gravitação compulsiva de seus tormentos convulsivos.

Kafka (1922) atesta isso em uma carta dirigida a seu amigo Max Brod, dois anos antes de sua morte: "Tenho estado morto ao longo de toda minha vida e agora vou morrer verdadeiramente. Minha vida tem sido mais doce que a de outros, minha morte, ao contrário, será mais terrível. Não fui redimido pela literatura" (Robert, 1980).

Sigmund Freud-Franz Kafka e a dinâmica do duplo consanguíneo ominoso

> *Eu tinha recebido meu irmão homem um ano mais novo (morto com poucos meses) com maus desejos e genuínos ciúmes infantis, e desde sua morte ficou em mim o germe para fazer-me recriminações.*
> Sigmund Freud, "Carta 70" (1897)

> *A felicidade do homicídio! Que alívio!*
> *O fluir do sangue alheio faz como que nascer asas!*
> *Wese, velha sombra noturna, amigo, companheiro de banco das tavernas, filtras-te para os escuros fundamentos da rua! Por que não és apenas uma ampola cheia de sangue, para que me sente sobre ti e o faça desaparecer por completo? Nem tudo está consumado, nem todos os sonhos floridos amadureceram, teus restos pesados jazem aqui infranqueáveis.*
>
> Kafka, "Fratricídio"

Em uma carta a Wilhelm Fliess, de 3 de outubro de 1897, Freud assinala que a morte precoce de seu irmão Julius, aos nove meses, quando ele tinha um ano e sete meses, marcou o germe de suas autorrecriminações. Além disso, recorda que suas relações com seu sobrinho John e sua sobrinha Pauline firmaram seus vínculos ambivalentes com as amizades.

> *Caro Wilhelm: Tudo me leva a acreditar que eu havia recebido meu irmão homem um ano mais novo (morto com poucos meses) com maus desejos e genuínos ciúmes infantis, e que desde sua morte ficou em mim o germe para fazer-me autorrecriminações. Também faz muito tempo que tenho notícia de meu companheiro de travessuras entre 1-2 anos: é um sobrinho um ano mais velho, agora em Manchester, que, quando eu tinha 14 anos, nos visitou em Viena. Com a sobrinha um ano mais nova parece que nós dois às vezes nos comportávamos cruelmente. Assim sendo, esse sobrinho e esse irmão mais novo determinaram o neurótico e o também intenso em todas minhas amizades. (Freud, 1897)*

Em *Interpretação dos sonhos*, Freud formula com maior acuidade ainda esse fragmento de compreensão analítica:

> *Um amigo íntimo e um inimigo odiado foram sempre os requisitos necessários de minha vida afetiva; sempre soube criar-me ambos de novo, e não raras vezes esse ideal infantil se impôs até o ponto de que o amigo e o inimigo coincidiam na mesma pessoa, claro que não ao mesmo tempo nem em uma alternância repetida, como pode acontecer naqueles anos precoces da infância. (Freud, 1900a, p. 487 [479])*

Anzieu assinalou agudamente o aspecto narcisista das relações com Fliess. Escreveu:

> *Freud se olha em Fliess, dois anos mais novo, como em um espelho. Representa para Freud um mentor... uma testemunha... um censor... um colega... um gêmeo... um duplo idealizado de si mesmo. Muitos dos aspectos de sua relação com Fliess poderiam ser descritos em termos de transferência fraterna. Assim, o ardente desejo de que Fliess tivesse uma filha em substituição à sua irmãzinha morta indicaria especularmente a persistência em Freud de um desejo de substituição, de reparação com respeito a seu irmãozinho mais novo. (Anzieu)*

Julius está ausente nas preocupações manifestas que conhecemos de Freud, mas é evidente que remorsos e ressentimentos latentes e manifestos, inerentes ao luto precoce não elaborado de seu irmão morto, foram ressignificados nos vínculos conflituosos que manteve com os irmãos subsequentes e com John, seu sobrinho um ano mais velho: "John é para Sigmund uma espécie de irmão mais velho. Talvez aquele que tivesse querido ser para Julius, se tivesse sobrevivido; em todo caso, é aquele que procurou em Fliess, antes de querer sê-lo para seus discípulos, seus primeiros psicanalistas".

Bank e Kahn assinalam:

> *para Freud, a angústia da morte encontrou nesse desaparecimento precoce sua cena primária, trauma renovado em cada morte produzida ao seu redor, realidade material elaborada por seu material psíquico para corporizar a angústia de castigo pairando sobre os desejos sexuais proibidos, núcleo dessa identificação com a vítima e, simultaneamente, vivência fantasmática de sua onipotência sobre o rival. (1988)*

Ainda:

> *Freud ocupava o topo de uma ordem social familiar formada por cinco irmãs menores e um irmão que tinha dez anos a menos que ele: Ana, Rosa, Maria, Adolfina, Paula e Alexander. Com o surgimento de seus irmãos, Sigmund tornou-se uma criança paterna. Talvez por causa do fracasso de seu pai, Jacob Freud, nos negócios e por seu papel débil dentro do contexto familiar, Sigmund converteu-se no irmão que suplantava ao pai em relação aos demais irmãos. Era o clássico filho mais velho dominante: quando não conseguia se impor, tratava de eliminar ou ignorar seus concorrentes. Como era o mais velho e o mais dotado (sabiam que se tratava de um talento excepcional, e*

sua mãe, Amália, costumava chamá-lo "meu Sig de ouro"), tratavam-no com respeito que beirava na deferência. Suas irmãs, induzidas por sua mãe, logo aprenderam a lhe obedecer e a não interferir no seu caminho. (Bank & Kahn, 1988)

Freud se considerava superior a seus irmãos, sendo Alexander a única exceção. Sua experiência com eles na infância e na adolescência confirma seus sentimentos de que se pode dominar irmãos e irmãs. Para ele, eram uma espécie de incômodo, pessoas a quem devia tolerar ou que lhe deviam admiração.

Na medida em que a família reconhecia os talentos particulares de Freud, foram tomadas medidas excepcionais para evitar que tivesse de assumir responsabilidades por seus irmãos menores. Sua irmã Anna lembra em forma ambivalente:

Ainda que estivéssemos amontoados, Sigmund contava com um quarto só para ele. Havia uma sala de visitas, uma sala de jantar, três dormitórios que os demais compartíamos e um chamado escritório, que estava separado do resto da casa. Esse escritório comprido e estreito, com uma janela para a rua, foi designado para Sigmund. (1940)

Essa irmã recorda que Freud se relacionava muito mais com os amigos e companheiros intelectuais que com seus irmãos: "Na adolescência, não compartilhava as refeições conosco, mas comia sozinho no seu quarto, onde lia sem parar seus livros".

Em algumas ocasiões, tiranizava seus irmãos, mostrando a eles esse sentimento de privilégio e dominância que costuma caracterizar os homens primogênitos. Sua mãe não tentava evitar esse comportamento. Anna, sua irmã, prossegue com sua lembrança de forma reflexiva:

> *Quando eu tinha 8 anos, minha mãe, que era música, queria que estudasse piano. Comecei a praticar. Ainda que o quarto de Sigmund não se encontrasse perto do piano, o som o perturbava. Apelou para minha mãe que tirasse o piano porque, do contrário, ele iria embora de casa. O piano desapareceu e, com ele, a oportunidade de que as irmãs fizessem uma carreira musical.*

Para que uma jovem da Viena do fim do século passado fosse socialmente atrativa, tocar piano era quase uma necessidade. Finalmente, Anna recorda: "No nosso quarto usávamos velas e Sigmund tinha um lampião de azeite".

Desse modo, Freud foi ungido por sua mãe, superou facilmente seu pai passivo e colocou-se à cabeça do grupo fraterno, dentro do qual ninguém podia questionar sua dominação nem seu *status* privilegiado.

Segundo Jones (1959-1960) e Roazen (1975):

> *Freud tinha necessidade de dominar seus pares intelectuais. Sua autocracia pessoal no movimento psicanalítico surgia, naturalmente, do papel autocrático que tinha desempenhado com seus irmãos. Seu irmão menor, único rival masculino, era seu devoto seguidor. Nesse contexto, as disputas de Freud com seus colegas Alfred Adler e Carl G. Jung, a dominação impiedosa de um de seus rivais potenciais, Victor Tausk, e sua rejeição a*

comprometer-se intelectual ou socialmente enquanto líder do movimento psicanalítico são entendidas mais como um reflexo da dinâmica fraterna que como reflexo da relação com seus pais.

Considero que a sobredeterminação dos conflitos não resolvidos de Freud com seus irmãos morto e vivos tenha exercido múltiplas consequências em sua vida pessoal e em sua teorização, deslocando alguns dos componentes dos complexos fraternos para o complexo paterno, fundamentalmente, recobrindo, desse modo, a culpa edípica com uma culpa fraterna precoce evitada, que não pode elaborar nem assumir, permanecendo, quando retornava do reprimido e cindido, como um Édipo-Caim encaçapado e errante diante da iminência de uma temida e esperada retaliação do pai-irmãos; exercido pela sentença de outro ominoso por ter materializado as fantasias fratricidas e, à semelhança do patriarca Jacob, as fantasias furtivas de excomunhão e usurpação de seus irmãos vivos, diante dos quais se posicionou em conivência com a mãe como o único, inquestionável e excepcional filho que não reconhece o direito de nascimento e triunfo dos outros.

Rosolato se pergunta: "Por acaso devemos entender a insistência de Freud sobre o assassinato do pai como o meio de livrar-se de uma fantasia mais desastrosa por sua carga narcisista e sua culpabilidade mal elaborada que acarreta?" (1918).

Sustento que não é casualidade que, em sua *Autobiografia* (1935), só mencione seus pais, omitindo seus irmãos e irmãs. E que, além disso, sendo Freud tão versado nos conhecimentos bíblicos e na obra de Sófocles, não tenha mencionado que o primeiro crime no relato bíblico não foi precisamente um parricídio, mas um fratricídio, e que tampouco tenha se ocupado da tragédia de *Édipo* e de *Édipo em Colono*, de Antígona, Ismene, Polinices e Etéocles.

Jacob representa o patriarca bíblico paradigmático, atravessado por vários conflitos edípicos e fraternos que selaram sua vida e a de seus descendentes. Yerushalmi menciona uma carta enviada por Freud, em 12 de maio de 1938, a seu filho Ernest Freud, em Londres, no momento em que contemplava sua partida de Viena depois de *Ausschluss*, revelando um segredo comovente: sua identificação com o destino de Jacob.

> *Às vezes comparo a mim mesmo com o velho Jacob que, sendo um homem muito ancião, foi levado por seus filhos ao Egito, como Thomas Mann vai relatar em sua próxima novela. Esperemos que não seja seguido por um êxodo do Egito. Já é hora de o judeu errante descansar em algum lado. (1996)*

Proponho, a seguir, a seguinte hipótese: os componentes reprimidos e cindidos do sobredeterminado complexo fraterno em Freud operaram como um escotoma teórico não só no seu *corpus* conceitual como também tiveram efeitos expansivos nos desenvolvimentos posteriores da psicanálise. Talvez por causa da tendência teórica de continuar centralizando e reduzindo compulsivamente toda complexidade da teoria psicanalítica ao redor do complexo de Édipo e por um mal-entendido critério de lealdade, de fidelidade ao pai da psicanálise.

Albergo certos reparos com respeito à expressão "vínculo fraterno" (Brusset, 1987) e parece-me mais apropriado empregar "complexo fraterno". O termo "complexo" é definido por Laplanche e Pontalis como "o conjunto organizado de representações e lembranças dotadas de intenso valor afetivo, parcial ou totalmente inconscientes", fazendo a ressalva de que a noção de complexo tende a confundir-se com a de um núcleo puramente patógeno que convém eliminar, já que "desse modo se perde de vista a função estruturante que, em determinados momentos do desenvolvimento humano, possuem os complexos" (1971).

No artigo "Sobre alguns mecanismos neuróticos no ciúme, na paranoia e na homossexualidade" (1921a), Freud emprega o termo complexo – e não *vínculo* – fraterno e o diferencia do complexo de Édipo.

> *Esses ciúmes, por mais que os chamemos normais, de modo algum são totalmente racionais, o que quer dizer nascidos das relações atuais, proporcionados às circunstâncias efetivas e dominados sem resíduo pelo ego consciente; de fato enraizados na profundeza do inconsciente, retomam as mais precoces noções da afetividade infantil e brotam do complexo de Édipo ou do complexo dos irmãos do primeiro período sexual.*

Freud admitiu, sobretudo ao final de sua obra, a importância do complexo fraterno, não o estudou de modo sistemático, como o fez com o complexo de Édipo. A importância do fraterno aparece em sua obra mais como observações que se aproximam do tema que como teorizações.

A forma completa do complexo de Édipo resulta da combinação, em diferentes graus, da forma chamada positiva, como se apresenta na história de *Édipo Rei* (desejo de morte do rival que é personagem do mesmo sexo e desejo sexual pelo personagem do sexo oposto), e de sua forma negativa (amor ao progenitor do mesmo sexo e ódio e ciúme ao progenitor do sexo oposto).

Cada sujeito apresenta, segundo a coexistência entre ambas as formas na relação dialética, um particular caso misto de complexo de Édipo. Por sua parte, o complexo fraterno acha-se determinado, em cada sujeito, de forma particular, pela presença de uma fantasmática singular, que provém do interjogo que se estabelece com base na dinâmica narcisista entre os distintos tipos de duplos com interação ou independência da dinâmica edípica.

Voltemos novamente a Kafka para cotejar semelhanças e diferenças com base nos efeitos psíquicos promovidos pela morte de Julius em Freud e seus pais e pela morte de Georg e Heinrich no pequeno Franz, em seu pai Hermann e sua mãe Julie Löwy, a qual, diferentemente de Amália Nathansohn, que ungiu seu primogênito no lugar heroico como seu "Sigi de ouro", sobreinvestindo-o por cima de seu marido Jacob e seus outros filhos, permaneceu submissa ao autoritarismo de seu marido exitoso economicamente e diluída como sujeito discriminado na dinâmica parental. Por outro lado, a morte precoce de seus filhos homens, que seguiram o nascimento de Franz, permaneceu nela como lutos encistados, usurpando setores de sua vida anímica e obstaculizando, por consequência, sua disposição libidinal para narcisizar seu primogênito, impossibilitando a Franz a adequada estruturação daquele momento ilusório em que o filho consegue configurar um vínculo primário estável e confiável com sua mãe como seu objeto único de amor que preenche plenamente os "vazios" do narcisismo materno.

Kafka, ao contrário, não pôde aceder a ele, pois seu espaço vazio estava habitado por seu pai e irmãos mortos e, além disso, por sua própria retirada narcisista. Essa falta básica na espacialidade mental materna gerou sentimentos contra a "usurpada" e seus "rivais usurpadores". Esses sentimentos agressivos, voltados contra si mesmo, transformaram-se em culpas persecutórias e em precoces e indiscriminadas identificações, permanecendo como um Édipo-Caim, condenado a um incessante exílio interior e exterior, e inibindo o ato de confrontação geracional e intrageracional. Sua narrativa representa, em grande medida, o testemunho de um grito lancinante que clama a presença desse outro primordial que o aloje e confirme como seu objeto único de amor.

Diferentemente de Borges, que permaneceu por excesso encarcerado dentro do labirinto narcisista parental, Kafka sequer pôde aceder a ele. Essa ferida esteve reinfectada por rancor e terror em razão da impossibilidade de conseguir o "Retorno ao lar" (1920), o ingressar n'*O Castelo* (1922), esse primeiro lugar, outrora doméstico, o familiar do passado.

"Amor é nostalgia", diz Freud em "O sinistro", "é a porta de acesso ao antigo solar da criatura, ao lugar que cada um morou no começo".

Os personagens kafkianos permaneceram na extraterritorialidade como eternos errantes em busca da Terra Prometida, mas jamais alcançada, esquivando o inevitável ato da confrontação geracional e fraterna para plasmar o sentimento de identidade.

Esse ato, que possibilita o reordenamento identificatório em todas as etapas da vida e, fundamentalmente, durante a adolescência, salvaguarda uma estrutura de alteridade e reciprocidade, possibilita o desenvolvimento e o sobrevir da vida subjetiva e preserva o sujeito de eventuais alienações. Porém, o desatamento da autoridade parental e fraterna pode ser recusado, quando falta nos vínculos esse outro discriminado, já que ninguém pode confrontar-se com o outro, *"in absentia et in effigie"*.

O pequeno Franz não encontrou em seu pai autárquico e colérico, nem em seus irmãos mortos e vivos, nem em sua mãe colaboracionista esse "outro" possuidor de *"poder espiritual de inalterável independência"* e de reconhecimento dele para chegar a estabelecer um vínculo íntimo, confiável e de sustentação interna e externa – vínculo de fundamental importância para poder sentir-se acompanhado nas ambivalentes batalhas que requeriam ser inexoravelmente travadas para aceder ao enfrentamento e à superação de seus complexos fraterno, paterno e materno.

Mãe colaboracionista e inibição da confrontação geracional

Julie Löwy "*rendeu-se com excessiva fidelidade*" ou por excessiva angústia de desamparo ao poder abusivo de um marido furioso, tecendo um casal fundido e em cumplicidade. Quando o casal parental age com um entrelaçado libidinal muito compacto, não cede lugar de complementação fálica ao outro – lugar disponível e inevitável para que o narcisismo filial se constitua –, permanecendo, por conseguinte, o filho excluído como o complemento regulador do sistema narcisista intersubjetivo.

O posicionamento incerto do filho, como representante narcisista primário, maravilhoso ou ominoso (Leclaire, 1975), investimento iniciador e estruturante do processo identificatório, afeta o sentimento de si (*Selbstgefühl*) e o sentimento de ser pertencente às origens. Para Freud: "No ápice de uma relação amorosa [gregária ou ominosa], não subsiste interesse algum pelo mundo circundante, o casal se basta a si mesmo e nem precisa do filho comum para ser feliz" (1930); o filho permanece num incerto lugar. Em que posso servi-los, o que sou para eles, mesmo sendo o filho do pai?

Aos 36 anos, Kafka escreve sua famosa *Carta ao pai*, em que ainda continua reclamando seu lugar discriminado e sua confirmação narcisista na espacialidade psíquica parental. Em lugar de confrontar seus pais, foge.

> *Entre nós, não houve propriamente uma luta, eu fui despachado logo; o que ficou foi fuga, amargura, luta interior. Porém, vocês dois estavam sempre em pé de guerra, sempre a ponto de algo, sempre com todas suas forças. Uma visão tão grandiosa como desoladora. (Kafka, 1974)*

Kafka refugiou-se e retraiu-se de um modo indiscriminado – identificação precoce com sua mãe – em um lugar insignificante diante do pai.

> *Às vezes, imagino o mapa-múndi desdobrado e você estendido transversalmente nele. Então me parece que, para eu viver, tenho de contar com as zonas que você não cobre ou que estão fora de seu alcance. E essas zonas, de acordo com a ideia que tenho de sua grandeza, não são muitas mais nem muito confortáveis, e o casamento não se conta entre elas. (Kafka, 1974)*

Nessa célebre carta, a palavra "culpabilidade" é mencionada 35 vezes em referência ao ambivalente vínculo com o pai, mas, ao mesmo tempo, encontramos outra carta dentro dela, pletórica em reclamações e reprimendas dirigidas à sua mãe, por ela não ter assumido um lugar discriminado no triângulo edípico nem uma posição adulta e diferenciada de seu marido.

> *Se queria escapar de você, tinha de escapar também da família, incluindo minha mãe. Ela lhe queria demasiadamente e estava rendida a você com excessiva fidelidade para poder representar, na luta do filho, um poder espiritual de inalterável independência. Por outro lado, esse foi um instinto certeiro da criança, visto que, com os anos, minha mãe foi se unindo a você cada vez mais estreitamente, de forma que, dentro de suas coisas pessoais, conservava de um modo doce e formoso, sem lhe ofender nunca no essencial, sua independência dentro de fronteiras mínimas; entretanto, com os anos, foi aceitando cegamente, de um modo total,*

> *mais com o coração que com a mente, seus julgamentos e pré-julgamentos com respeito aos filhos.* (Kafka, 1974)

A falta de uma posição independente da mãe com respeito ao pai e o fato de que os progenitores formam uma frente comum infranqueável contra o filho deixaram uma profunda marca traumática na vida e na obra do autor. Ele permanece, assim, desarraigado e impossibilitado de afirmar-se em um presumido vínculo de sustentação com o primeiro objeto de amor que possibilite sua oposição aos abusos de poder de um pai arbitrário, que se erige no lugar de um pai legislador, colérico e caprichoso.

Julie Löwy, à semelhança do mito bíblico do sacrifício de Isaac, assume a posição do patriarca Abraão, que oferece seu filho e não se opõe ao abuso de poder exercido pelo pai-Deus. Por meio de sua aliança dependente no casal, sacrifica ativamente Franz ao domínio arbitrário de seu marido. Ela representa o progenitor que participa de um pacto perverso no par conjugal. Evita exercer o contrapoder adequado que lhe concerne como progenitor discriminado do outro; desse modo, entrega o filho ao holocausto familiar. Ambos compõem um casal em bloco, e Franz permanece como um filho errante que caminha sem parada ao longo de um muro sem portas.

No breve conto "Os cônjuges", descreve essa situação com nostalgia e exclama com queixa: "Eu a perdi na infância". De fato, o tema da mãe colaboracionista e a inibição da confrontação geracional e fraterna se repetem ao longo de toda a obra de Kafka.

Max Brod conheceu Kafka em 1902 e, desde então, não se separaram. Kafka achou em sua amizade uma fonte de apoio e consolo, e o fez depositário de boa parte de sua obra, com a promessa de que ele a destruiria. Para sorte da humanidade, Brod não cumpriu com sua palavra.

Em continuação, transcrevo as cartas de Kafka escritas a Brod nos momentos tormentosos que tiranizavam o escritor, por conta das duas tendências contrárias que lutavam entre si nas profundidades de sua alma: o sentido agigantado de sua culpa diante do não cumprimento dos desejos parentais e o anseio de autonomia vivido com autopunição. Ademais, Brod nos dá o testemunho da resposta da mãe de Kafka, como uma eloquente amostra de sua "ativa impotência", antepondo sua lealdade-submissão a seu marido e pospondo a defesa e proteção do filho.

Brod escreve, em seu livro dedicado a Kafka, suas reflexões e cartas recebidas em 21 de junho de 1912:

> *Mozart defendia-se, contestava a seu pai. Kafka calava.*
>
> *Porém, tenho em meu poder um escrito seu em que despeja de forma claramente perceptível a opressão que lhe causava o emprego.*
>
> *Aqui (e não nos laços que o atavam ao pai) está, me parece, a raiz de sua evolução posterior no mundo do sofrimento, que acabou por arrastá-lo à doença e à morte. Os laços que o atavam ao pai, exagerados por Kafka, só contribuíram com a desgraça na medida em que o mantinham ligado ao emprego, e isso, no essencial, pelo fato de que um homem de talento tão imensamente pródigo e impulso tão poderosamente criador era obrigado a ocupar-se dia a dia, até ao cansaço, de assuntos que não lhe interessavam intrinsicamente, nada menos que na época do desenvolvimento das forças juvenis. Diz a carta, da qual sou destinatário:*
>
> *"Depois de ter estado escrevendo bem na noite de domingo para segunda – pensar que pude ter escrito toda a noite e todo o dia seguinte e acabar por ir voando;*

*pensar que hoje mesmo pude ter escrito bem, pois uma única página, ou melhor, um só fôlego das dez páginas de ontem está acabado – devo interromper-me pelos seguintes motivos: o senhor X., que é fabricante, circunstância esta na qual não tinha reparado no meio da minha feliz abstração, empreendeu esta manhã uma viagem de negócios que durará de dez a quatorze dias. Nesse ínterim, a fábrica fica literalmente a cargo do capataz, e não haverá sócio capitalista nem, menos que ninguém, um homem tão nervoso quanto meu pai que duvide das manobras completamente dolosas que agora se levam a cabo na fábrica. Eu não deixo de acreditar na mesma coisa, não tanto por temor com relação ao dinheiro como por informalidade e má consciência. Nem mesmo um empregado, tal qual me imagino, deveria duvidar de que os temores de meu pai sejam justificados, principalmente porque não devo esquecer que não vejo razão pela qual, na ausência do senhor X., um capataz alemão muito mais capaz que aquele no que se refere a técnica e organização não possa dirigir a fábrica com a mesma ordem que de costume, pois afinal somos seres humanos e não ladrões.
... Ao afirmar-te ultimamente que nenhum fator externo poderia perturbar-me ao escrever (o que, naturalmente, não era jactância, mas sim autoconsolo), só pensava na maneira com que minha mãe me insiste noite após noite que deveria ir alguma vez dar uma olhada na fábrica para tranquilidade de meu pai e na maneira muito mais aborrecida com que meu pai, por sua vez, me deu a entender por meio de olhadas e rodeios. Tais pedidos e recriminações não eram de todo*

ilógicos, porém – e aqui está o ilógico daquele palavreado – tampouco posso eu manter semelhante vigilância nem nos meus estados mais lúcidos.

No entanto, essa não é a perspectiva dos próximos quatorze dias: para isso, necessita-se unicamente de dois olhos quaisquer, mesmo que sejam os meus, que deambulem pela fábrica. O fato de que tal exigência me haja sido imposta tampouco pode ser objetado, pois segundo a opinião unânime eu tenho a maior culpa da fundação da fábrica – sem dúvida, devo haver incorrido nessa culpa meio em sonhos –; por outro lado, não há ninguém que possa ir à fábrica, pois meus pais, os quais de nenhum modo se poderia pensar para isso, atravessam precisamente agora o período de maior trabalho no negócio (que parece progredir mais no novo local); hoje, por exemplo, minha mãe não veio almoçar em casa.

Pois bem, minha mãe, ao recomeçar esta noite a queixa de sempre, aparte sua alusão a que, por minha culpa, meu pai havia se amargurado e estava doente e, ao mencionar o novo argumento da viagem de X. e do estado de completo abandono em que se achava a fábrica, reconheci claramente, enquanto a amargura – ou, melhor dito, o fel – corria-me por todo o corpo, que me restavam unicamente duas possibilidades: esperar que todos fossem dormir e me jogar logo pela janela ou ir durante os próximos quatorze dias quotidianamente à fábrica abandonada; o segundo interromperia com toda certeza meu escrever – não posso apagar dos olhos, assim, sem mais, o sonho de quatorze dias –, mas me ficaria a perspectiva, sempre e quando tivesse

suficiente força de vontade e esperança, de continuar dentro de quatorze dias com aquilo que hoje interrompi. Consequentemente, não dei o salto. Tampouco são fortes as tentações de converter estas linhas numa carta de despedida (minhas inspirações a esse respeito vão em outra direção). Estive um longo período parado em frente à janela apertando-me contra o vidro; em mais de um momento me agradaria assustar com minha queda o coletor de alfândega que descansava apoiado sobre a ponte. Porém me senti bastante forte, tanto que a resolução de me estatelar contra o calçamento não pôde tomar corpo suficiente. Parecia-me, além disso, que o continuar vivendo interromperia menos meu escrever que a morte – e isso falando apenas de interromper – e que, entre o começo da novela e sua continuação em quatorze dias, enquanto estivesse na fábrica e ao ver contentes meus pais, me tocaria e viveria de algum modo no mais íntimo de minha novela.
Não creias, meu querido Max, que quero submeter tudo isso a teu juízo, pois tu podes julgar, porém como estive firmemente resolvido a dar o salto sem carta de despedida – no fim das contas, a gente tem direito de estar cansado quando se aproxima o fim – quis te escrever, ao me dispor a retornar a minha condição de ocupante do quarto, uma longa carta de reencontro e ei-la aqui.
E agora, um beijo de boa noite, para que amanhã possa ser um chefe de fábrica como é devido".
Quando li a carta, fui invadido por um horror gelado. Escrevi com toda franqueza à mãe de Franz, chaman-

do-lhe a atenção sobre o perigo de suicídio em que se debatia o filho. Pedi-lhe, está claro, que não mencionasse minha intervenção. A resposta, que recebi em 8 de outubro, está cheia de comovido amor maternal. Começa assim: "Acabo de receber sua estimada carta, e o Sr. reconhecerá pela minha letra tremida a impressão que me causou. Aqui estou, impotente, eu que daria o sangue de meu coração por cada um dos meus filhos, para fazê-los a todos felizes. Porém, farei todo o possível para ver feliz a meu filho". (Brod)

A mãe projeta um engano necessário. Como ao pai não se pode excitar o mínimo por causa de sua enfermidade, simula que Franz vai todos os dias à fábrica e, enquanto isso, procura outro que ocupe seu lugar.

Hoje mesmo falarei com Franz e, sem fazer menção à sua carta, direi a ele que já não precisa ir amanhã à fábrica. Oxalá esteja de acordo e se tranquilize. Também lhe peço, estimado doutor, que o tranquilize e lhe agradeço muitíssimo seu carinho por Franz.

Julie Löwy, apesar de ter sido advertida do perigo de suicídio de Franz, volta a assumir uma posição esquiva diante do marido. Não o enfrenta. Nunca se alia ao desejo do filho. Antepõe o desejo arbitrário da aliança narcisista com seu par conjugal e larga seu papel maternal discriminado e autônomo. E Kafka, identificado com sua mãe, repete essa mesma atitude esquiva: inibe o inevitável ato de confrontação e permanece condenado à submissão.

"A sentença"

Em 1912, Kafka escreveu seu célebre conto "A sentença", que, segundo seus próprios comentários, "é o trabalho que mais estimo". "Nessa história", escreve à sua tradutora, a escritora tcheca, Milena Jesenka, "cada frase, cada palavra e – permita-me a expressão – cada música está relacionada com o 'medo'. Naquela ocasião a ferida abriu pela primeira vez uma longa noite...".

Nos dias 2 e 10 de junho de 1913, Kafka escreveu a Felice Bauer, sua namorada de quem ficou noivo duas vezes e desmanchou, as seguintes cartas.

Kafka a Felice [Praga, 2 de junho de 1913]

Consegues descobrir algum sentido em "A sentença", quero dizer algum sentido homogêneo, coerente, que o leitor possa seguir? Eu não o encontro, tampouco posso explicá-lo. No entanto, há na obra muitas coisas estranhas. Vê por exemplo os nomes! A obra foi escrita num momento em que já te conhecia e o mundo havia crescido para mim graças a tua presença, mas ainda não tinha escrito a você. E preste a atenção que Georg tem tantas letras como Franz, "Bendemann" está formado por Bende e Mann, Bende tem tantas letras como Kafka e também as duas vogais ocupam o mesmo lugar. Quanto a "Mann",[1] seguramente aparece por compaixão, para fortalecer ao pai "Bende" nas suas lutas. "Frieda" tem tantas letras como Felice e também a mesma inicial. Por outro lado, existe um parentesco

---
1 Em alemão, *Mann* significa homem, varão. [N.T.]

entre *"Paz"* e *"Felicidade"*.[2] *Graças ao nome "Feld", o sobrenome "Brandenfeld" entra em relação com "Bauer",[3] além de possuir a mesma inicial. E ainda existem algumas coisas mais do mesmo estilo. Claro que todos são aspectos dos quais me dei conta a posteriori. Tudo isso tinha sido redigido numa só noite, desde as onze até às seis da manhã.*

Kafka a Felice [Praga] 10-VI-13

A sentença não tem explicação. Talvez te mostre alguma vez fragmentos de meu diário sobre esta obra. Essa história está infestada de abstrações, sem que se confessem. O amigo é apenas uma pessoa real; é no melhor aquilo que têm em comum o pai e Georg. A história talvez não seja mais que uma viagem em torno do pai e do filho, e a cambiante figura do amigo é talvez a mudança de perspectiva das relações entre pai e filho. Entretanto, tampouco estou seguro disso.

O relato pode ser resumido em poucas linhas.

Georg Bendemann, filho de um comerciante ancião, viúvo há pouco, escreve uma carta a um amigo de juventude que havia deixado alguns anos antes a cidade natal para residir em São Petersburgo. Georg, que por escrúpulos evitou fazer-lhe saber de seu noivado com certa senhorita Frieda Brandenfeld, resolve fazê-lo diante da insistência da namorada e o convida para o casamento.

---

2 Jogo de palavras com o nome de mulher Frieda e a palavra *Friede*, que significa paz, e o nome de mulher Felice, que quer dizer felicidade. [N.T.]

3 Em alemão, *Feld* significa campo, cultivo; Bauer (o sobrenome da prometida de Kafka) quer dizer camponês. [N.T.]

Terminada a carta, dirige-se ao quarto do pai para pedir aprovação. Nesse instante, opera a transição. Uma situação até esse momento cotidiana e compreensível adquire subitamente o caráter de uma espécie de dança macabra. E isso acaba sendo mais surpreendente quando o leitor recorda que a primeira frase da narração é "Era um domingo pela manhã na mais formosa primavera", ou que a ponte e o duas vezes mencionado rio do primeiro parágrafo não podem significar uma ameaça encoberta de um desenlace fatal. No entanto, a narração finaliza com Georg, que leva a cabo a sentença de morte ditada pelo pai, lançando-se ao rio desde a grade da ponte.

Kafka trata de descobrir, no visível da literatura, sinais do invisível dos seus padecimentos. Ele nos fornece seus textos sem dicionário, fechaduras sem chave. Porém, desde a perspectiva psicanalítica, possibilita nossa compreensão de que o "amigo é apenas uma pessoa real; é no melhor aquilo que têm em comum o pai e Georg". Lembremos que Georg é realidade, o nome do irmão morto numa idade precoce e que sua cambiante figura de amigo (representante do duplo consanguíneo ominoso em sua dupla identificação com a vítima e, simultaneamente, com o rival negativo) "é talvez a mudança de perspectiva das relações pai e filho".

Nessa narração autobiográfica, Kafka nos introduz no modo relacional paradoxal de incerteza do duplo, como nexo e separação, que marcou um dos germes de um múltiplo e "infinito sentimento de culpa", que é ubíqua por haver materializado em sua realidade psíquica uma tripla destruição: "Desonraste a memória de nossa mãe, traíste o amigo e estendeste no leito a teu pai para que não possa se mover".

Culpabilidade ubíqua e crença inconsciente

> *Tem piedade de mim, sou culpado*
> *Até a última dobra do meu ser.*
>
> Kafka (1971)

A prática psicanalítica nos põe frente a uma intrincada problemática teórica e técnica com os analisantes que configuraram um sistema de crenças inconscientes tingidas de um poder ominoso, extraordinariamente elevado, sobre uma própria e ubíqua culpabilidade. Vivem se desculpando permanentemente por incriminações proferidas por autoridades internas e externas, que costumam se sobrepor e se confundir e tentam reparar, de um modo compulsivo, antigas dívidas próprias e dos outros – que, na realidade, não lhes concernem –, tomando-se a si mesmos como a causa de todo mal. Na satisfação desse semelhante poder, participam uma culpabilidade narcisista – por sua megalomania negativa – e uma necessidade de autossacrifício que se manifestam pela assunção do papel da vítima emissária e/ou ritual (Girard, 1995).

A culpabilidade ubíqua (do latim *ubique*, que significa "em toda parte") aplica-se àquele que se encontra ao mesmo tempo em todos os lugares, ou seja, Deus. Seu sinônimo: onipresente. Designa hiperbolicamente a pessoa em contínuo movimento, que acode a muitas atenções ou lugares, querendo inteirar-se de tudo e que a tudo quer presenciar. A ubiquidade dessa culpa – "manifestação da extraordinária superestimação dos atos psíquicos, como fenômeno parcial da organização narcisista infantil" (Freud) – acha-se frequentemente sustentada com base na dinâmica da intersubjetividade por um sobreinvestimento mágico e onipotente outorgado por outro que, desde a posição de impotência, oferece e confirma para a criança a categoria de um objeto indispensável como regulador da homeostase desse outro e de outros. Porém, quando fracassa a inalcançável regulação e reparação do sistema narcisista intersubjetivo, renasce, intrassubjetivamente, a ubíqua culpabilidade pelo não cumprimento dos ideais depositados e assumidos pela criança inconscientemente. Fica necessário diferenciar, dentro da ubiquidade dessa culpa, os componentes das culpabilidades narcisista, fraterna, edípica e transgeracional, bem como distinguir os sentimentos de vergonha e culpabilidade tolerável e intolerável com a capacidade de perdoar.

No pequeno Franz foi cristalizada uma série de crenças nas quais se refugiava um sentimento de culpabilidade interminável e intolerável. Uma dessas crenças mantinha a certeza de que os duplos consanguíneos ominosos são mortos-vivos que matam muito tempo depois. Portanto, o irmão sobremorrente requer desenvolver uma tarefa complexa, que consiste em entrecruzar com ferrolhos as muralhas de sua solidão. Outra tarefa relaciona-se com a certeza da proximidade de uma iminente sentença de morte por ter sido ele o sacrificador culpável.

Possui ainda um cofre dentro de outros cofres, no qual guarda uma chave-mestra que abre o segredo que vai revelar-lhe o ato de violência urdido pela vítima, da qual tenta safar-se mediante uma errância incessante: o complexo de Caim. Ademais, a morte do irmão tem efeitos expansivos: gera a morte psíquica materna e a fúria narcisista do pai, que também, por sua culpabilidade, perdeu sua esposa-mãe. A figura paterna transforma-se em outro duplo e diferente consanguíneo, figura composta de pai e irmão; portanto, volta a recair sobre Georg uma tripla sentença: "*Desonraste a memória de nossa mãe* [o pai-irmão incrimina Georg], *traíste ao amigo e estendeste no leito a teu pai para que não possa se mover*"; trata-se de culpa edípica.

> *Segundo a lei de Talião, de profundo emaranhado de raízes no sentir humano, um assassinato só pode ser expiado pelo sacrifício de outra vida; o autossacrifício remete a uma culpa de sangue. Os impulsos suicidas de nossos neuróticos costumam ser, em regra geral, um autocastigo por desejos de morte dirigidos a outros. (Freud, 1913, p. 155)*

Esses outros não se referem unicamente às figuras parentais, incluem também a culpa de sangue diante dos irmãos.

No final do conto "A sentença", o pai insiste novamente em culpar Georg por ter assumido uma atitude evasiva diante de seu amigo, representante do irmão morto. No parágrafo seguinte, fica eloquente como os complexos fraterno e edípico se articulam e se reforçam entre si.

> *– Que graça me causaste hoje, quando vieste e me perguntaste se podias anunciar teu noivado a teu amigo! Ele já sabe de tudo, criança estúpida, já sabe de tudo! Eu lhe escrevi, porque te esqueceste de tirar-me meus instrumentos de escrever. Por isso não vem faz tantos anos, porque sabe tudo o que acontece cem vezes melhor que tu; com a mão esquerda rasga tuas cartas, sem lê-las, enquanto que com a direita abre as minhas [A onissapiência do superego fraterno e edípico]. Entusiasmado, agitou o braço sobre a cabeça.*
> *– Sabe tudo mil vezes melhor! – gritou.*
> *– Dez mil vezes! – disse Georg para zombar de seu pai, porém, antes de sair de sua boca as palavras se converteram numa certeza nefasta.*

– Desde há anos espero que venhas com esta pergunta. Por acaso acreditas que me importa alguma coisa no mundo? Toma! – E lhe atira na cama um jornal que inexplicavelmente tinha trazido consigo.
Era um jornal velho, de nome totalmente desconhecido para Georg.
– Quanto tempo demoraste em abrir os olhos! A pobre mãe morreu antes de ver esse dia de júbilo; teu amigo está morrendo na Rússia, já faz três anos estava amarelo como um cadáver, e eu já vês como estou. Para isso tens olhos.
– Então, me espreitavas constantemente? – perguntou Georg.
Compassivo, sem lhe dar importância, disse o pai:
– É evidente que faz muito tempo que querias me dizer isso. Mas já não importa.
E depois com mais voz:
– E agora sabes que existem outras coisas no mundo, porque até agora só soubeste as que se referiam a ti. É certo que eras uma criança inocente, mas muito mais certo é que também foste um ser diabólico. E, portanto, escuta-me: agora te sentencio a morrer afogado. (Kafka, 1992, p. 58)

Na sentença "também foste um ser diabólico", cristaliza-se a crença em sua megalomania negativa: ele é o culpado e, por consequência, o condenado portador das míticas culpas de Narciso, Édipo e Caim. A assunção de uma culpa ubíqua pode defensivamente implicar uma negação generalizada, algo como uma cortina de fumaça: sou o culpado de tudo e de nada, o que permite evitar a dor de admitir o particular.

Britton afirma que

> *a crença é para a realidade psíquica o que a percepção é para a realidade material. A crença dá força de realidade ao que é psíquico. Tais crenças podem ser conscientes ou inconscientes, mas não podem ser abandonadas sem se tornarem conscientes. As crenças têm consequências; conferem a condição de realidade psíquica às produções mentais existentes (fantasias), criando-se assim crenças. Abandoná-las implica um luto, e aqueles que são incapazes de abandonar suas desacreditadas crenças são os mesmos que não podem abandonar seus objetos perdidos. O abandono dos objetos perdidos está relacionado com o poder fazer a distinção – e tolerá-la – entre o que é mental e o que é material. (1994, p. 27)*

Nos lutos patológicos, os objetos perdidos não se resignam, permanecem como objetos mortos-vivos "concretos", dentro do sujeito, com força de realidade que lhes confere a dupla volta, no ominoso: o retorno do reprimido e do superado. As antigas crenças animistas voltam a sair à luz e apagam os limites entre realidade psíquica e material, entre sujeito e outro.

Os personagens kafkianos permanecem ativos dessas crenças e impossibilitados de enlutar e discriminar-se da desesperança materna, da fúria paterna voltada contra si mesmo e da dupla identificação com os irmãos como vitimário e vítima, detidos dentro de um infranqueável processo de lutos patológicos: *O processo*, de Kafka.

Até no último conto, escrito em abril de 1924, dois meses antes de seu falecimento por uma laringite tuberculosa ("Josefine, a cantora ou o povo dos ratos"), descreve como não cede à hipermnésia do rancor com a figura materna absorta narcisisticamente em seus lutos com seus filhos mortos. Suas recriminações chorosas transformam o canto da cantante em barulho, chiados que voltam a atiçar seu superego polifônico. Em suas palavras de despedida, reclama que cessem finalmente as consequências que originam seu passado traumático, que não consegue manter no esquecimento, porque por não ter sido historizado e confrontado inunda, com insistência repetitiva, as três dimensões do fluir temporal.

> *Porém Josefine tem de declinar. Logo chegará o momento em que seu último chiado soe e emudeça. Ela é um pequeno episódio na eterna história de nosso povo, e o povo poderá suprir sua perda. Não será fácil para nós... Talvez não percamos muito; porém Josefine, já livre dos sofrimentos terrenos, que segundo ela opina estão destinados aos eleitos, vai se perder alegremente na incontável multidão dos heróis de nosso povo, e logo, já que não cultivamos os estudos históricos, vai se diluir na crescente liberação do esquecimento, como todos os seus irmãos. (Kafka, 1974, p. 226)*

Kafka permaneceu detido como um eterno ferido em combate, em um interminável desafio tanático com suas origens. Inibindo de um modo eloquente o ato do inevitável confronto geracional e fraterno, e também paralisado, como consequência, a possibilidade de desprender-se do opressivo poder exercido pelas figuras parentais e fraternas. Como diz Brod, "viveu enfeitiçado pelo entorno familiar" durante a maior parte de seus 41 anos de existência.

Clinicamente, os sujeitos podem agrupar-se em três categorias ao confrontarem ou não seus progenitores e irmãos:

- aqueles que são incapazes de se confrontar com os pais e irmãos;
- os que se perpetuam numa interminável confrontação por meio do desafio tanático da provocação;
- aqueles que superaram o desafio tanático e conseguiram atingir o desafio trófico, cujos efeitos estruturantes são necessários para a obtenção da separação-individualização.

Os personagens kafkianos não acederam à terceira categoria. Permaneceram inibidos e confinados dentro da primeira, refugiando-se "em um estado de retraimento em um mundo secreto de violência, no qual parte do si mesmo voltou-se contra outra parte, em que partes do corpo foram identificadas com partes do objeto ofensor, e essa violência redundou no extremo sexualizada", de natureza autoerótica, com necessidades conscientes e inconscientes de castigo moral e erógeno.

3. Complexo fraterno tanático e trófico na obra de Jorge Luis Borges

> *Para Borges, a literatura consiste em construir uma realidade só simétrica aos sonhos e revelar ao mesmo tempo a maravilha e a permanente insuficiência do mundo.*
> Bordelois (1999)

Introdução

A obra de Borges fornece um vasto campo de investigação para a psicanálise. Seus poemas e contos oferecem múltiplas possibilidades de descobrimento, esclarecendo certas zonas crípticas da vida psíquica. Em particular, ao longo de seus escritos, Borges dá uma circulada insólita nos aspectos tanáticos e tróficos do complexo fraterno.

Sua leitura de ruptura e mudança possibilita abrir novas vias de interpretação ao primeiro fratricídio da humanidade, representado no mito de Caim e Abel; levanta o véu das relações visíveis e invisíveis do amor e do poder que se subentendem nos vínculos parento-filiais e fraternais. Além disso, ele nos introduz no tema da amizade, que foi escassamente aprofundado na teoria e na clínica psicanalítica.

De fato, entre os aspectos tróficos do complexo fraterno, afirmo que a amizade é um de seus derivados sublimatórios. Exerce uma função primordial durante todas as etapas da vida, mas fundamentalmente durante a adolescência e a senescência, porque possibilita o desprendimento do abuso do poder vertical detido por pais e filhos.

Em sua *Autobiografia*, produto de uma entrevista realizada aos 71 anos, Borges atestou o papel relevante que a amizade exerceu em sua vida e obra:

> *Já disse que passei grande parte de minha infância sem sair de minha casa. Ao não ter amigos, minha irmã (Norah) e eu inventávamos dois companheiros imaginários aos quais chamávamos, não sei por quê, Quilos e O Moinho de Vento. Quando finalmente nos aborreceram, dissemos a nossa mãe que tinham morrido. (1970a)*

Diz em outro capítulo: "*Os amigos ainda estão muito presentes e muito próximos. De fato, são uma parte indispensável de minha vida. Creio que a amizade é a paixão que salva os argentinos*" (Borges, 1970a). E conclui sua *Autobiografia* com estas palavras:

> *Suponho que já escrevi meus melhores livros. Isso me dá certa satisfação e tranquilidade. No entanto, não creio que tenha escrito tudo. De algum modo, a juventude me parece mais perto do que quando era jovem.*

Já não considero inalcançável a felicidade como sucedia faz tempo.
Agora sei que pode acontecer em qualquer momento, mas nunca há de procurá-la.
Ao passo que o fracasso e a fama me parecem irrelevantes e não me preocupam. O que quero agora é a paz e o prazer do pensamento e da amizade. E, mesmo que pareça demasiado ambicioso, a sensação de amar e ser amado. (Borges, 1970a)

Em "Encontro com Borges" afirma:

Creio que a amizade é a melhor paixão argentina.
Uma das qualidades da alma argentina é a hospitalidade, uma abertura de espírito que nos permite interessarmos em muitos países, culturas e problemas diferentes...no meu país podemos oferecer amizades. (1977a, p. 339)

Quero esclarecer que, com a inclusão dos psicodinamismos referidos à fratria na estruturação da vida psíquica, não tento enclausurar nenhum dos temas concernentes à nodal importância de Narciso e Édipo. Ao contrário, uma de suas finalidades centrais é, precisamente, reabrir questões, partindo desde o complexo fraterno até o complexo de Édipo e o narcisismo, e vice-versa. Isso possibilita maior captação da complexidade da alma humana e uma possível superação dos obstáculos que se levantam nos processos analíticos, sob uma luz mais amplificadora, talvez inacessível até agora. Não se trata, portanto, de declarar a caducidade do complexo de Édipo. Trata-se, melhor dito, de descomprimi-lo e articulá-lo com as especificidades das estruturas narcisista e fraterna. Entre essas três estruturas, tece-se uma combinação original e singular que determina a irrepetível identidade de cada sujeito.

Os personagens borgeanos representam, precisamente, uma amostra eloquente desse intrincado nexo. Ilustro a interação dessas três estruturas com base nos seguintes poemas, prosas breves e contos: "O fim" (1944), "Milonga de dois irmãos" (1965), "Animais dos espelhos" (1967), "Lenda" (1969), "A intrusa" (1970), "Gênesis IV, 8" (1974) e "Juan López e John Ward" (1985). Minha proposta articula-se de acordo com estes temas:

- o complexo fraterno e o complexo de Édipo;
- o mito bíblico de Caim e Abel: uma interpretação psicanalítica;
- "A intrusa";
- Borges, Güiraldes e Lugones;
- do fratricídio à confraternidade.

O complexo fraterno e o complexo de Édipo

O complexo fraterno apresenta uma especificidade irredutível. Embora tenha relação com o complexo de Édipo, é independente de seus eventuais deslocamentos nas relações entre os irmãos. As manifestações dos vínculos fraternos, que se apresentam na simplicidade aparente do normal e nas desfigurações e exageros do patológico, são diferentes daquelas que se originam nas relações com os pais. De fato, na relação fraterna existem eletivamente os dois aspectos que Freud descreveu como a causa da dificuldade ou da impossibilidade do trabalho psíquico de desprendimento que constitui o processo normal de luto: o caráter narcisista do investimento e sua intensa ambivalência.

Sublinho aqui que o irmão é um semelhante demasiado semelhante e, ao mesmo tempo, a primeira aparição do estranho na infância. O enfrentamento com o outro, o intruso, o duplo, comporta compromissos narcisistas consideráveis e reativa simultaneamente os conflitos edípicos.

As fantasias inerentes à fratria são, entre outras:

- fratricidas (Caim e Abel);
- furtivas e de excomunhão (Jacob e Esaú);
- de gemelaridade (Rômulo e Remo);
- de bissexualidade (mito de Narciso segundo a versão de Pausânias);
- de complementaridade (Moisés e Aarão);
- de confraternidade (reconciliação de José e os irmãos).

Essas fantasias se articulam em diferentes graus com a dinâmica parental na fantasia dos "vasos comunicantes".

Lacan, Laplanche e Kaës reelaboraram o conceito de complexo fraterno no *corpus* teórico e na prática clínica, ao assinalar sua especificidade com respeito ao complexo de Édipo e também seus pontos de junção. Lacan equipara o complexo fraterno com o complexo do "intruso" e afirma que o irmão pode chegar a representar aquele outro rival e ominoso que satisfaz o desejo de desejo da mãe. Laplanche determina que o triângulo de rivalidade fraterna está configurado pelo menino ou menina, os pais e o irmão ou irmã (enquanto que o triângulo edípico está formado pelo menino ou menina, o pai e a mãe) e adverte que não deve ser considerado cronologicamente anterior ao triângulo sexual de Édipo. Como

Lacan, põe o acento na estrutura e não no ponto genético. Em sua concepção intrapsíquica e intersubjetiva triangular, cada elemento fica definido pela relação privilegiada que mantém com cada um dos outros elementos, mas também pela relação da qual fica excluído. Por sua parte, Kaës enfatiza que, por meio desse esquema imaginário, o sujeito organiza suas relações intersubjetivas, por exemplo, na escolha de objeto ou em sua posição nos grupos.

Caim e Abel: uma leitura psicanalítica

> *Assim de maneira fiel*
> *Contei a história até o final;*
> *É a história de Caim*
> *Que continua matando Abel.*
> Borges (1965)

Considero o mito de Caim e Abel como um sonho, do qual se podem extrair do conteúdo manifesto outros conteúdos latentes, reveladores do mais essencial da condição humana.

> *Como todo mito, corresponde a uma prodigiosa condensação. Não está sujeito ao desgaste da temporalidade, ocorre no presente de cada tempo, conservando seu dramatismo jovem. Sua história conhecida é narrada em apenas dezesseis versículos do quarto capítulo do Gênesis. É uma das mais breves e desoladoras que há a Bíblia.*

Tem sido objeto de comentários e estudos ao longo de inumeráveis gerações, não apenas pelos ensinamentos que fornece nem pela turvação que produz, mas pelos enigmas que encerra. (Aguinis, 1988, p. 117)

Esse mito alicerçante da dimensão trágica do homicídio converte Caim no primeiro fratricida. Devíamos agora buscar o que subjaz no manifesto e explorar qual seria a intencionalidade do desejo inconsciente que pôs em movimento o fatal desenlace.

Concordo com Aguinis ao apontar que, apesar de Caim não matar manifestamente Deus, mata o homem que por ele foi criado à sua imagem e semelhança. Desviando sobre o irmão a hostilidade reprimida e relacionada na realidade com o abuso exercido pelo poder vertical, Caim é latentemente um parricida e deicida ativo e reativo frente a provocação divina.

Considero que esse mito revela, por um lado – pelo capricho de Deus, expresso na sua arbitrária escolha por Abel –, um dos conflitos mais relevantes do sistema narcisista parento-filial. Esse conflito relaciona-se com um dos paradoxos mais silenciados e, por sua vez, mais cruciais da imortalidade e mortalidade que costuma haver entre o pai e seus descendentes em geral, mas que se acentua com o primogênito em particular. De fato, o primogênito vem para anunciar ao pai, por um lado, sua continuidade, portanto, assegura sua imortalidade, e, por outro, anuncia a morte de seu progenitor e o nascimento de uma nova geração. Põe ainda a descoberto a crueza consciente e inconsciente de uma hostil relação de domínio, propensa a um desencadeamento de ressentimentos e remorsos acirrados, próprios da particular dinâmica narcisista entre os irmãos.

Imortalidade-mortalidade

> O ponto mais espinhoso do sistema narcisista, essa imortalidade do ego, que a força da realidade assedia duramente, ganhou sua segurança refugiando-se na criança.
>
> Freud (1914a)

Freud empregou o termo *Vaterkomplex*, complexo paterno, para designar uma das principais dimensões do complexo de Édipo, a relação ambivalente da criança com o pai, e não vice-versa. A seguir, trato de demonstrar que na relação do pai com o filho também aparece a ambivalência.

Na narração do mito de Laio, encontramos que ele chega à paternidade para gerar um filho, Édipo, para que atue como verdugo de suas antigas faltas. São suas próprias culpas e necessidades de castigo que requerem ser redimidas pelas mãos parricidas de seu filho, desde antes que ele nasça. Recordemos que:

> Laio, pai de Édipo, se apaixonou pelo jovem Crisipo, filho de Pélope, incitando – assim pelo menos acreditam alguns – o amor contranatural. Raptou o rapaz e foi amaldiçoado por Pélope, ou talvez pela cólera de Hera, não podendo escapar do oráculo que lhe revelava que seria morto por seu filho. (Grimal, 1982)

Portanto, podemos concluir que Édipo já havia sido inscrito, antes de seu nascimento biológico, no projeto identificatório da realidade psíquica de Laio como seu futuro potencial assassino. Cabem, então, as seguintes perguntas: Édipo é um vitimário ou apenas uma mera vítima submetida à necessidade do castigo destinado a seu pai? Caim, ao ser o primogênito, ou seja, o primeiro herdeiro que anuncia a morte à imortalidade de seu progenitor, não acarreta maior ambivalência e rivalidade por parte do pai?

O primogênito costuma manifestar, ademais, uma singular rivalidade com os irmãos subsequentes, os outros "intrusos" que, como duplos consanguíneos ominosos, tentam destroná-lo. O irmão mais velho costuma reforçar com excessiva responsabilidade seu *tópos* identificatório para preservar, com cuidado, sua legítima continuidade e fusão com a identidade do progenitor questionado em seu lugar exclusivo, como o suposto herdeiro único e possuidor dos direitos institucionalizados dos bens: o morgado. Além disso, costuma desviar sobre o irmão mais novo os efeitos provenientes da rivalidade edípica, pelos sentimentos ambivalentes exercidos pelo pai sadicamente sobre ele, e vice-versa. A essa situação, somam-se os sentimentos hostis e libidinosos provenientes da rivalidade fraterna, derivados da luta fratricida em função do narcisismo (Baranger, 1976, p. 256). Desse modo, as três estruturas – a narcisista, a fraterna e a edípica – impõem seus diferentes jogos de força entrelaçando diversos nexos.

O relato bíblico de Caim e Abel representa o mito da socialização do homem. A passagem da natureza à cultura e à sociedade efetua-se pelo reconhecimento da lei. Essa lei imposta pelo pai, admitida e lembrada pelos irmãos, integra o sujeito na continuidade da cultura humana. Para Andacht, "o mito de Caim e Abel tem como traço excepcional apresentar um ato de violência divina injustificada, em lugar de um ato humano de cegueira. Emblema tudo o que de arbitrário e incompreensível tem toda lei, toda norma ou transvalorização" (1994, p. 145).

O autor se interroga: "Por que o sacrifício de Abel é visto com bons olhos e não o de Caim?" (1994). Não existe explicação racional. O texto bíblico não especifica que o dom do primogênito seja o pior: "Passado algum tempo, apresentou Caim ao Senhor uma oferenda de frutos da terra. E também Abel deu sua oferta de primogênitos do seu rebanho e da gordura deles" (Torá, Gênesis 4, 3-4). Os dois dão algo. O lavrador dá o que dele se pode esperar e assim ("também") faz o pastor Abel. Tudo faz pensar em uma equivalência dos gestos. Vítima em um mito é todo aquele privado de algo. O primeiro a sofrer uma carência e ocupar essa categoria é Caim; se há um vilão no mito, ele é Deus, pois transvaloriza positivamente o mais novo, apesar de não haver motivo aparente para isso: "O Senhor olhou para Abel e sua oferenda; porém não olhou para Caim e sua oferenda" (Torá, Gênesis 4, 4-5).

Somente em segunda instância, quando Abel é despojado da vida (termo não marcado dentro do par vida/morte), passa a ocupar Caim aquele lugar do negativo, quer dizer, o papel do vilão. Se observarmos bem, no entanto, o despojo do primogênito é maior ainda que o de Abel.

A ausência do olhar de Deus deixa Caim sem reconhecimento por dupla partida. Essa sanção lhe havia sido prometida duas vezes institucionalmente; primeiro, por ser o membro social não marcado, o que nasceu primeiro, e segundo, porque Eva diz dele: "Adquiri com o Senhor um varão", ao atribuir a Caim sua propriedade. Caim é, então, o que recebe o atributo de duas maneiras distintas, mas igualmente eficazes: por ser norma e por ser exceção; por ocupar o lugar de primogênito e por seu vínculo especial, extraordinário, com Deus. Sua mãe o concebe como filho de Deus, ou seja, atribui-lhe esse significado especial, não extensivo ao mais novo. Portanto, Caim goza de um duplo auspício: o cronológico tribal do judaísmo primitivo e a "origem dupla" terrena e divina da qual fala a Bíblia. O nome Caim vem do verbo hebraico *liknot*, que significa adquirir, comprar. No Gênesis, Eva exclama: *"Caniti ish et adonai"* (Torá, Gênesis 4,1), que quer dizer "adquiri um filho com e por graça do Senhor". Caim é o primeiro humano que nasce de uma mulher, mas com o tipo de acoplamento de forças divinas que gera a categoria dos heróis.

Andacht (1994) afirma que a emoção violenta de Caim é consequência da provocação gerada pela injustiça divina. De fato, esse mito reduz à claridade como a falta, o excesso e a arbitrariedade da função paterna propiciam – ademais do influxo exercido entre os irmãos pelo narcisismo das pequenas diferenças – a gênese e a repetição dos fratricídios.

O arcaico conflito parento-filial entre a mortalidade e a imortalidade revela-se também nos conflitos que todos os patriarcas da Bíblia tiveram com seus primogênitos e em seus efeitos nas rivalidades fraternas. Assim, Abraão abandona Ismael no deserto e Isaac não abençoa o primogênito Esaú, tampouco Jacob abençoa Rubem. Esse mítico conflito parento-filial estende seus influxos sobre os vínculos entre os irmãos, gerando na realidade social – desde suas origens e até nossos dias – a compulsão repetitiva dos enfrentamentos mais sangrentos entre religiões e povos.

Ressentimento e remorso no complexo fraterno

> *O eterno acedeu a Abel e sua oferenda, mas a Caim e sua oferenda não prestou atenção: isto causou a Caim grande aborrecimento e o rosto lhe abateu.*
> Torá, "Gênesis 4, 5-6"

Os ressentimentos e os remorsos que surgem da dinâmica vincular entre os irmãos costumam ocupar um lugar de tal relevância em alguns sujeitos, que até podem determinar, em grande medida, o destino de suas vidas e de seus descendentes.

Brusset afirma que

> os compromissos do vínculo fraterno são diferentes daqueles que se originam nas relações com os pais, tanto sobre o plano objetal como sobre o plano narcisista.... Frequentemente, os resultados são de uma maior crueza pulsional consciente, diretamente assumida, egossintônica em ações e atitudes que podem fixar-se e generalizar-se para constituir uma forma habitual de relação com o outro. (1987)

Os pais ocupam uma posição particular no sistema narcisista filial. Representam os primeiros herdeiros da translação do narcisismo primário do filho e se encontram, portanto, investidos com todas as perfeições inerentes à onipotência infantil. São ainda os responsáveis e os devedores do ressentido narcisismo perdido, porém sempre renascente, ao qual se aspira retornar e se constituem, em um mesmo movimento, nos primeiros heróis que povoam seu ego ideal e nas fontes do ressentimento.

Sua Majestade, o Bebê, investe os pais na categoria de Sua Majestade, os Reis Magos: aqueles míticos possuidores de tudo o que é valioso que, avaramente, repartem seus dons de modo desigual entre os filhos, com conta-gotas, só uma vez por ano, às vezes excluindo-os para sempre. Enquanto isso, o outro, o filho preferido, converte-se em um injusto irmão usurpador, pois monopoliza as melhores condições do meio familiar ao apoderar-se do setor mais valioso do projeto identificatório parental.

Essa situação desencadeia sentimentos de rivalidade, ciúme e inveja, estrutura que nos remete ao relato bíblico de José e seus irmãos. Instala, ademais, o irmão despojado de herança suficiente de potencialidades necessárias para sua realização como indivíduo no lugar de um rancoroso cidadão de segunda categoria, sendo que injustamente lhe foram cerceados os direitos e as possibilidades de desenvolvimento, por culpa do filho escolhido.

Desse indigno lugar, o irmão prejudicado extrai um autolegalizado direito à represália sobre o irmão beneficiado e ladrão. Esse lugar lhe concede um inquestionável sentimento de superioridade para punir e atormentar. Por sua vez, o irmão preferido padece de sobressaltos de remorsos, como consequência de reprimendas e queixas proferidas pelo irmão injuriado na realidade material e pela encenação, na realidade psíquica, de suas próprias fantasias furtivas manifestas ou latentes. O conteúdo dessas fantasias estaria dado por uma encenação imaginaria singular, na qual a afirmação do si mesmo é correlativa à negação (roubo ou morte) do outro, com a conseguinte angústia persecutória pela retaliação de pais e irmãos.

Cada nascimento, cada crescimento, cada êxito reativa inevitavelmente os remorsos, porque se ressignificam fantasias parricidas e furtivas (características tanto do complexo de Édipo como do complexo fraterno).

As relações fraternas, sobretudo nos gêmeos, ilustram a dialética do amo e do escravo, na qual um irmão é necessariamente dominado pelo outro, o dominante. Encontramos uma peculiar encenação imaginária nos gêmeos: a fantasia referida à existência de um único espaço, de um único tempo e de uma possibilidade só para os dois.

Considero que esta dimensão sacrificial entre os gêmeos é uma consequência da estratificação superposta de fantasias furtivas e de simbiose (de fusão e confusão, de adjudicações e de apropriações mútuas de papéis e funções), e age à maneira de raízes que nutrem os remorsos e os ressentimentos mais virulentos, que costumam se expressar, por exemplo, mediante a evitação extrema de toda competição, da rivalidade. Recordemos que o termo "rivalidade" provém do latim "*rivalis*" e significa ter direito à mesma corrente de água.

Os remorsos cerceiam – no irmão mais talentoso da dupla especular e simbiótica – suas possibilidades de êxito e de evolução individual, por sua necessidade de fracassar de forma parcial ou total em seus triunfos. Isso ocorre porque suas conquistas, ao haver uma só possibilidade para os dois, costumam ser vivenciadas como a realização alucinatória do "*homo hominis lupus*", com os consequentes sentimentos de culpa e a atuação da necessidade de castigo. Por sua vez, o outro, o gêmeo postergado nas suas realizações individuais, contabiliza correlativamente seus ressentimentos, esperando vingar-se do gêmeo devedor, a quem responsabiliza por seus fracassos.

Assim, entre ambos, compõe-se um tempo circular tanático que perturba a aquisição de uma identidade discriminada.

As culpas edípica e fraterna costumam se desencadear nos momentos de competição e de manutenção do êxito, situações que propiciam o surgimento de fantasias de roubo e de morte. Estas requerem ser elaboradas para evitar, dentro do possível, o fracasso ao triunfar.

Considero importante distinguir as fantasias de roubo, acompanhadas de remorsos pelos sucessos obtidos, que se desenvolvem nas dimensões vertical (com os pais) e horizontal (com os irmãos). No plano edípico, essas fantasias se fazem escutar em um poema de Borges intitulado "Remorsos por qualquer morte":

> *Tudo lhe roubamos,*
> *não lhe deixamos nem uma cor nem uma sílaba:*
> *aqui está o pátio que já não compartem seus olhos,*
> *aí está a calçada onde espreitou sua esperança.*

> *Até o que pensamos poderia também estar pensando,*
> *nos repartimos como ladrões*
> *o caudal das noites e dos dias. (1923b)*

Ruptura e renovação

Com sua capacidade de ruptura e renovação, Borges quebrantou de um modo eloquente as certezas das crenças transmitidas pelas Sagradas Escrituras, que consideravam Caim como o primeiro vitimário, e Abel, como a inocente vítima passiva.

Assim, em "Gênesis IV, 8", "Lenda" e "Juan López e John Ward" questiona quem foi na realidade – se o escolhido ou o excluído do olhar de Deus – aquele que atirou pela primeira vez a pedra geradora do primeiro crime da humanidade. Ademais, relativiza a certeza da presença exclusiva de um único Caim e de um único Abel na alma humana. Sugere, por outro lado, que um vitimário e uma vítima moram, em diferentes graus e em diversas combinações, dentro de cada sujeito: "Já não sei se fui Caim ou Abel".

Gênesis IV, 8

> *Foi no primeiro deserto*
> *Dois braços lançaram uma grande pedra.*
> *Não houve um grito. Houve sangue.*
> *Houve pela primeira vez a morte.*
> *Já não lembro se fui Abel ou Caim. (1972b)*

Em "Lenda" (1969), o poeta apresenta uma versão diferente dos ressentimentos e remorsos entre Caim e Abel. Destaca o nexo íntimo que se estabelece entre o esquecimento e o perdão e entre o remorso e a culpa. O desenlace difere do relato bíblico.

Lenda

Abel e Caim se encontraram despois da morte de Abel. Caminhavam pelo deserto e se reconheceram desde longe, porque os dois eram muito altos. Os irmãos se sentaram na terra, fizeram um fogo e comeram. Guardavam silêncio, à maneira da gente cansada quando declina o dia. No céu surgia alguma estrela, que ainda não havia recebido seu nome. À luz das chamas, Caim advertiu na fronte de Abel a marca da pedra e deixou cair o pão que estava por levar à boca, pedindo que fosse perdoado seu crime.

Abel respondeu:

– Tu me mataste e eu te matei? Já não lembro; aqui estamos juntos como antes.

– Agora sei que na verdade me perdoaste – disse Caim –, porque esquecer é perdoar. Eu também tratarei de esquecer.

Abel disse devagar:

– Assim é. Enquanto dura o remorso, dura a culpa.

(1969)

Esse texto descreve as fronteiras imprecisas do sentimento egoico entre irmãos, os desdobramentos narcisistas, a culpa fraterna e o remorso de Abel por ter sido o "escolhido"; esse "estranho privilégio" que costuma ter tanta gravitação e pode chegar a marcar o destino de pessoas, religiões e povos. Privilégios e tormentos que desfrutam e, ao mesmo tempo, padecem o filho escolhido e o povo escolhido.

Borges denuncia, em "Juan López e John Ward", texto escrito depois da guerra das Malvinas, o poder despótico exercido pelos governos de obstaculizar o desenvolvimento da confraternização entre os povos e auspiciar a passagem para a ação de fantasias filicidas e fratricidas.

Juan López e John Ward

Tocou-lhes por sorte uma época estranha.
O planeta tinha sido parcelado em distintos países; cada um provido de lealdades, de queridas memórias, de um passado sem dúvida heroico, de direitos, de agravos, de uma mitologia peculiar, de mártires de bronze, de aniversários, de demagogos e de símbolos. Essa divisão, cara aos cartógrafos, auspiciava as guerras.
López havia nascido na cidade perto do rio imóvel; Ward, nas aforas da cidade pela qual caminhou Father Brown. Tinha estudado castelhano para ler o Quixote.
O outro professava o amor de Conrad, que lhe tinha sido revelado numa aula da rua Viamonte.
Teriam sido amigos, mas se viram uma só vez frente a frente, numa das ilhas demasiado famosas, e cada um dos dois foi Caim e cada um foi Abel.
Foram enterrados juntos. A neve e a corrupção os conhecem.
O fato que refiro passou em um tempo que não podemos entender. (1985)

Desse texto podemos extrair os diversos nexos que se entrelaçam entre as três estruturas: narcisista, edípica e fraterna.

A intrusa

Em 1916, Freud escreveu, em "Alguns tipos de caráter encontrados no trabalho psicanalítico", o item "As exceções", em referência a um personagem de Shakespeare, Ricardo III. Trata-se de um modelo paradigmático para ilustrar o sujeito ressentido, que satisfaz sua sede de vingança aparentemente sem culpa e com um gozo narcisista extraordinariamente elevado. Desse modo, Freud assinala que Ricardo III, que encarna Sua Majestade, o Rancor, subjaz, em diferentes graus, na realidade psíquica de cada indivíduo.

> *O criador deve engenhar-se para suscitar em nós um fundo secreto de simpatia por seu herói, se é que temos de assentar sobre nosso interior a admiração por sua ousadia e habilidade; e semelhante simpatia só pode estar formada na compreensão, no sentimento de uma possível comunidade interior com ele. (Freud, 1916a)*

Em "A intrusa", Borges consegue suscitar no leitor uma particular satisfação, porque se cumpre nesse conto uma série de fantasias secretas e reprimidas que subjazem na alma humana: o incesto materno, o matricídio, a negação da realidade da presença do pai e das origens, a rivalidade fraterna e a homossexualidade. O complexo fraterno atua, em geral, ademais de sua própria função estruturante na organização psíquica, como um caminho real para a elaboração e a superação das dinâmicas narcisistas e edípicas. Porém, nesse conto, exerce uma direção oposta. Funciona defensivamente, por meio da conjunção entre os irmãos, para desmentir a presença da mulher e refugiar-se em um universo fraterno, supostamente despojado de conflitos com respeito a Édipo.

Rodríguez Monegal (1985, p. 470) assinala, em uma nota dedicada a "A intrusa", que esse conto marca o retorno de Borges à narrativa, depois de um longo período em que, em razão da crescente cegueira, não podia escrever e teve de aprender a ditar. O conto foi transcrito pela mãe. Apesar de ela rejeitar instintivamente o argumento (baseia-se em uma variante da velha convicção gauchesca de que as mulheres não valem nada e de que, nos pampas, um companheiro é o ser mais importante do mundo), a mãe facilitou a Borges a última linha, lapidária, do diálogo.

A história baseia-se em um acontecimento real. Borges mudou um pouco o tempo e o lugar para fazê-la mais remota e primitiva; para evitar toda insinuação de homossexualidade, fez dos protagonistas irmãos. (Talvez, involuntariamente, apenas agregou a suspeita de incesto.) A epígrafe apenas indica (e com algum erro) a alusão bíblica. Trata-se de uma passagem do segundo livro de Samuel (e não de Reis, como indica Borges), em que se menciona o amor de Davi por Jonathan: "Angustiado estou por ti, oh meu irmão, Jonathan! Muito suave tens sido para comigo; maravilhoso foi teu amor para mim, sobrepujando o amor das mulheres" (Torá, 2 Samuel 1, 26).

Borges narra a história dos irmãos Nilsen, dois nativos[1] que defendiam sua solidão. Eram altos, de cabeleira avermelhada. Tinham fama de avarentos, salvo quando a bebida e o jogo os tornavam generosos. De seus pais, nada se sabia, nem sequer de onde tinham vindo. Foram muito unidos: "Malquistar-se com um era contar com dois inimigos" (1970b). Cristiano, o irmão mais velho, levou para viver com ele Juliana Burgos, que considerava uma "coisa" de tez morena e olhos rasgados.

---

1 No original, o autor utiliza o termo *criollo*, que designa os nativos da região sul do continente. Em português tem conotação de cor de pele, daí nossa preferência por "nativo". [N.T.]

É verdade que ganhava assim uma empregada, porém não era menos certo que a cobriu de horrendas miudezas e que a exibia nas festas. Nas pobres festas do cortiço, onde a quebrada e o corte[2] estavam proibidos e onde se dançava ainda com muita luz. Num bairro modesto, onde o trabalho e o descuido desgastam as mulheres, não era mal-apessoada.
Eduardo os acompanhava ao princípio. Depois empreendeu uma viagem a Arrecifes por não sei qual negócio; a sua volta levou à casa uma garota, que havia conquistado pelo caminho, e com poucos dias a despachou. Fez-se mais hostil; embebedava-se apenas no armazém e não se dava com ninguém. Estava apaixonado pela mulher de Cristiano. O bairro, que talvez o tenha sabido antes que ele, previu com aleivosa alegria a rivalidade entre os irmãos.
Uma noite, ao voltar tarde da esquina, Eduardo viu o vulto de Cristiano grudado na cerca. No pátio, o mais velho estava lhe esperando com suas melhores roupas. A mulher ia e vinha com o mate na mão. Cristiano disse a Eduardo:
– Eu vou a uma farra na casa do Farias. Aí tens a Juliana, se a queres, use-a.
O tom era entre mandão e cordial. Eduardo ficou um tempo olhando-o; não sabia o que fazer. Cristiano se levantou, despediu-se de Eduardo, não de Juliana, que era uma coisa, montou a cavalo e se foi ao trote, sem pressa. Desde aquela noite eles a compartiram. Ninguém saberá dessa sórdida união, que ultrapassava as decências

---

2 Quebrada e corte são passos de tango. [N.T.]

do subúrbio. O acerto andou bem por umas semanas, porém não podia durar. Entre eles, os irmãos não pronunciavam o nome Juliana, nem sequer para chamá-la, porém procuravam e encontravam razões para não estar de acordo. Discutiam a venda de uns couros, mas o que discutiam era outra coisa. Cristiano costumava levantar a voz e Eduardo se calava. Sem saber, estavam estranhando-se. No duro subúrbio, um homem não dizia, nem se dizia, que uma mulher poderia lhe importar, mais além do desejo e da posse, entretanto, os dois estavam apaixonados. Isso de algum modo os humilhava...

A mulher atendia aos dois com submissão bestial, mas não podia esconder alguma preferência pelo mais novo, que não havia recusado a participação, mas não a incentivava.

Um dia, mandaram que Juliana levasse duas cadeiras ao primeiro pátio e que não aparecesse por lá porque tinham de falar. Ela esperava um dia longo e se deitou para dormir a sesta, mas logo a acordaram. Eles a fizeram encher uma sacola com tudo o que possuía, sem esquecer o rosário de vidro nem a pequena cruz que a mãe lhe havia deixado. Sem lhe explicar nada, puseram-na em cima da carroça e empreenderam uma silenciosa e tediosa viagem. Havia chovido; os caminhos estavam muito pesados, e eram cinco da manhã quando chegaram a Moron. Lá eles a venderam à dona do prostíbulo. O trato já estava feito. Cristiano recebeu a soma e, depois, dividiu-a com o outro. (Borges, 1970b)

No entanto, essa solução não resolveu o problema. Ambos visitavam o prostíbulo. Sabiam que compartiam reiteradamente sentimentos e desejos semelhantes pela mesma mulher.

> *Pouco antes do fim do ano, o mais novo disse que tinha o que fazer na capital. Cristiano foi para Moron; na cerca da casa que sabemos reconheceu o baio de Eduardo. Entrou; dentro estava o outro, esperando a vez. Parece que Cristiano lhe disse:*
> *– Se continuarmos assim, vamos cansar os cavalos. Vale mais que a tenhamos na mão.*
> *Falou com a dona, tirou umas moedas do cinto e os dois a levaram. Juliana ia com Cristiano; Eduardo esporeou o baio para não os ver.*
> *Voltaram ao que já se havia dito. A infame solução havia fracassado: os dois haviam cedido à tentação de fazer trapaça. Caim andava por aí, porém o afeto entre os Nilsen era muito grande – quem sabe que rigores e que perigos haviam dividido! – e preferiram desafogar sua exasperação com estranhos. Com um desconhecido, com os cachorros, com a Juliana, que havia trazido a discórdia. (Borges, 1970b)*

Cristiano-Caim, o não escolhido, em vez de matar, como no relato bíblico, Eduardo-Abel, descarregou sua hostilidade na mulher, no primeiro objeto de amor todo-poderoso do qual dependia com extrema servidão.

> *Margearam um capinzal; Cristiano jogou fora um cigarro que tinha acendido e disse sem pressa:*

– *Vamos trabalhar, irmão. Depois nos ajudarão os carcarás. Hoje a matei. Que fique aí com suas roupas. Já não dará mais prejuízos.*
Abraçaram-se quase chorando. Agora outro vínculo os unia: a mulher tristemente sacrificada e a obrigação de esquecê-la. (Borges, 1970b)

Esse conto finaliza com o sacrifício da intrusa, com sua eliminação, porque sua presença quebrava, da fascinação especular entre os irmãos, a ilusão de manter um sistema de autossuficiência narcisista.

Braier afirma que

> *as feridas narcisistas precoces ocasionadas por carências, sobretudo maternas, costumam reforçar o vínculo fraterno, como o que se tenta desmentir e compensar o desamparo. Configuram, entre ambos, um sistema defensivo estruturante com uma ilusão de completude que os redime da falha estrutural. (2000, p. 157)*

A propósito de sujeitos com vivências de desproteção ou desamparo, assinala Lichtmann: "A característica comum subjacente é um estado de regressão fusional e extrema dependência do objeto" (1993, p. 1233). Cristiano padecia de intensos afetos hostis, surgidos pela frustação com a mulher e com seu irmão. Esses aspectos tão primários e cindidos geravam um pertinaz ressentimento inconsciente, que se expressa na colocação em cena do castigo e da fuga.

O ressentimento e o remorso se assemelham, na realidade psíquica, a uma prisão, que condena o sujeito a permanecer detido em uma dança macabra sadomasoquista. Cerceia a liberdade e "semeia cardos no jardim da alma", como diz Oscar Wilde.

Como já vimos, em "A lenda" Borges assinala que enquanto dura o remorso, dura a memória da culpa; no poema intitulado "1964" (1964c), acrescenta que "não basta ser valente / para aprender a arte do esquecimento".

Concordo com o poeta ao dizer que o esquecimento não depende de um ato voluntário de valentia. Guarda, ao contrário, um nexo íntimo com capacidade para enlutar pelo perdido e irrecuperável. Porém, o intrincado processo inconsciente do luto depende, dentro de uma multiplicidade de fatores, da qualidade e da intensidade dos afetos que intervêm na possibilidade de renúncia a um objeto para efetuar a passagem a outros objetos. Assim, a presença de uma intensa ambivalência de amor e ódio pode chegar a interferir no processo de luto, mas, quando o ódio é substituído pelo ressentimento, paralisa-se o processo de enlutar. O ódio possibilita a separação do objeto ulterior discriminado, ao passo que no ressentimento o sujeito se adere intensamente ao objeto, permanecendo retido e detido no tempo da repetição da esperança vindicativa.

O ressentimento e o remorso guardam uma relação particular com as três dimensões do tempo e nos permitem diferenciar a memória do rancor da memória da dor. A memória da dor admite o passado como experiência e não como lastro; não exige a renúncia à dor do ocorrido e sabido. Age como um não esquecer estruturante e organizador – mediante pulsão de vida –, como um sinal de alarme que protege e previne a repetição do mau e dá um passo a uma nova construção. Ao contrário, a repetição na memória do rancor reinstala – mediante pulsão de morte – a compulsão repetitiva e até insaciável do poder vingativo. No rancor, a temporalidade apresenta características particulares, manifestamente, uma singular relação com a dimensão prospectiva. A repetição é a forma básica de interceptar o porvir e de impedir a capacidade de mudança. O sujeito rancoroso (ressentido e com remorso) é um ruminador implacável (Funes, o memorioso). Acha-se possuído por reminiscências vindicativas. Não pode perdoar nem se perdoar.

A vivência do tempo sustentada pelo poder do rancor é um ruminar permanente e indigesto de uma afronta que não cessa, expressão de um luto que não se consegue elaborar, não apenas no próprio sujeito e na dinâmica intersubjetiva como nas vinganças taliônicas que podem chegar a perpetuar-se pelas gerações, selando um inexorável destino na memória coletiva.

Os ressentimentos e os remorsos conscientes e inconscientes, suscitados pelo narcisismo das diferenças entre religiões, povos e nações, originaram devastadoras consequências pelo repetitivo ressurgimento de um poder fanático que irrompeu com ferocidade ao longo da história da humanidade, como resultado da recorrente ativação do poder desses afetos.

Usos do esquecimento e formas da memória: da memória do rancor à memória da dor

O rancor abriga uma esperança vindicativa que pode chegar a atuar como um porto na tempestade em situação de desproteção, como um último recurso de luta, que tende a restaurar o quebrado sentimento da própria dignidade, tanto no campo individual como no social.

O poder do rancor costuma promover não apenas fantasias e ideais destrutivos, não se reduz unicamente ao exercício de um poder hostil e retaliativo, mas pode chegar a propiciar fantasias e ideais tróficos, favorecendo o surgimento de uma necessária rebeldia e de um poder criativo que tendem a estancar as feridas provenientes dos injustos poderes abusivos originados de certas situações traumáticas. O sentido desse poder esperançado atua para contrapor e não se subjugar aos clamores de um inexorável destino de opressão, marginalização e inferioridade ("Animais dos espelhos").

Essas duas dimensões antagônicas e coexistentes do poder do rancor se desenvolvem em diferentes graus em cada sujeito, e é preciso reconhecê-las e apreendê-las em sua totalidade de sua complexa e aleatória dinâmica. Porém, se o sujeito permanece fixado às ligaduras da memória do rancor, fica finalmente retido na armadilha da imobilização tanática do ressentimento de um passado que não pode renunciar. Passado que inunda as dimensões temporais do presente e do futuro ("Emma Zunz", "O fim" e "A intrusa").

Somente o lento e intrincado trabalho de elaboração de ressentimentos e remorsos possibilita um processamento normal de lutos para efetuar a passagem da memória do rancor para a memória da dor. Apenas a partir desse momento o sujeito rancoroso larga sua condição de vítima inocente que reclama e castiga e consegue aceder à construção de sua própria história como agente ativo e responsável, e não como alguém reativo a um passado que não pode esquecer nem perdoar.

Retomemos o conto "A intrusa", no qual os irmãos Nilsen permanecem viscosamente retidos em lutos intermináveis, acantonados à memória incandescente do rancor. O aparecimento de Juliana ressignifica, em cada um deles, situações traumáticas precoces com suas origens – tácitas no conto –, acompanhadas de sentimentos hostis reprimidos e cindidos. Esses afetos muito primários, não ligados a representações e mantidos a distância da consciência, exteriorizam-se não em queixas nem em reprimendas, mas automaticamente em atos, inibições, sintomas e soluções perversas. Fracassam, então, os recursos defensivos que tendem a contrapor o acionar das angústias e culpas inconscientes com relação à mulher.

De que me serviram meus talismãs: o exercício das letras, a vaga erudição, o aprendizado das palavras que usou o áspero norte para cantar seus mares e suas espadas, a serena amizade, as galerias da biblioteca, as coisas comuns, os hábitos, o jovem amor de minha mãe, a sombra militar de meus mortos, a noite intemporal, o sabor do sonho? Estar contigo ou não estar contigo é a medida de meu tempo.

Isto eu sei: o amor, a ansiedade e o alívio de ouvir tua voz, a espera e a memória, o horror de viver no sucessivo.

O nome de uma mulher me delata.

Dói-me uma mulher no corpo todo. (Borges, 1972a)

Em um trabalho anterior, *Jorge Luis Borges ou o labirinto de Narciso* (Kancyper, 1989), afirmei que o autor apresentava uma irrefreável necessidade de esconder-se e fugir do horror do corpo da mulher, para se refugiar na vertigem do corpo da erudição, a biblioteca do pai: a simbiose pai-filho. Neste livro, afirmo que Cristiano e Eduardo Nilsen se abraçaram como consequência da insistência da hipermnésia do rancor, experimentado em forma independente por cada um, com seu próprio complexo materno não resolvido, configurando entre ambos uma estrutura vicariante: a simbiose fraterna.

Ambas as simbioses vicariantes da primeira simbiose com a mãe – aquelas que ocorrem com o pai e entre irmãos – agem como falsos enlaces, como tentativas defensivas para neutralizar infrutuosamente o sentimento ominoso da presença feminina, que impede o poder de recorrer e morar com prazer e confiança em lugares surpreendentes e remansos lenitivos alojados na cidade-corpo da mulher. Essa presença se manifesta paradigmaticamente na imagem amplificada da mulher-cidade.

Buenos Aires

E a cidade, agora, é como um plano
De minhas humilhações e fracassos;
Desde essa porta vi os ocasos
E diante desse mármore aguardei em vão.
Aqui o incerto ontem e o hoje diferente
Depararam-me os comuns casos
De toda classe humana. Aqui meus passos
Urdem seu incalculável labirinto.
Aqui a tarde cinzenta espera
O fruto que lhe deve a manhã;
Aqui minha sombra na não menos vã
Sombra final se perderá, ligeira.
Não nos une o amor, mas o espanto;
Será por isso que a quero tanto. (Borges, 1964a)

Se bem que, em "A intrusa", a mulher tem a categoria de um objeto-coisa, denegrida e servil; ela é, na realidade, o véu que mascara e, ao mesmo tempo, delata a submissão e a perseguição de que padece Cristiano, como consequência da impossibilidade de se livrar da dependência que experimenta diante dela. Dessa maneira, homologa a necessidade de sua presença com uma situação de escravidão que o submete, solapando o sentimento de sua própria dignidade. Desse modo, a intrusa gravita sobre Cristiano com um poder mítico que o humilha.

Por um lado, infringe intrusivamente a crença narcisista de poder prescindir, de um modo autossuficiente, da presença do outro e da necessidade de amor. Ao sacrificar Juliana Burgos, Cristiano tenta destruir o componente do amor feminino nele representado por ela. Quer dizer, tenta eliminar seu duplo bissexual. Por outro lado, Juliana Burgos desmantela intrusivamente a fantasia de sua autoconcepção.

Essas frustrações acham-se reforçadas, por sua vez, pela coexistência de outras frustrações provenientes da dinâmica fraterna. No conto são mencionados vários sinais desses conflitos: "a rivalidade latente dos irmãos", "Cristiano costumava levantar a voz e Eduardo calava", "Sem saber, estavam se vigiando", "Caim andava por aí". Aparece também o tema do preferido, que nos remete ao mito bíblico de Caim e Abel: "A mulher atendia aos dois com submissão bestial, mas não podia esconder alguma preferência pelo mais novo, que não havia recusado a participação, mas não a incentivava".

O desenlace borgeano, no entanto, difere da versão bíblica. No lugar do fratricídio, os irmãos se abraçam. Também, notemos, difere da versão freudiana do mito de *Totem e tabu* (1913), no qual os irmãos se coligam entre si para matar o pai. Nesse conto acontece o matricídio – já que Juliana é a figura da mãe –, provavelmente porque os agravos remetem a situações traumáticas mais precoces que as edípicas.

Então, os irmãos: "Abraçaram-se quase chorando. Agora os unia outro vínculo: a mulher tristemente sacrificada e a obrigação de esquecê-la". O abraço entre os irmãos seria uma expressão de aspirações homossexuais de finalidades diretas para conjurar entre ambos o perigo que ameaçava cada um em separado, isto é, a presença ominosa da mulher? Ou melhor, seria uma manifestação sublimatória de aspirações sexuais de finalidades inibidas e conduzidas a novas aplicações?

Amor e amizade

Mercader (1999, p. 135) e Carlos Christensen interpretaram a relação de Cristiano e Eduardo como uma atuação de metas sexuais diretas. Em outra interpretação, o abraço final entre os irmãos pode ser visto como uma manifestação de solidariedade e complementaridade inerentes à amizade, como sublimação de aspirações sexuais inibidas. Na amizade prevalecem, sobretudo, os vínculos de ternura, que estabelecem laços particularmente fixos entre os seres humanos.

Freud assinala a contribuição da fonte erótica nos vínculos de ternura que se tramam "entre pais e filhos, os sentimentos de amizade e os laços afetivos no matrimônio" (1922).

> *Depois de atingir a escolha de objeto heterossexual, as aspirações homossexuais não são – como se poderia pensar – canceladas nem postas em suspenso, mas sim meramente forçadas a afastar-se da meta sexual e conduzidas a novas aplicações. Conjugam-se então com setores das pulsões egoicas para constituir com elas, como componentes apoiados, as pulsões sociais, gestando assim a contribuição do erotismo à amizade, à camaradagem, ao sentido comunitário e ao amor universal pela humanidade. Nos vínculos sociais normais entre seres humanos dificilmente se infere a verdadeira magnitude dessas contribuições de fonte erótica com inibição da meta sexual. (Freud, 1921)*

No poema "A sorte", Borges descreve a singular relação que se estabelece entre o amor sublimado e o poder: "Louvado seja o amor no qual não há possuidor nem possuído, mas ambos se entregam". Ao contrário, no amor de casal e no amor parento-filial, reativam-se a relação de domínio, os paradoxos entre mortalidade e imortalidade e a incidência do *Liebmachtigung*, o assenhoramento no amor.

Para Mujica (2000), a amizade representa uma das formas do amor, a forma que toma a intimidade quando inclui a distância. Equipara-a a um nó desatado e a um pacto de gratuidade que implica um deixar-se escolher, uma entrega, mas "sem me fazer seu"; inclui aos outros sem fusão física nem espacial.

A palavra "amigo" nasce de uma raiz grega da qual também derivam amor e amigável. Não surpreende: a amizade, sentimos, é uma das formas de amor, a forma que toma quando a intimidade inclui a distância. Dessa mesma raiz também é "ama", no sentido de mãe, de mamãe. Isso não devia surpreender se pensamos que a amizade, como todo amor, tem a capacidade de fecundar: gera singularidade. E mais, podemos dizer que a amizade é precisamente o dom da singularidade: alguém me escolhe, me subtrai do tumulto de outras relações humanas, me faz único, sem me fazer seu. Nesse sentido, a amizade é como um nó desatado, um pacto de gratuidade, é um acontecimento não apenas do amor como também da liberdade, mas a liberdade comprometida na história do outro, do outro amigo: do singular.

Esse "sem me fazer seu" diferencia a amizade do amor de casal, inclui os outros, mas sem fusão física nem espacial. A amizade é, constitutivamente, desinteresse: não tira nem guarda nada dessa relação, salvo, claro, a gratificação afetiva, o sentimento e o crescimento de comprometer-se no humano pelo humano. Deliberadamente, falei de ser escolhido, não de escolher. A amizade, dissemos, pertence à lógica do dom, não é um ato de minha vontade; não decido ser amigo de tal ou qual, apenas acontece. Se acontece, acontece comigo. Depois posso procurar razões, explicar, mas sobre algo já acontecido, já sentido; a origem da amizade, como de toda forma de amor, impõe-se ou ao menos propõe-se à minha resposta, à minha sensibilidade. Por isso, a amizade também é um deixar-se escolher. Uma disponibilidade: dar-me, entregar-me. Arriscar-me em uma relação. Abrir-me e deixar entrar. Como dom, a amizade é uma graça de poder ser graça para outros, dar amizade a quem me procura como amigo. Chegar a ser mais que eu (Mujica, 2000).

Scavino (1999) põe em evidência a função social que pode exercer a amizade, para resistir ao poder "pan-óptico" detido pelos Amos, que tentam negar e suprimir a solidariedade e a cooperação estreitas entre os membros de uma sociedade. Assinala que:

> *Maquiavel já havia dito faz mais de quatro séculos: divide e impera. Porém, como dividir sem destruir a solidariedade necessária para que a cooperação produtiva da amizade e da camaradagem continue existindo? É todo o segredo do poder.*
> *Foucault dizia isso de outro modo: o poder socializa, agrupa e compõe por um lado, mas individualiza, dispõe em séries e decompõe pelo outro. Jeremy Bentham tinha idealizado um dispositivo capaz de realizar essa complexa operação: o pan-óptico.*
> *Tratava-se de dispor aos indivíduos em celas separadas, de maneira que não tivessem relações com os demais, mesmo quando cada um realizara, ao mesmo tempo, uma parte de um trabalho coletivo.*
> *Em* Vigiar e castigar, *Foucault mostrou como esse dispositivo carcerário, mas também fabril ou escolar ou militar, estendeu-se febrilmente à sociedade inteira, de maneira mais abstrata, evidentemente, e muito menos perceptível. (Scavino, 1999)*

A amizade e o amor foram comparados, muitas vezes, como paixões complementares e, em outras, como opostas. Paz sustenta que "a escolha e a exclusividade são condições que a amizade compartilha com o amor. Por outro lado, podemos estar enamorados de uma pessoa que não nos ame; mas a amizade sem reciprocidade é impossível" (1994).

Para os antigos, a amizade era superior ao amor. Segundo Aristóteles, a amizade "é uma virtude ou vai acompanhada de virtude; além disso, é a coisa mais necessária da vida" (1993). Plutarco, Cícero e outros seguiram Aristóteles em seu elogio da amizade. Ele diz que existem três classes de amizade: por interesse ou utilidade, por prazer e por virtude. Esta última é a "amizade perfeita, a dos homens de bem e semelhantes em virtude, porque estes se desejam igualmente o bem" (1983). Os dois primeiros tipos de amizade são acidentais e estão destinadas a durar pouco; o terceiro é perdurável e é um dos bens mais altos a que pode aspirar o homem.

Em minha opinião, a amizade é uma relação de irmandade escolhida, não imposta por laços consanguíneos, na qual se desativam os desejos edípicos e fraternos colocados em movimento pela aspiração fálica de ser o herdeiro único e filho preferido de um pai-mãe-Deus. Na amizade, estabelecem-se relações de objeto exogâmicas, ainda que com facilidade possam filtrar-se com as problemáticas narcisistas e parentais. Nelas, os laços consanguíneos foram substituídos por laços sublimatórios.

Um amigo exerce uma função de acompanhamento nos estados angustiosos de solidão e em situações conflituosas relacionadas com o amor do casal e da família. Ao configurar uma lógica horizontal de uma solidária confraternidade, possibilita processar o desprendimento do poder vertical exercido por pais e filhos. Ocasiona, ademais, uma singular função trófica durante as diversas fases dos processos da criatividade, por meio do fornecimento de diferentes modelos de identificação e de confrontação, que possibilitam cotejar com sentimentos de solidariedade: o diferente, o semelhante e o complementar.

Borges, Güiraldes e Lugones

Bordelois (1999) sustenta que a grande paixão na literatura argentina não é o amor, mas a amizade. E que na vida e obra de Borges a amizade teve uma gravitação singular em sua formação como escritor.

Em seu livro *Um triângulo crucial: Borges, Güiraldes e Lugones* (1999), Bordelois descreve a história das viradas afetivas, políticas e intelectuais, às vezes desviantes, entre esses três nomes maiores das letras argentinas. Assinala exumando valiosos documentos inéditos, as vicissitudes das admirações e traições de poesia e relações de domínio entre Borges e uma figura fraterna: Güiraldes, irmão mais velho paterno. Por sua vez, Lugones age como substituto da figura paterna. A esse trio se acrescenta posteriormente, para Borges, sua relação com Bioy Casares, o irmão mais novo filial. Bordelois destaca as operações de excomunhão e canonização mútuas que se produziram nesse triângulo, no contexto ideológico, político e estético, no qual Borges se movimentava nos anos de 1920, e destaca um singular campo de forças no que se conformaria a história literária.

Em nossa interpretação, esse campo dinâmico de forças se achava condicionado pelos movimentos causados pelas rivalidades e pelos pactos conscientes e inconscientes que se tramavam entre esses escritores, suscitados pela ressignificação dos complexos de Édipo e fraterno. Em minha opinião, o culto da amizade e o exercício das letras permitiram a Borges regular – mediante sublimação pulsional – seu *Selbstgefühl*, o sentimento de si, enfrentando as ambivalentes relações que manteve com o amor à mulher e com a assunção da paternidade.

Em continuação, explano, com base em estudos de Bordelois, sobre a trilogia dramática desenvolvida em três atos, marcada pelas lealdades contraditórias.

Com Güiraldes, Borges havia desenvolvido uma particular relação fraterna, acompanhada de afetos e poder ambivalentes gerados na relação horizontal entre os irmãos. Ademais das fantasias inerentes ao complexo fraterno – fantasias fratricidas, furtivas e de excomunhão –, também encontramos as de confraternidade e complementação na aliança. Com Lugones se reanimava, em Borges, o eixo do poder vertical entre as gerações e as fantasias parricidas do complexo de Édipo, bem como o desejo e a demanda de ser reconhecido por ele em sua identidade como escritor.

Lugones, nascido em 1874, é nesse momento a figura egrégia da literatura argentina. Borges e Güiraldes são os notórios protagonistas da geração jovem agrupada ao redor da revista *Martín Fierro*, que atua relacionada a Lugones, seguindo as clássicas tendências parricidas do enfrentamento geracional. Em agosto de 1926, Güiraldes e Borges publicam, respectivamente, *Don Segundo Sombra* e *O tamanho de minha esperança*. O livro de ensaios de Borges passa inadvertido, não pouco por conta do fulgurante êxito da novela de Güiraldes.

Começa, assim, a desenrolar-se uma "trilogia dramática". No primeiro ato, Borges procura canonizar Güiraldes e excomungar Lugones. Por um lado, *O tamanho de minha esperança* situa Güiraldes com aqueles que propõe como os grandes escritores da época, ao lado de Macedônio Fernandéz e Carriego. Por outro lado, é um dos signatários de uma implacável sátira contra *Romanceiro*, de Lugones, publicado nesse mesmo ano em *Martín Fierro*.

No segundo ato, que se desenvolve um mês depois, Lugones publica um comentário nitidamente elogioso e consagratório sobre a novela de Güiraldes. Deprecia de passagem a corrente literária que tinha liderado Borges. A partir de então, ou seja, desde essa referência implícita, estabelece-se uma constante de silêncio por parte de Lugones com respeito a Borges. A relação entre Lugones, Güiraldes e Borges reatualiza, por um lado, o mítico *agon*[3] entre Édipo e Laio e, por outro lado, entre Caim, Abel e Deus.

Em uma carta dedicada anos depois a Lugones, no prólogo de *O fazedor*, acha-se audível, por parte de Borges, o paradoxo da imortalidade e mortalidade que subjazem nas relações parento-filiais e fraternais. Borges narra um sonho no qual se encontra com Lugones na Biblioteca Nacional – então em Rodriguez Pena – e consegue materializar o cumprimento de seu desejo de ser, finalmente, confirmado pelo pai da literatura.

> *Neste ponto meu sonho se desfaz, como a água na água. A vasta biblioteca que me rodeia está na rua México, não na rua Rodriguez Pena, e o senhor Lugones se matou no começo de 38. Minha vaidade e minha nostalgia armaram uma cena impossível. Assim será (me digo), mas amanhã eu também estarei morto, e se confundiram nossos tempos e a cronologia se perderá num orbe de símbolos, e de algum modo será justo afirmar que eu lhe trouxe este livro e o senhor o aceitou. (Borges)*

Em uma entrevista a Alicia Barrios, em 1979, que apareceu publicada com o título "Duas palavras antes de morrer", no livro homônimo, diz Borges, precisamente comentando essa dedicatória,

---
3 "*Agon*", termo proveniente do grego, significa luta, competição, conflito, disputa.

que "a Lugones não lhe interessava o que eu escrevia. Tinha razão. . . . Permitia-me que o visitasse de vez em quando. Passeávamos por Buenos Aires e não era popular, apesar de que o conheciam muito. . . . Era arbitrário. Rejeitava tudo o que não fora dele".

"Lugones eleva Güiraldes a um pedestal maior na literatura argentina", diz Bordelois. Borges talvez quisesse alguma vez ter sido Güiraldes, o escolhido. "O estudioso talvez quisesse alguma vez ser o ardente, o aprovado, o benquisto". Bordelois considera que "em poucos casos a literatura argentina ofereceu uma história de amizade tão breve, intensa e dramática como a de Borges e Güiraldes, uma amizade trançada e impregnada de tanta admiração e carinho como de frustrações e mal-entendidos subjetivos e objetivos" (1999).

Imediatamente depois da morte de Güiraldes, apareceram vários textos laudatórios de Borges. O primeiro é um texto inédito.

> *Ricardo Güiraldes, homem de tanta inteligência e santa bondade, intuiu o mundo e o disse em palavras que bem podem ser perduráveis e usou bem dele e exerceu amizade, lealdade e poesia. Foi obscurecido; foi deliberadamente ignorado e desfigurado por alguns que agora fingem prantos, acaso para agradecer-lhe sua morte. Sobrepôs-se a todos ao fim; passou quase de golpe, das íntimas lâmpadas da amizade para a iluminação civil da fama. Então o corpo lhe fez uma felonia: impôs-lhe um câncer que o devorou e o matou.*
>
> *... A morte de Ricardo Güiraldes nos diminui. A melhor parte de nós faleceu nele; a virtude secreta que ele em cada um espreitava. Güiraldes morre; riquezas de sentir e pensar lhe foram concedidas em vida, imortalidade na morte. Sua obra será ocasião de felicidade por muitos anos, penso que para todos. A morte engrandece*

aos que mata. Ricardo pode prescindir dessa ênfase patética; quem alguma vez conversou com ele foi sensível, mas além de divergências ocasionais, à preciosa qualidade de sua alma. (Borges)

"Passou, quase de golpe, das íntimas lâmpadas da amizade à iluminação civil da fama." Acaso essas palavras ocultam certa tristeza pela perda de um amigo preferido e de um rival fraterno que gozava dos direitos da primogenitura outorgados por Lugones. Nesse ponto, articulam-se e recobrem-se as rivalidades edípicas e fraternas.

Essa dupla frustração, seguida da inesperada morte de Güiraldes, em 1927, aos 41 anos, provoca uma mudança de orientação em Borges e gera, anos depois, o terceiro ato, "do que poderíamos dizer", assinala Bordelois, "que se prolonga, em seus efeitos, até nossos dias. . . . Lugones é canonizado (por Borges) e Güiraldes é expulso do parnaso oficial das letras argentinas" (1999). Em primeiro lugar, Borges efetua uma "virada negativa" com respeito do novo *criollismo*,[4] que tinha sido inspirado nele em grande medida pela presença de Güiraldes. Essa virada se evidencia não só pela mudança de orientação de sua escritura como também por conta de explícitos gestos de rechaço. Um desses gestos foi sua decisão de suprimir O tamanho de minha esperança de suas *Obras completas*, motivada por "pruridos ideológicos e não estilísticos":

> *A estratégia de Borges em sua empresa de progressivo amortecimento da glória de Güiraldes... coincide com a empresa de suprimir os mal-entendidos de sua própria obra inicial e reescrever sua literatura de um modo diferente e definitivo...*

---

4 Referência a uma corrente literária relacionada aos nativos, *criollos*.

Para Borges, desgarradora e desgarrante volta do destino, foi contudo necessária para assumir seu próprio e específico talento. Imaginemos o que teria sido um Borges perpetuamente criollista entre nós; Borges, que foi sempre eminentemente um intelectual portenho e que, provavelmente, nunca tinha subido num cavalo. O fugaz criollismo de Borges, concedamos a ele, é mais uma comovente homenagem a Güiraldes e uma ida na contramão do Borges real e existencial, com todas as suas limitações físicas e suas excelências e preferências intelectuais...

Se Güiraldes marca a juventude barroca e a paixão do novo criollismo de Borges, Bioy Casares é a testemunha e inspiração da fase clássica, desde as novelas policiais até os textos apócrifos e mítico-religiosos.

Güiraldes e Bioy Casares apresentam traços em comum: uma vida economicamente muito desafogada e um êxito notável com as mulheres. Atuavam, de certa forma, como um duplo ideal de Borges, que assumia diante deles o lugar de um duplo imortal.

Por meio da sucessão dessas citações, podemos inferir a nodal importância que exerceram os duplos fraternos nas diferentes fases dos processos de criatividade do poeta, bem como no arranque e na chegada de seu autêntico talento.

Do fratricídio à confraternidade

Os personagens borgeanos se acham obliquamente atravessados pela desesperança e pela nostalgia. Ambas as manifestações se fazem audíveis como consequência da impossibilidade de quebrantar a sentença da repetição de um tempo circular de sofrimentos, bem como de encontrar uma saída possível ao labirinto de Narciso.

Ao contrário, esse mandato trágico de um destino enclausurado se vê questionado no conto "Animais dos espelhos" (1967). Esse texto representa a passagem da submissão à liberação e põe em evidência os aspectos tróficos do complexo fraterno.

Animais dos espelhos

Em algum tomo das cartas edificantes e curiosas que apareceram em Paris durante a primeira metade do século XVIII, o padre Zallinger, da Companhia de Jesus, projetou um exame das ilusões e erros das pessoas comuns; num censo preliminar, anotou que o peixe era um ser fugitivo resplandecente que ninguém havia tocado, mas que muitos pretendiam ter visto no fundo dos espelhos. O padre Zallinger morreu em 1736 e o trabalho iniciado por sua pena ficou inconcluso; cento e cinquenta anos depois, Herbert Allen Giles retomou a tarefa interrompida.

Segundo Giles, a crença do peixe é parte de um mito mais amplo, que se refere à época legendária do Imperador Amarelo.

Naquele tempo, o mundo dos espelhos e o mundo dos homens não estavam, como agora, incomunicáveis. Eram, ademais, muito diversos; não coincidiam nem os seres, nem as cores, nem as formas. Ambos os reinos, o especular e o humano, viviam em paz; entrava-se e saia-se pelos espelhos. Uma noite, a gente do espelho invadiu a terra. Sua força era grande, porém ao cabo de sangrentas batalhas as artes mágicas do Imperador

Amarelo prevaleceram. Este repeliu os invasores, encarcerou-os nos espelhos e impôs a eles a tarefa de repetir, como numa espécie de sonho, todos os atos dos homens. Privou-os de sua força e figura e reduziu-os a meros reflexos servis. Um dia, no entanto, sacudirão essa letargia mágica.

O primeiro que despertará vai ser o peixe. No fundo do espelho percebemos uma linha muito tênue e a cor dessa linha será uma cor nada parecida a nenhuma outra. Depois vão despertando as outras formas. Gradualmente, diferirão de nós, gradualmente não nos imitarão. Romperão as barreiras de vidro ou de metal e, desta vez, não serão vencidas. Junto com as criaturas dos espelhos, combaterão as criaturas da água.

No Yunnan não se fala de peixe senão do Tigre do Espelho. Outros entendem que antes da invasão ouviremos desde o fundo dos espelhos o rumor das armas. (Borges, 1967)

O conto começa com um exame das ilusões e dos erros narcisistas e pigmaliônicos. Solapa os fundamentos de suas crenças, relacionadas com a possibilidade de manter uma exata coincidência especular, sem nenhuma fenda entre os sujeitos: "Ambos os reinos, o especular e o humano, viviam em paz, entrava-se e saia-se pelos espelhos"; "O padre Zallinger morreu em 1736 e o trabalho iniciado por sua pena ficou inconcluso; cento e cinquenta anos depois, Herbert Allen Giles retomou a tarefa interrompida". Herbert Allen Giles representaria um duplo especular de Borges, que arcou com o peso de uma missão impossível: reescrever o inconcluso livro de seu pai e materializar os sonhos literários de seus antepassados.

> *Uma noite, a gente do espelho invadiu a terra. Sua força era grande, porém ao cabo de sangrentas batalhas as artes mágicas do Imperador Amarelo prevaleceram. Este repeliu os invasores, encarcerou-os nos espelhos e impôs a eles a tarefa de repetir, como numa espécie de sonho, todos os atos dos homens. Privou-os de sua força e figura e reduziu-os a meros reflexos servis.*
>
> (Borges, 1967)

Nesse texto, diferentemente de seu poema "O Golem" e do conto "As ruínas circulares", o autômato servil, o Golem, reduzido a ser um mero reflexo de seu Fazedor, sacode-se de sua letargia mágica. Revela-se contra Pigmalião, que, por diversas macrofísicas e microfísicas do poder (Foucault), mantinha a ilusão de moldar e transformar o outro a sua imagem e semelhança. O desafio trófico das relevantes Galateias solapa a crença de Pigmalião, que se nutre, com base na manutenção em si mesmo, em uma certeza ilusória divina. Essa crença outorga ao Fazedor a ilusão de recuperar sua evanescente imortalidade, mediante a criação de um objeto-espelho-filho, que controla onipotentemente.

Esse conto conclui quando "se ouvem, desde o fundo dos espelhos, o rumor das armas, o despertar do peixe e das outras formas... junto às criaturas dos espelhos combaterão as criaturas da água" (Borges, 1967). Essa aliança e a cooperação entre o peixe, as criaturas dos espelhos e as criaturas da água admitem ser interpretadas como uma manifestação derivada dos aspectos tróficos do complexo fraterno.

A aliança entre os irmãos possibilita o exercício de uma confrontação geracional que preserva o sujeito de eventuais alienações. É um ato ineludível e fundacional para a plasmação e a manutenção da liberdade humana. O exercício da liberdade e o exercício da confrontação, que possibilita uma vida criativa, requerem um constante processo de liberação dos obstáculos que provêm do meio familiar e social e das amarras do inconsciente.

Nesse sentido, esse conto também permite ser interpretado como uma representação do aparelho psíquico, muito ligada à segunda tópica freudiana. Ou seja, trata-se de um sistema de identificações no superego e no ego que requerem ser reordenadas para confrontar o acionar da hiperseveridade do superego e a tirania da falta de medidas dos ideais do ego, que privam o ego de sua força e de sua figura e reduzem a pulsionalidade do id a meros reflexos servis.

Esse texto representa um convite a reconhecer e recuperar as próprias pulsões eróticas e tanáticas que subjazem no fundo dos espelhos. Essa pulsionalidade atuante requer ser sacudida da letargia mágica imposta pelo Imperador Amarelo, representante das instâncias censoras e proibidoras que agem nas realidades psíquica e externa.

Em "Animais dos espelhos", Borges viu e reduziu à claridade um tema fundamental: a importância de incluir uma lógica diferente, que possibilita quebrar o sistema labiríntico e tanático de Narciso e Pigmalião. Dá sua voz e um sentido trófico à lógica transversal da solidariedade (Vallino & Macció, 1996, p. 62). Esta se vê condicionada pela aceitação prévia de se admitir como um sujeito discriminado, incompleto e, ao mesmo tempo, necessitado de integrar outro e outros. Assim, vão se opor aos perigos da fragmentação, da exclusão e do isolamento narcisista, bem como ao abuso de um poder detido e, em muitos casos, mascarado verticalmente pelas gerações. Reabre, finalmente, mais esperanças sobre a possibilidade de voltar a reconquistar o interminável processo de identidade individual e social, cimentado sobre os princípios consolidados da confraternidade.

O primeiro que despertará vai ser o peixe. No fundo do espelho percebemos uma linha muito tênue e a cor dessa linha será uma cor nada parecida a nenhuma outra. Depois vão despertando as outras formas. Gradualmente, diferirão de nós, gradualmente não nos imitarão. Romperão as barreiras de vidro ou de metal e, desta vez, não serão vencidas. Junto com as criaturas dos espelhos, combaterão as criaturas da água. (Borges, 1967)

PARTE II
O complexo fraterno no processo analítico

PARTE II

4. O rei está só: o complexo fraterno na psicanálise com crianças

Introdução

Não há dúvida de que a etiologia relativa à contração de uma neurose é altamente complexa. De sua policausalidade extraímos – com base no encontro surpreendente com o material clínico de Marcos, de 8 anos de idade – algumas peças essenciais da amarração etiológica que possibilitam ampliar e aprofundar a metapsicologia e a técnica da prática psicanalítica.

O processo analítico de Marcos nos ofereceu algumas respostas ao que havia sido assinalado por Freud: "Não pretendo sustentar que o complexo de Édipo esgota o vínculo dos filhos com os pais; pode ser muito mais intrincado" (1916c). De fato, esse caso representa uma amostra eloquente da importância nodal que exerce o complexo fraterno – por sua própria envergadura estrutural e, ademais, por sua articulação com as dinâmicas narcisista e edípica – na estruturação e desestruturação das realidades intrassubjetiva, intersubjetiva e transubjetiva. Do mesmo modo, seu estudo nos ofereceu a oportunidade de destacar como as situações traumáticas não resolvidas dos progenitores chegam a exercer notáveis influências tanáticas na transmissão intergeracional.

Desenvolvo os seguintes temas:

- Trauma, culpa e repetição nas relações parento-filiais.
- Marcos e o *insight*.
- Narcisismo, complexo de Édipo e complexo fraterno.
- Rivalidade e protesto fraternos.
- A ordem de nascimento dos irmãos é o destino?

Trauma, culpa e repetição nas relações parento-filiais

Esta é a sina da casa de Lábdaco. Sobre os que morreram faz tempo, açoitados por ela, vêm novas desgraças para oprimir os que nascem. Nenhuma geração fica incólume. E vai de geração em geração.
Sófocles, *Antígona*

O nascimento de um filho costuma ressignificar certas situações traumáticas dos pais aplacadas durante anos e que só adquirem um novo significado *a posteriori*, a partir do investimento identificatório de suas histórias não processadas em algum de seus descendentes. Desse modo, costumam reinstalar-se a compulsão repetitiva de uma cega escalada de sofrimentos que, finalmente, se cristaliza em um inexorável destino de culpabilidade e de necessidade de castigo entre as gerações. De fato, torna-se possível que os pais comecem a recuperar alguns capítulos de suas próprias histórias não elaboradas nem integradas com base nos efeitos provenientes de certas marcas traumáticas com as quais haviam inconscientemente identificado algum dos filhos.

O processo de historização desses acontecimentos traumáticos padecidos pelos progenitores possibilita desandar o caminho identificatório no filho e inaugurar outro processo fundamental que se opõe à compulsão repetitiva de Tânatos, a desidentificação. Nos progenitores e no filho envolvido com a história de alguns pais, a desidentificação pode dar acesso à reordenação desse *tópos* identificatório que funciona retendo ambas as gerações em uma repetição a-histórica. Por outro lado, a nova historização que se consegue no trabalho psicanalítico possibilita desarticular a história em seus elementos, recompô-la, enriquecê-la e dar outros sentidos e rumos aos traumas. Pode relativizá-los, mudar o sentido e intercambiar os pontos de impacto das situações traumáticas e as figuras implicadas nelas. Abre-se, assim, um leque de consequências possíveis e um futuro.

As primeiras entrevistas com os pais e as sessões individuais e vinculares de Marcos confirmaram, desde o início, uma observação analítica de W. Baranger: "O trauma não mente. O trauma reclama, exige a repetição, manda até que seja explicitado. O trauma tem sua memória". O trauma é um fermentador convulsivo de recorrentes "escândalos do inconsciente" que intervém nos processos do padecimento humano. Etimologicamente, escândalo provém do grego *skándalon*, que "significava primitivamente armadilha ou obstáculo destinado a fazer cair" (Zimmerman, 2000, p. 105).

Os escândalos, assinala Moliner (1982) em seu dicionário, não apenas são ciladas, armadilhas que acontecem e que são armadas; também se cai nelas. O mesmo dicionário define escândalo como alvoroço, ruído grande, zanga. À palavra, agregam-se conotações de vergonha, desgraça e ultraje. Os escândalos gerados dos efeitos provenientes

> *de um "trauma" psíquico começa a ter existência em uma psicanálise, quando se reconhece como tal, seja da parte do analisado, seja da parte do analista. Adquire seu estatuto pleno quando ambos se dão conta de que isso, antes não nomeado, não datado, não explicitado, teve um papel etiológico determinante em uma série de acontecimentos e transtornos ulteriores. A teoria freudiana do trauma "em dois tempos" permanece nodular na exposição de um caso como na reconstrução do que atuamos com o analisado. O trauma é inseparável do processo de historização.*
>
> *O primeiro tempo do trauma (o pré-traumático, podemos dizer) recebe seu valor etiológico a partir do segundo, de sua reativação por um acontecimento, até trivial, porém datável e nomeável, e pela historização analítica que vincula ambos os tempos. O primeiro tempo do trauma permanece mudo até que "nachträglich" o permita falar e constituir-se em trauma. (Baranger, Baranger, & Mom, 1987, p. 770)*

Os pais de Marcos solicitaram a consulta de comum acordo com a criança, porque ele apresentava uma severa inibição nos esportes e nas suas relações sociais. Era um aluno brilhante, porém sofria por conta de seu isolamento e das reiteradas provocações masoquistas dirigidas aos companheiros. Era zombado e maltratado fisicamente no transporte escolar. Essa relação se reeditava com seu irmão mais novo, gerando entre ambos um clima de extrema violência. Os pais se sentiam totalmente inermes. Não podiam regular a rivalidade e as explosões de afetos hostis entre eles. Não podiam implementar pautas básicas de comportamento e instrumentavam medidas de castigo progressivas que acentuavam a violência familiar.

O "temôrmetro"

A metáfora "temôrmetro" apareceu surpreendentemente nas primeiras entrevistas que mantive com os pais de Marcos. Foi pronunciada por Alexandre, engenheiro de 36 anos de idade, na descrição de seu habitual estado de ânimo, povoado de temores e controles intermináveis.

> A morte dentro da vida é uma possibilidade muito presente. Para mim, me surpreende que ninguém morra jovem. Minha irmã Evangelina morreu aos 18 anos de enfarte, nos meus braços; eu tinha então 16. Desde que nasceu, teve um problema cardíaco e era asmática. Penso que meus pais não cuidaram bem dela. Tampouco a mim.
> Eu nasci com miopia no olho direito que, se tivesse sido detectada numa idade precoce, não teria atrofiado o olho. E, olhe, meu pai em 1980 pegou um melanoma no olho. Extirparam-lhe o olho e puseram no lugar uma prótese de olho. Ele me disse: "Paguei com um olho da minha cara o teu olho".
> Eu tenho um caminhão de raiva dos dois, muito mais de meu pai. Nesse caminhão, minha mãe vai no chassi e na carreta vai meu pai. Dele tenho uma raiva muito grande, porque não registra os demais. Meu pai não conversa, ele dá aula. Eu sinto que com ele não se pode falar. (Pausa.)
> Eu tenho de fazer um esforço para que Marcos saia do meu manual de cuidados. Admito ter um cuidado excessivo sobre ele.
> Estela (mãe de Marcos): Me alivia bastante estar falando desses temas. Porque meu marido fica impossível com os cuidados. Se não faço o que ele pensa, eu me sinto como uma mãe que abandona os filhos. Acredito que Alexandre

> não pode abandonar o papel que tem com sua irmã. (Ri.)
> Analista: A que se deve seu sorriso?
> Estela: Dou risada porque me lembrei de algo que nunca comentei com Alexandre. Na casa da minha sogra há uma foto dos 15 anos de Evangelina. Parece coisa de mandinga, mas eu usei para minha festa de 15 anos um vestido parecido com o dela e até os mesmos sapatos de verniz. Por isso dou risada. Porém continuo dizendo que, ademais, estou farta das reclamações que ele mantém com seus pais. Por isso penso que teme que Marcos possa reclamar dele.
> Alexandre: Sim, Marcos tem de vivenciar a mim como algo maravilhoso e perfeito.
> Estela: Porém não fala para ele dos seus problemas. Vem dizer para mim. Com ele, se cala.
> Alexandre: Então, no final, repito quase a mesma relação que mantive e mantenho com meu pai. Diante deles continuo me calando.

Assinalo ao pai que ele permanentemente olha seu filho do ponto de vista do perigo e da culpa e que, além disso, teme que o filho possa chegar a reclamar daquilo que sua própria criança ainda continua reclamando de seus pais. Ademais, comento com ambos que os temas que surgiram na entrevista são de suma importância para poder chegar a compreender alguns aspectos dos conflitos que Marcos padece e que seria desejável que continuassem aprofundando, cada um, suas respectivas terapias individuais.

Na semana seguinte, Alexandre começa a entrevista dizendo:

> Doutor, faz vinte anos que não vou ao túmulo de minha irmã. Minha irmã havia pedido que a cremassem. Pusemos as cinzas em uma urna e a enterraram debaixo de uma árvore da fazenda. Quando meu avô faleceu, dividiu-se

a herança, e esse lugar ficou na fazenda do meu tio. Então fomos desenterrá-la da área debaixo daquela árvore e não encontramos a urna. Finalmente apareceu a caixinha e a trouxemos para um cemitério particular. Depois nunca mais passei por esse exato lugar. (Pausa.)

Ontem fui com minha mãe ao cemitério. Ela tem umas cinquenta ou cem fotos e objetos que eram dela. As crianças falam com minha mãe da tia Evangelina.

O tema da vigilância está presente em mim. Reconheço que sou um chato e que pressiono minha esposa.

Estela: Ele me deixa louca. Tenho que dar a ele um relatório diário dizendo como as coisas estão e que estão sob controle. Na sexta-feira, quando Marcos foi ao acampamento, me perguntou se tinha verificado como estavam os pneus do ônibus, como era o motorista. Eu reconheço que antes não era tão apreensiva nem sou tão medrosa. Mas ele me coloca uma pressão infernal. Sim, o cuidado não termina nunca em mim, é infinito. Eu tenho um temôrmetro.

Analista: Um termômetro?

Alexandre: Não, temôrmetro. Eu tenho um máximo de precauções, que sei que é absurdo e admito que afeta Marcos. Eu meço tudo a partir dos meus temores. Introduzo todo tipo de medidas de "insegurança". Vivo à espera de que alguma catástrofe vá ocorrer, e a realidade se ocupou de alimentar e dar razão a meu manual de cuidados. No ano passado entraram três ladrões na minha casa, me apontaram um revólver e me levaram para cima. Depois levaram minha mulher. As crianças viram tudo isso e foram trancados com a empregada num banheiro. Diziam: "Qual das crianças vamos mirar? Uma vai morrer". Finalmente levaram todas as joias, o dinheiro e não aconteceu mais nada.

A iluminação: de que outro modo chamar essa luz trazida pela palavra "temôrmetro", que abriu as memórias do pai atiçadas de traumas, culpas, reprimendas e medos? Esse termo teve um forte impacto em mim como analista. Seus efeitos, em vez de serem atenuados, expandiam-se e convidavam-me a ingressar em um desconhecido combate psicanalítico para quebrantar a repetição nos filhos dos padecimentos que espreitam os pais, afogados por situações traumáticas.

O pedido de Estela: "Ele me deixa louca. Tenho que dar a ele um relatório diário dizendo como as coisas estão e que estão sob controle... me coloca uma pressão infernal". E a sinceridade do pai: "O cuidado não termina nunca em mim, é infinito. .... Eu tenho um máximo de precauções, que sei que é absurdo e admito que afeta Marcos". Ambas as expressões me remeteram à minha metáfora de "sobremorrente" e sua relação com os lutos patológicos.

A entrevista com os pais e as sessões individuais com Marcos destacaram os efeitos patógenos gerados pela enfermidade crônica de Evangelina e sua morte precoce. Foram situações traumáticas longamente padecidas por Alexandre e pelos avós da criança, que permaneceram enquistadas atemporalmente em um luto patológico.

Existe aqui um luto por um "morto-vivo" que continua estendendo seus efeitos em Marcos e em seu irmão Diego. Esse luto familiar converteu Alexandre, o filho sobrevivente, em um irmão sobremorrente. Isso costuma acontecer quando o morto permanece fantasmaticamente habitando e perseguindo os vivos, para raptá-los primeiro e conduzi-los depois para as profundidades de seu ominoso reinado.

O sobremorrente edifica sua cosmovisão em cimentos defensivos de mecanismos da fuga, do controle e do ataque, para preservar-se da castração-morte.

> *Vive para salvar-se por meio de um resseguramento permanente, para não sofrer o destino do irmão morto. Porém, paga seu direito à existência com uma quota permanente de sofrimento. Privilegia a evitação do desprazer, em vez de buscar prazer, mas finalmente não cessa de sofrer. E é precisamente a tensão da incerteza que o preserva da total ausência de tensão que rege o Princípio de Nirvana. Parafraseando os poetas: "Morrer-se a vida, viver-se a morte".*
>
> *O irmão sobremorrente apresenta uma relação singular com a temporalidade.*
>
> *Todo projeto se sustenta e aponta para a dimensão temporal do por-vir. Porém o porvir, no sobremorrente, está invadido pela espreitante fatalidade de um passado, que não permanece no passado. Porque esse tempo pretérito ocupa as três dimensões temporais. O presente e o futuro se acham subsumidos por um passado particular. Esse passado é obsessivo com sentimentos de pânico, terror, vulnerabilidade e inquietude, surgidos pela permanência desse duplo ominoso que perturba a estruturação do processo de identidade no irmão sobremorrente e em seus descendentes. (Kancyper, 1991a)*

De fato, Evangelina, como um morto-vivo, erigiu-se no eixo central da vida psíquica do pai de Marcos, exercendo influxos na escolha de sua mulher e em seus vínculos com os filhos, chegando ao extremo de fraternizar suas funções conjugal e paterna. Desse modo, Alexandre, afogado de angústias e culpas edípicas e fraternas não elaboradas, identificou inconsciente e falsamente Marcos, o filho mais velho, com o temido e aziago destino de sua irmã mais velha. O filho mais novo, Diego, permaneceu identificado como seu duplo especular, aparentemente são e invulnerável, reforçando Alexandre os controles e as angústias sobre o filho mais velho e despreocupando-se do menor.

Essa marcada diferença na distribuição libidinal parental contribuiu, com outros fatores atuantes, com a geração entre os irmãos de uma violenta e indomável rivalidade, cristalizando uma eloquente "divisão do butim": uma simbiose pai-filho entre Marcos e Alexandre, e outra simbiose mãe-filho entre Estela e Diego, perturbando em ambas as crianças os processos da identidade. A abordagem clínica da inflamada rivalidade entre os irmãos, como uma das manifestações dos aspectos tanáticos do complexo fraterno, atuou durante várias fases do processo terapêutico como um atalho analítico por onde se facilitava e, ao mesmo tempo, abreviava o caminho elaborativo para aceder à elucidação e à superação das problemáticas narcisistas e edípicas.

O tema do "sobremorrente" se amplia no histórico clínico do "burrinho de carga". Esse adolescente carregava a missão de estancar de modo compulsivo as feridas do meio familiar, que costumavam reinfectar-se com angústias de morte originadas pela atuação de uma irmã mentalmente perturbada. No capítulo "Irmãos de reposição", coloca-se em evidência os influxos exercidos pela presença de um luto não superado nos progenitores e assumidos por um irmão ao qual tenha sido imposta uma identificação de substituir um "morto-vivo". Irmão de reposição que carrega o mesmo nome do outro falecido. Isso se ilustra na vida e na obra de Salvador Dalí e de Ernesto Sábato, bem como no processo analítico de Inês. Faz-se ainda uma comparação com a vida e a obra de Adolf Hitler, que representa o paradigma tanático do sobremorrente irmão de reposição.

Marcos e o insight

Marcos é um menino magro e desajeitado. Tem grandes olhos claros; seu olhar fugidio é pouco brilhante. Seu andar é torpe. Manifesta ter dificuldade para se expressar no desenho; por outro lado, sua expressão verbal é precisa e fluida.

É um ávido leitor e muito formal em seu vestir; é atraído por esportes. Conhece com minucioso detalhe os nomes dos jogadores locais e internacionais de futebol e de tênis. Ele não pratica nenhum esporte. Tem severas inibições com sua agressividade. Fica paralisado diante da bola. Sente dificuldade em socializar-se. Nenhum colega do colégio o convida para sua casa. É um menino isolado e triste.

Marcos é consciente de seus padecimentos e deseja resolver seus conflitos. Sua sensível capacidade para compreender os processos psíquicos facilita a aquisição do *insight* na situação analítica. É um mergulhador de verdades. Tem coragem para enfrentar e resolver os obstáculos. Trata-se de um menino tenaz e entusiasta.

Desde o começo, estabeleceu-se no campo analítico uma dinâmica transferencial-contratransferencial positiva, acompanhada de uma ativa participação dos pais, os quais agiram como valiosos aliados do processo terapêutico. Vejamos, a seguir, a fala de Marcos em uma sessão em que completava dez meses de processo analítico:

> Marcos: Eu tenho pai de sobra, tanto papai, papai, papai. Não quero ser o preferido. Ele está muito grudado em mim. Exagera. "Cuidado! Que vai quebrar a cabeça", me dizia antes. Ele não jogava futebol, tinha medo de se machucar. Ele tinha medo de me doesse a cabeça, que eu a quebrasse.

Analista: Você, antes, também estava grudado ao papai e aos medos que eram dele. Esses medos te pegaram e não te permitiam jogar.

Marcos: Eu tinha medo. Quando vinha uma bola para cabecear, eu me cobria com as mãos e não cabeceava. Não entrava na partida. Tinha medo de me fosse doer. Agora não acontece isso. Agora quando vem uma bola eu cabeceio.

(Abre sua caixa de jogos, pega um papel e faz uma bolinha.)

Diz: Joga pra mim, quero ver quantas bolinhas consigo cabecear.

(Das seis bolinhas, cabeceia bem quatro. Destaco que quer me mostrar com alegria como estão melhorando seus medos e como se diferencia de seu papai. Ele se senta.)

Diz: Mamãe não exagera tanto como papai; sempre exigem mais de mim que do Diego. Comigo os dois são muito mais exigentes. É evidente que com o filho mais velho exigem mais. Por que exigem menos do Diego? Isso me dá ciúmes.

Analista: Os ciúmes serão só por isso ou também pelo que você me contou na última sessão, que, segundo você, a mamãe fica mais com ele?

Marcos: Eu não vejo que em casa ela fique mais com Diego, mas sei que mamãe está com ele e o defende. Quando papai sai tanto comigo e não com Diego, penso: ele está com mamãe e eu não. Eu não vou esconder de você, quando volto, eu pego o Diego e o arrebento.

Nessa sessão "se fazem ouvir" os seguintes temas:

- As identificações especulares com o pai.
- A situação conflitiva com o complexo materno.
- O primogênito e o segundogênito, suas relações com a rivalidade e o protesto.

- A função defensiva e elaborativa do complexo fraterno: "Quando papai sai tanto comigo e não com Diego, penso: ele está com mamãe e eu não. Eu não vou esconder de você, quando volto, eu pego o Diego e o arrebento".

Esses temas vão ser logo ampliados e desenvolvidos teoricamente, mas antes transcrevo três sessões individuais de Marcos para pôr em evidência os passos que preludiaram seu *insight* da sessão correspondente ao mês de maio, na qual descobriu e discriminou a presença de uma dupla simbiose familiar. O *insight* não é o repentino resplendor que desponta de uma epifania mágica, é o produto e a conclusão de um paciente trabalho de elaboração gradual, no qual se tramitem progressivas transformações. Em momento dado, coalham e se reordenam de um modo súbito, iluminando e discriminando a realidade interna.

Para M. Baranger, o *insight*, como visão interior estruturada, implica ao mesmo tempo um momento de discriminação e integração: "É a discriminação que permite evoluir a estrutura por redistribuição de seus elementos e inclusão de elementos novos numa estrutura ampliada" (1956). O *insight* não é a causa da discriminação, mas seu registro e verbalização, porque já se produziu previamente uma modificação estrutural interna.

Na sequência, transcrevo as sessões "O diferente", correspondente ao mês de fevereiro, e "Menos papai", correspondente ao mês de abril, nas quais se processaram graduais momentos de mudança que desembocam na sessão do *insight* do mês de maio. Nessa sessão, Marcos comentou: "Tinha só dois membros da família: papai--Marcos e mamãe-Diego; e faz um mês que somos quatro. Antes pensava que Diego estava com a mamãe e eu com o papai. Agora não. Agora estamos os quatro em partes iguais como uma família comum. Antes era uma bagunça".

O diferente (fevereiro)
Marcos: Meus amigos andam sozinhos na rua. Eu já tenho 10 anos e não me deixam. Eles me prometeram que com 12 vão deixar. Sinto que nisso sou diferente. Eu me sinto diferente dos outros. Quero continuar insistindo no que ontem começamos a falar com papai e não pudemos acabar de falar. Para entrar na piscina do clube, também tem de me controlar. Metade das crianças vão deitar às dez e meia e a outra metade às nove e meia. Por que não me deixam ir deitar às dez? No fim de semana, só até às doze e meia.
Analista: Você sente uma falta de liberdade não só fora de casa como também na tua própria casa.
Marcos: Na minha casa, não. Na minha vida. Porque não é só na minha casa que tomam demasiadas precauções, é em todo lado. Tem filmes que todos os meus amigos já viram e a mim não me deixam. *O gladiador* todos viram e disseram é muito bom. Mas papai diz que primeiro ele tem de assistir, para ver se pode ser bom para mim.
Analista: Acho que tudo isso que você me conta te dá uma raiva bárbara.
Marcos: É... é claro que sinto raiva.
Analista: Sim, mas você esconde ela do teu pai e, no fim, descarrega no teu irmão.
Marcos: Pode ser.
Analista: Se você briga com teu irmão, não enfrenta quem teria de enfrentar e falar e, assim, continua sem solucionar teus problemas.
Marcos: Sim, pode ser.
Analista: Fico me perguntando, Marcos, se também não consegue dizer para mim as coisas que não gosta em mim.
Marcos: As que não são importantes eu não digo. E é verdade que às vezes falo, mas quando já estão passando.

Algumas coisas eu escondo. Ou falo delas depois de um tempo que teria de ter dito, mas no final acabo contando.

Analista: E por que com papai e com mamãe não fala o que pensa e sente? Você sabe, você entende claramente o que acontece.

Marcos: Eu conto para você. Antes eu escondia totalmente. Não dizia para ninguém. Agora que estou com você em tratamento, eu te conto, pelo menos para você.

Analista: Porém, hoje, vemos que às vezes você me diz certas coisas depois e com teus pais você não consegue.

Marcos: Não é que não consigo, é que esse tema não quero que eles saibam porque penso: o que vão pensar de mim? (Levanta a camiseta e me mostra que esta semana adicionou uma nova tatuagem à coleção que tem na pele. Mostro-lhe que, finalmente, ele se descobre e não me esconde que está disfrutando mais de seu corpo. Mas o que ainda permanece coberto?)

Marcos: Antes eu sentia que só eu tinha menos corpo que todos. Agora não, só menos que dois ou três meninos.

Menos papai (abril)
Marcos: Acho que fez efeito a conversa que tive com papai. Agora não está só comigo. Também está com Diego.

Analista: O que você sente com isso?

Marcos: Que tenho menos papai. Mas me sinto melhor. Não é que tenho menos papai, entende? Sinto que está por igual.

Analista: O que produzia em você a diferença com teu irmão?

Marcos: Culpa. De que papai era todo para mim e nada para Diego. Isso me acalma.

(Abre a caixa de jogos e me convida a jogar novamente o Pape-futebol com a bolinha de papel. Esse termo foi criado por Marcos. O Pape alude ao papel e ao papai. O jogo de rivalidade com o pai transferido para minha pessoa se reiterava com frequência. Às vezes alternava com outro jogo de competição: o jogo de truco.)
Na semana seguinte, comenta com ar de triunfo: Ultimamente pude convencer meu pai. Eu queria ir com ele ao estádio para ver a partida da seleção da Argentina, e ele começou a dizer que era perigoso. Porém eu insisti e insisti e ele aceitou, e não aconteceu nada.

Sessão do insight (maio)
Marcos: Me parece estranho. Passou uma semana e não sinto falta deles. Não sei por quê. E, é mais, quando papi vai por três dias para a fazenda eu sinto falta e, agora que se foram os dois juntos, não sei porque não sinto falta. (Pausa.) Eu antes pensava que Diego estava com a mamãe e eu com o papai. Agora não, estão em partes iguais, como uma família comum. Antes minha família era uma bagunça.
Analista: Em que era uma bagunça?
Marcos: Porque tinha só dois membros da família, papai-Marcos e mamãe-Diego, e faz um mês ou um mês e meio que somos quatro. Foi depois da semana que falei aqui com você e com o papai no consultório, e ele entendeu bem.
Analista: Mas você também entendeu bem.
Marcos: Eu já via o problema fazia bastante tempo. Desde que você me disse qual era o problema. Porém, por sorte, papai entendeu bem e mudou. Mamãe também mudou. Os dois perceberam o que estava acontecendo.
Analista: Também existe a tua mudança. Agora você fala de frente com eles.

Marcos: É verdade. Agora tenho coragem de dizer para eles o que me entendo na realidade, o que sinto na realidade. Antes eu escondia o que me acontecia.
Analista: E comigo, como é?
Marcos: Com você é diferente. O primeiro a saber de meus problemas é você. Depois comecei a contar para eles, e agora tenho coragem e conto para eles. E se tenho uma discussão, falo para eles o que eu gostei deles e o que não gostei de mim também. Também percebo bem rápido o que eu gosto em mim e no que me enganei. Papai me diz que gosta que eu discuta e mamãe também.
Analista: E com teus avós, você conta os teus problemas para eles?
Marcos (rindo): Não. Eu não conto nada para eles. E se perguntassem, não contaria meus problemas. Minha avó é amolante, muito amolante. É muito chata! Parece uma criança. Ela fala de qualquer coisa. E no telefone você tem de deixar longe o fone porque ela te atordoa. Não acaba nunca de perguntar. Não desgruda. (Pausa.) Ontem veio em casa um amigo, Hernán, e me disse: "Cara, deixa de brigar o tempo todo com Diego! Para que eu vim? Deixem de brigar e de se xingarem!". Ele tem razão, já me enchi de brigar com Diego.
Analista: Parece que, por um lado, você quer ter amigos que não tenham nada a ver com o que acontece com teu pai, tua mãe e teu irmão, mas, por outro, você continua grudado no teu irmão, e é difícil você se desligar dele, parecido com o que acontece com tua avó que não desliga o telefone.
Marcos: Sim, pode ser.
Analista: Um amigo pode chegar a ser como uma janela que se abre para o mundo para poder olhar o que acontece fora de casa, da família.

Marcos: Sim, com certeza. É uma companhia nova. Eu quero me divertir. Quero passar um bom tempo com um amigo, para não me aborrecer. É um pouco estranho o que me acontece com Diego. Brigo muito com ele sem perceber e não consigo descobrir. Eu quero estar um tempo com minha família, mas não o tempo todo.

Nessa sessão são perfiladas as discriminações na dupla simbiose familiar. Enquanto antes Marcos permanecia absorto e confundido na indiferenciação, agora, ao confrontar seus pais, começa a desalienar-se das identificações alienantes com a história traumática parental e possui uma disponibilidade libidinal para desprender-se do excessivo controle e poder detido pelos pais. Ao mesmo tempo que começa a rachar a relação sadomasoquista fraterna, inicia a investir novas relações exogâmicas por meio da procura ambivalente dos amigos.

De fato, a amizade se origina e se mantém com base na admiração e na aceitação do outro em sua irredutível alteridade. Esta põe em evidência a diferença e a semelhança entre os amigos. A semelhança entre eles funda a reciprocidade e sua reflexão no sentido óptico do termo e estabelece uma bipolaridade complementar das funções e dos papéis.

É por intermédio do amigo que o sujeito em crescimento processa o desligamento das relações de domínio detidas pelas figuras endogâmicas.

A amizade é um encontro benéfico com o outro. Representa um triunfo de Eros sobre Tânatos e, como continente elaborativo, possibilita tramitar os remanescentes narcisistas, edípicos e fraternos que costumam desativar-se e reativar-se inexoravelmente e em diferentes flutuações nos vínculos humanos.

Narcisismo, complexo de Édipo e complexo fraterno

> O eu transita e convive entre duas realidades: a realidade narcisista e a realidade derivada da castração. Dessas duas realidades é a segunda que fala, a visível, sendo a primeira a oculta, a mais inapreensível e fantasmal.
> Aragonés (1999b, p. 163)

Nas duas sessões que transcrevo a seguir, sai à luz a realidade narcisista de Marcos, com seus dois mecanismos do desmentido da realidade e da cisão, mecanismos que Freud descreveu em "Esboço de psicanálise". Diz:

> Formam-se duas posturas psíquicas em vez de uma postura única: a que leva em conta a realidade objetiva, a normal, e a outra, que sob a influência do pulsional desprende o ego da realidade. As duas coexistem, uma junto da outra. O desenlace depende da força relativa de ambas. (Freud, 1938)

Na primeira sessão, a mãe da criança solicita entrar no consultório com ele para informar sobre alguns de seus comportamentos durante as férias de inverno do segundo ano do processo analítico. Na segunda sessão, que intitulei "Deus, Caim e Abel", é Marcos quem convida seu pai para a sessão.

Em ambas se revela a armadilha narcisista de Marcos: intrassubjetiva e intersubjetiva. Armadilha de uma elaboração intrincada, na qual participa, de modo inconsciente, a complacência parental, ao entronizá-lo como o inquestionável rei primogênito que detém o poder unívoco. Por sua vez, Marcos desmente o reconhecimento da alteridade como sujeitos discriminados e com direitos próprios, e não como meros objetos de sua arbitrária descarga pulsional.

Sessão A: O desconsiderado
A mãe de Marcos me diz na porta do consultório que desejaria entrar com seu filho na sessão para comentar alguns fatos ocorridos durante as férias de inverno, porque pensa que pode chegar a ser proveitoso para o tratamento. Ela esclarece que seu filho aceitou de bom grado a sua proposta.
Marcos: Lógico. Eu sei que é para o meu bem.
(Eu os convido a entrar no consultório. Ambos se sentam tranquilos e a mãe dirige um olhar carinhoso a Marcos.)
Ela diz: Você sabe que eu te adoro. Já comentei, e também já fiz isso aqui, que vejo muitos avanços em você e que em muitas coisas é quase outra criança. Mas nessas duas semanas percebi que tem outros comportamentos teus que me preocupam. (Dirige-se a mim.) Marcos é desconsiderado e agressivo. É desconsiderado comigo, com Diego, menos com o pai. Não pensa no outro, em como vai reagir. Ao irmão, não pode nem ver. Diz de tudo para ele: "Sai, você fede, não sabe jogar tênis". Manda nele e exige sem piedade: me traz isso, traz aquilo, e o outro vai, se pendura, lhe beija, e ele o repele. E se ele não vai, Marcos o ameaça. Quando eu falo com Diego, ele interrompe e começa a dizer "Mamãe-mamãe-mamãe" e não me deixa continuar falando. (Ela se dirige a Marcos, muda o seu tom de voz.)
Eu te amo. Eu te perdoo tudo porque sou tua mãe e o farei sempre. Porém, os outros não têm motivo para fazer o mesmo que eu faço. Você não considera o momento do outro. Estou no banheiro e você começa a me falar de fora.

Falo por telefone com uma amiga e você me fala por cima, como se não tivesse nada. (Volta a dirigir-se a mim.) O que não me entra na cabeça e não consigo entender é por que sente tanto ciúme do Diego. Meu marido e eu nos preocupamos em ter o mesmo tempo para cada um. Meu irmão mais velho era o pobrezinho, o que não podia nada. Sempre diziam "pobrezinho do Lito". Pobre Lito, que não pode ter uma casa tão bonita como a tua. E não cuidavam, mas descuidavam. Nós dois somos especialmente cuidadosos com os filhos. Não queremos que exista essa diferença. O amor é para os dois. Nós já sofremos na própria carne. Ontem me fez sentir horrível com a professora de inglês. Para mim, não é fácil com os idiomas e ele falou para ela: "Minha mãe não faz nada. Ela diz que não consegue, mas na verdade é que não faz nada". (Ela se dirige novamente a ele.) Você me fez sentir muito mal. É justo o tema que não consigo resolver e você vem e põe o dedo na ferida. Por que tanta agressividade comigo? Você não é tão pequenininho. (Pergunto a Marcos se ele tem alguma coisa para dizer para a mamãe.)

Responde: Sim, é assim. Não posso dizer outra coisa. Mas o Diego também me enche. Mas o outro é assim.

Mãe: Além disso, me chamou a atenção que, quando estávamos as duas famílias juntas, as crianças brincavam entre elas e você ficava sentado com os grandes. E nisso eu também vejo uma desconsideração e agressão com teus amigos.

Marcos: Não percebi, eu me interessava no que estavam falando na mesa. (Irrita-se.) Mas não fiz de propósito. Você entende?

(Nesse momento me perguntei se a desconsideração e a desconexão que descreve a mãe de Marcos não teria certa relação com a qualidade dos primeiros vínculos entre eles,

então perguntei a ela como se sentiu depois do nascimento do seu filho. Respondeu que se sentiu muito mais que feliz.)
Mãe: Marcos foi o rei da casa. Sua chegada foi toda uma comoção familiar. Primeiro filho, primeiro neto.
(Então intervenho dizendo a Marcos que, em alguns momentos, ele se sente como se ainda fosse o rei, o único que tem direito de falar e de mandar e de dominar todo o território e seus habitantes.)
Marcos (rindo): Pode ser.
Mãe: E é avassalador, não deixa nem um lugarzinho para o Diego. (Dirige-se a Marcos.) Eu vou te desculpar tudo porque te amo, eu não sei se teus amigos vão deixar passar as barbaridades que eu aguento ainda que me machuquem.
(Assinalo para a mamãe que o amar não é precisamente desculpar tudo dele, porque isso é consentir. E que aguentar e ser machucado tampouco são sinônimos de amar.)
Mãe: Sim, eu consinto, agora entendo a diferença.
Marcos (rindo): Entende? Não me desculpe tudo. (Apoia sua mão sobre a mão de sua mãe e a acaricia com timidez.)
Mãe: Antes não era assim. Agora está mais carinhoso. Porém, eu vejo que nessas férias regrediu. Não convidou seus amigos. Está muito tempo na televisão ou lendo a página esportiva dos jornais. Ou fica jogando no computador. Eu o vejo muito solitário.

Nessa primeira sessão, focaliza-se com maior precisão o risco de que Marcos permaneça detido num funcionamento cindido de sua personalidade, dentro do estado de "seu narcisismo inicial, que no começo inclui tudo" (Freud), um estado que lhe confere os direitos inquestionáveis de um rei desconsiderado.

O termo "desconsiderado", utilizado pela mãe de Marcos, nos fala acerca das relações narcisistas de objeto de seu filho, nas quais desmente a existência e o reconhecimento do outro. As crenças narcisistas de Marcos, do *unicato*, do rei, encontram-se reforçadas pela complacência masoquista materna: "Eu vou te desculpar tudo porque te amo. Eu não sei se teus amigos vão deixar passar as barbaridades que eu aguento ainda que me machuquem".

Considero que é função do analista de crianças assinalar aos pais a posição sofredora que têm diante de seus filhos. Em muitos casos, são os filhos que se situam ou são situados no lugar de vitimário pelos progenitores, que costumam induzir seus próprios filhos para que assumam o papel sádico complementar de um carrasco, dando cumprimento à satisfação de suas próprias moções masoquistas e narcisistas.

Na sessão seguinte, Marcos, ao entrar no consultório, anuncia que o pai virá dentro de uns minutos, porque tinha pedido que eu ajudasse a esclarecer ao pai quem começa uma briga. Isso porque da última vez tinha sido o irmão, e não ele, que tinha começado a xingar e a atirar os brinquedos, enquanto ele permanecia tranquilo em seu quarto, fazendo as lições da escola.

Sessão B: Deus, Caim e Abel
Pergunto por que necessita que eu esteja presente para falar de frente com seu pai. Ele me responde que ainda tem várias coisas que seu pai não aceita e que considera injustas e, diante de mim, pode falar delas mais tranquilamente. Chega o pai e, com carinho, diz a Marcos que na noite anterior não havia sido uma simples briga, mas um verdadeiro desastre, uma espécie de guerra civil. Adverte que ele não voltará a permitir mais que algo semelhante se repita. Marcos insiste dizendo que foi Diego o iniciador da briga

e que ele rasgou três folhas do caderno, obrigando-o a refazer a lição à noite. E que mesmo que ele o tivesse arrebentado com porradas, foi só uma resposta à prévia provocação do seu irmão.

Nesse momento penso que Marcos tenta colocar seu pai no lugar do Deus bíblico, para verificar se prefere um filho e condena a ação do outro (Deus-Caim-Abel). Por outro lado, o pai evita atuar nesse papel induzido com insistência por Marcos, argumentando que ele não estava no momento preciso da briga e, portanto, não vai defender um nem vai castigar outro. O pai considera que ambos são responsáveis pela violência desencadeada. Assinala que, apesar de Diego ter um estilo mais explosivo, pelas cenas escandalosas de gritos e objetos que atira, Marcos é mais incisivo e corrosivo. Demonstra a Marcos como ele provocou o irmão e o desprezou; diz, além disso, que nas últimas semanas o vê mais autoritário com as empregadas da casa.

Intervenho nesse momento para perguntar a Marcos se talvez ele não tenha convidado o pai para vir à sessão para comprovar que continuava mantendo a mesma atitude do "Papai de mais" que preferia a ele de um modo eloquente, mas que também o deixava no lugar do herdeiro e rei. Ou se agora era um papai diferente que impõe uma ordem entre os filhos.

Marcos chora com angústia e diz: Papai é injusto.

O choro é intensificado, sua cara e suas mãos se retorcem de dor. O pai o contempla com assombro. Ele me olha e seus olhos se umedecem.

Pergunto: O que, neste momento, gera em ambos tanta dor?

O pai responde: Me dói ver como Marcos sofre. Também gosto de ver como me enfrenta. Eu nunca pude fazer isso com meus pais. Mas o irmão o adora, e ele o rejeita e o xinga. Isso não pode continuar mais assim. Não sei se está bem o que acabei de pensar, mas eu te digo, filho, será que você também zomba e provoca os teus colegas? (Vallino & Macció, 1996, p. 62).

Marcos pede um lenço a ele, enxuga as lágrimas, mas não responde a pergunta.

Mostro a Marcos que sua dor é ampla e muito profunda. Talvez porque se sente fraudado pelas mudanças de atitude do papai, mas indico se, por acaso, esse choro não tem algo de alívio, por essa atitude tirar o peso de ser o escolhido e o que tem mais responsabilidades para assumir?

Ele me olha fixo. Já não chora mais. Não responde.

Pergunto: Quais são os benefícios de continuar ocupando o lugar do rei da casa?

Marcos: Nem tudo é benefício. O rei está longe de todos. Tem um montão de gente que te inveja, que quer te matar. Não tem amigos. O rei está sozinho. O dia todo sentado no trono sem fazer nada. O único de bom é ter uma riqueza e dominar tudo. (Chora.)

A dor lacerante de Marcos provém do rompimento narcisista gerado pelas batalhas de ambivalência que se travam nas dimensões intrassubjetivas e intersubjetivas. As intrassubjetivas se dão pelo conflito que se estabelece entre as instâncias ideais da personalidade: ego ideal, o ideal do ego e o ego. Marcos permanece capturado como um rei isolado dentro da glória vã do primogênito. Armadilha narcisista na qual participa a dimensão intersubjetiva do contrato narcisista parento-filial, em que ambos os cossignatários selam o mandato de ser o inquestionável *Sua Majestade, o Bebê*.

Nessa sessão, presenciamos o início do abandono dessa crença inconsciente, abandono que desperta, em um primeiro momento, desilusão, dor e violência pela fraude do não cumprimento de um contrato pretérito, pelo qual se havia erigido como o natural e único herdeiro e beneficiário do patrimônio parental. Em um segundo momento, padece uma intensa angústia porque, em virtude de seu *insight* acerca dos benefícios e malefícios de ser o rei, começa o processo de desidealização gradual.

Com efeito, a parte mais secreta e onipotente de sua personalidade, a que ele nutria em complacência com seus pais e avós, começa a ser questionada e a rachar.

> *O modo de pensamento narcisista se fundamenta em certezas e afirmações unívocas. O funcionamento narcisista da personalidade não tolera as dúvidas nem as ambiguidades. Não pode fazer frente à desilusão. O ego idealizado dá prova de uma grande avidez espaço-temporal. (Resnik, 1977, p. 146)*

O fato de que Marcos começa a tomar consciência de seu ego rei e de que seus pais, por sua vez, começam a quebrar o contrato narcisista mantido até o presente, mergulha o menino num estado confusional e de desproteção, e seus pais num trabalho de elaboração complementar. Pais e filhos se internam, assim, em situações transitórias de incerteza, pena e ternura, até que se instala gradualmente uma nova reordenação dos lugares familiares.

Recordemos que na sessão prévia a mãe transmitiu sua preocupação pelas tendências antagônicas de expansão e introversão de Marcos. Ao relatar como seu filho agia desconsideradamente e invadia o lugar discriminado do outro, alternando com momentos de isolamento e retirada, descreve uma parte do funcionamento narcisista de seu filho.

Na tendência expansionista, o ego narcisista apropria-se do espaço e das coisas do mundo circundante, enquanto o outro não é reconhecido na qualidade de sujeito. O contrário da tendência à expansão megalomaníaca é a introversão e a retração libidinal, na qual o sujeito se volta sobre si mesmo e se subtrai da realidade objetiva.

Essas tendências narcisistas se encontram, por sua vez, reforçadas desde a dimensão intersubjetiva pela complacência materna, "que o entendia, amava e sofria" de modo incondicional.

O pai, ao contrário, experimentou uma virada (*Wendung*) na sessão. Ao dizer e ao atuar que não vai permitir nunca mais que se desencadeie entre seus filhos uma nova guerra civil e ao executar um corte em sua identificação ambivalente narcisista e fraterna com seu primogênito, quebra uma instalação simbiótica entre ambos: entre o mítico pai-Deus e sua arbitrariedade na escolha de um único herdeiro. Introduz, assim, a lei pacificadora do pai que regula e neutraliza a tragédia narcisista ativada pelo flanco tanático dos complexos fraternos.

Outro fator importante a destacar nesse caso é o assumido pelo irmão Diego. Ele libera seu próprio combate narcisista, fraterno e edípico, para alcançar o ser reconhecido e confirmado também em sua identidade masculina pelo pai e irmão mais velho. Diego é aquele que se opõe e combate com furor a desconsideração do pai e de Marcos. Apesar de ter seu lugar preferencial na economia libidinal de sua mãe, volta a irromper com violência na dinâmica familiar, com a finalidade de quebrar o sistema narcisista parento-filial, que privilegia univocamente ao primogênito. Diego permanece, ao contrário, como um mendigo errante e angustiado, fora de um lugar disponível e discriminado no espaço mental paterno e fraterno.

Nessa sessão, acaba de forma eloquente a intrincada articulação que se estrutura regularmente entre as dinâmicas narcisista, edípica e fraterna. Essa análise me permite afirmar que, assim como o sonho representa uma via régia para a revelação e o estudo do inconsciente, o complexo fraterno representa outra via régia para a revelação, a elaboração e a eventual superação das ambivalências edípicas e dos paradoxos narcisistas.

Rivalidade e protesto fraternos

No histórico clínico "Sobre a psicogênese de um caso de homossexualidade feminina", Freud (1920) revela a importância que exerce a rivalidade fraterna na determinação da escolha de um objeto sexual e no âmbito da escolha vocacional. Descreve o "colocar-se de lado" como a manifestação de uma rivalidade evitada, que não só depende de situações edípicas não resolvidas como ainda implica os componentes narcisistas relacionados com a dinâmica paradoxal do duplo, maravilhoso e ominoso, ressignificado pelo irmão. No "colocar-se de lado", são reavivadas entre os irmãos fantasias fratricidas, de excomunhão e de gemelaridade. Nesta última, existem um único tempo, um único espaço e uma única possibilidade para dois.

Reinstala-se, assim, a relação sadomasoquista de um irmão que exerce excessivo controle e poder de submissão obsessivo e perverso sobre o outro irmão. Ao satisfazer sobre o irmão suas moções agressivas, gera-se entre ambos um campo perverso em que se reativam as rivalidades edípicas e fraternas, que não se transpõem entre si. Em ambas, intervêm diferentes angústias, sentimentos de culpabilidade e fantasias que costumam desenvolver-se no irmão mais velho e no mais novo, sob diferentes formas de protesto fraterno: conscientes e inconscientes, manifestos e latentes, reprimidos e cindidos.

No protesto fraterno, um dos irmãos manifesta uma agressão franca e uma rejeição indignada pelo outro irmão que, segundo ele, mantém um lugar favorecido e injusto. Não esconde sua hostilidade porque, desde a lógica de seu narcisismo, a presença do outro é vivida como a de um rival e intruso que atenta contra a legitimidade de seus direitos e, ao mesmo tempo, ressignifica a *homo homini lupus* que subjaz na vida anímica. Nos protestos fraternos, circulam uma ampla gama de afetos, fantasias e poderes hostis, não só partindo do irmão mais velho para o irmão mais novo, já que este também acumula, no tesouro mnêmico de seus afetos, uma intensa rivalidade com o primogênito, originada pela relação de domínio durante o período infantil entre eles e por seus sentimentos de culpa suscitados de pactos secretos que cada filho estabelece com uma ou ambas as figuras parentais. Com efeito, cada irmão, a partir de seu lugar diferente na ordem de nascimento, carrega diversos protestos fraternos.

Recordo a reclamação de um analisante que ocupava o "alinhavado" lugar do irmão mais novo na constelação familiar. Minha mãe dizia: "Ao primeiro a gente borda, ao segundo se costura e ao terceiro se alinhava".

Na observação direta de crianças na vida cotidiana, observa-se que a notícia do nascimento de um irmão provoca uma ferida narcisista súbita e revulsiva acompanhada de encarniçados protestos e rivalidades.

Transcrevo a advertência proferida por uma menina de 5 anos à sua irmãzinha de 2 anos imediatamente depois que a mãe havia anunciado a ambas a chegada de uma nova irmãzinha: "Fica sabendo que eu vou continuar sendo sempre a maior, mas você não vai ser mais a pequenininha".

A seguir, transcrevo as diferentes respostas de um irmão de 8 anos e de sua irmã de 2 e meio, no momento em que a mãe anuncia a ambos que está grávida de um novo irmãozinho. O filho mais velho exclamou com alegria: "Que sorte! Terei um irmão para jogar futebol". A pequena abaixou seu olhar e emudeceu. A mãe duvidou que a pequena tivesse compreendido e perguntou: "Você escutou bem o que eu disse para vocês? Vamos ver: o que é que a mamãe tem na barriga?". E a menina com voz grave respondeu: "Um bobo". Quando a pequena foi à maternidade para ver seu irmão recém-nascido, aproximou-se da mãe e, com voz baixa, murmurou ao ouvido: "Já saiu o irmãozinho? Depois vamos pôr ele dentro de volta?".

No sujeito, o protesto fraterno se origina pela fratura da crença narcisista acerca do ilimitado poder detido por "Sua Majestade, o Bebê". A presença do outro quebra essa crença inconsciente que costuma encenar-se na fantasia que denominei "a fantasia do *unicato*". O *unicato* tenta desmentir, nas realidades psíquica e material, a ineludível e estruturante confrontação fraterna, ato que põe precisamente um limite nessa fantasia onipotente.

Por outro lado, a fuga parcial ou total do ato da confrontação gera efeitos inibitórios e de extrema exclusão, como consequência de uma inexpugnável comparação e competição não resolvidas com o outro. Brasca revela esses efeitos em uma microficção intitulada "Irmãos" e traz à luz a sombria e absurda sentença que recai sobre cada um dos irmãos, quando não se elabora nem supera a rivalidade fraterna.

> *Quando a coexistência se fez insustentável, dois irmãos muito competitivos chegaram a um acordo tácito porém irrevogável: aquilo no que um deles triunfasse ficaria vedado para o outro; isso evitaria toda comparação entre ambos.*
> *Mais que um alívio, o pacto resultou numa sentença. Na corrida para apropriar-se dos trunfos mais gratificantes e das privações menos penosas, o que mostrou primeiro ser mais inteligente relegou o outra à estupidez e aos trabalhos mais duros. Consequentemente,*

quando o bruto mesmo que enfeitado ganhou com as mulheres, o intelectual teve de inclinar-se pelos homens. Mas respondeu fazendo-se mais rico, o que obrigou ao irmão a equivocar-se nos negócios e se arruinar. Não previu que tanta miséria faria com que seu rival desejasse morrer até conseguir e que, com isso, lhe escamotearia o triunfo. Envelhecido e depois de anos, suporta ainda a ruína de seu corpo enquanto clama por uma morte proibida. (2004)

A ordem de nascimento dos irmãos é o destino?

Entendo como certa e faço minha a reflexão de Freud: "A posição da criança dentro da série dos filhos é um fator relevante para a conformação de sua vida ulterior, e sempre é preciso levar isso em conta na descrição de uma vida" (1916). Na experiência clínica com Marcos, essa afirmação é corroborada.

A mitologia e a literatura também testemunham o papel substantivo que desempenha a ordem de nascimento dos filhos como uma condição de força impulsora que intervém, sob a forma de "protesto fraterno", na formação do caráter e da neurose e, pontualmente, na gênese e no dinamismo dos processos identificatórios e sublimatórios. Esclareço que não elevo o protesto fraterno à categoria de único fator que determina uma tipologia fixa, mas o entendo como um acontecimento de singular importância, ao lado de outros fatores convergentes, já que todo acontecimento está sobredeterminado e demonstra ser o efeito de várias causas determinantes.

A clínica psicanalítica revela e corrobora que, com notória frequência, o irmão mais novo costuma ser aquele que tenta descobrir, conquistar e cultivar novos territórios, enquanto o mais velho costuma assumir-se como o epígono da geração precedente, carregando o ambivalente peso de atuar como continuador e defensor que sela a imortalidade de seus predecessores.

O filho mais velho costuma ser identificado, desde o projeto identificatório parental, como o destinado a ocupar o lugar da prolongação e da fusão com a identidade do pai. Essa identificação é imediata, direta e especular. Ademais, esse *tópos* identificatório é, por sua vez, reforçado pelo próprio irmão mais velho com receio, legitimidade e excessiva responsabilidade, interceptando no mais novo o acesso identificatório com as figuras parentais. Evidencia-se nele um receio com relação a não ser questionado em seu exclusivo lugar como o suposto único e privilegiado herdeiro diante dos subsequentes irmãos usurpadores, gerando em grande número de casos "a divisão do butim filial". O filho mais velho se encontra programado como aquele que chega ao mundo para estancar as feridas narcisistas do pai e para completá-lo, e o mais novo surge para nivelar a homeostasia do sistema narcisista materno. A experiência psicanalítica nos ensina que a rígida divisão do "butim dos filhos", ofertados como meros objetos para regular a estabilidade psíquica do casal parental, é o ponto de severas perturbações na plasmação da identidade sexual e no desenvolvimento dos processos sublimatórios em cada um e entre os irmãos.

O irmão mais novo exige um recorrido identificatório mais complicado para a obtenção de sua identidade sexual, porque, por um lado, permanece excluído de um disponível lugar identificatório com os progenitores – circuito já ocupado e vigiado pelo outro – e costuma chegar – por um rodeio – à busca de novas alternativas exogâmicas e o mais afastadas possível do território da economia libidinal familiar, em que o irmão mais velho permanece investido como o legítimo herdeiro, ou o reconhecido duplo, por meio da condição de morgado.

Esse recorrido identificatório gera um trabalho psíquico adicional no irmão mais novo, acrescentando-se sua bissexualidade, que pode chegar a sublimar-se, propiciando a criatividade: caminho intricado para a plasmação da identidade sexual, mas propiciador de buscas e de novas incursões nos territórios desconhecidos. O irmão mais novo costuma ser eximido de ser portador e fiador responsável da tradição familiar imperante. Enquanto ele é o questionador e o criador, o primogênito, ao contrário, é o epígono e o conservador.

Em *Psicologia de massas e análise do ego*, Freud mostra, com base no mito da horda primitiva e nos contos populares, a façanha heroica assumida pelo filho mais novo para se separar da massa. No texto que reproduzo a seguir, podemos inferir, desde a metapsicologia, como as relações entre os complexos paterno e materno e os efeitos do ego ideal e do ideal do ego exercem seus influxos nas profundidades da alma do filho mais novo.

> *Assim como o pai foi o primeiro ideal do menino, agora o poeta criava o primeiro ideal do ego no herói que quis substituir o pai. O antecedente do herói foi oferecido, provavelmente, pelo filho mais novo, o preferido da mãe, a quem ela havia protegido do ciúme paterno e aquele que nos tempos da horda primordial havia se convertido no sucessor do pai. Na falaciosa transfiguração poética da horda primordial, a mulher que havia sido o butim da luta e o chamariz do assassinato passou a ser, provavelmente, a sedutora e instigadora do crime.*
>
> *O herói pretende ter sido o único autor da façanha que, sem dúvida, somente a horda como um todo ousou*

> *perpetrar. Não obstante, como observou Rank, o conto tradicional conserva nítidas pegadas dos fatos que assim eram desmentidos. De fato, neles frequentemente o herói, que deve resolver uma tarefa difícil – quase sempre se trata do filho mais novo, e não raras vezes daquele que passou por tonto, ou por inofensivo, diante do sub-rogado do pai –, só pode fazer isso auxiliado por uma quadrilha de pequenos animais (abelhas, formigas). Estes seriam os irmãos da horda primordial, como no sonho: insetos, vermes significam os irmãos e irmãs (no sentido pejorativo: como crianças pequenas). Ademais, em cada uma das tarefas consignadas no mito e nos contos tradicionais, é possível discernir com facilidade um substituto da façanha heroica. (1921b, p. 67, 128)*

Freud sublinha nesse parágrafo a importância exercida pela complacência materna na plasmação da fantasia edípica e parricida no filho mais novo. No primogênito, ao contrário, estabelece-se preferencialmente um contrato narcisista entre pai e filho mais velho, em que prevalecem fantasias de fusão e de especularidade, firmadas pela ambivalência entre mortalidade e imortalidade. Essas fantasias se tornam audíveis nos mandatos impostos pelo tirano Creonte a seu filho Hêmon, na *Antígona*, de Sófocles.

> *Creonte: Assim, meu filho, convém guardar no coração, diante de tudo e sobre tudo, os princípios que um pai formula.*
> *Porque esta é a razão de os pais ansiarem por ter no seu lugar filhos totalmente submissos, esses filhos que eles geram.*

Desse modo, para seus inimigos, são tremendos vingadores; para os amigos do seu pai, são tão amigos quanto ele. Ai, aquele que gerou filhos sem proveito, diga-me, filho meu, o que consegue criar a si mesmo senão infortúnios e a seus inimigos fonte de desprezo? (1991)

O primogênito é o primeiro herdeiro que anuncia a morte à imortalidade de seu progenitor e carrega maior ambivalência e rivalidade por parte do pai. Costuma negá-las por meio da formação reativa do controle e dos cuidados excessivos sobre o filho, chegando ao extremo de estruturar entre ambos uma simbiose pai-filho (Kancyper, 1989, p. 35). Nessa simbiose, pai e filho se alienam em uma recíproca captura imaginária. Ambos tendem a reencontrar, em cada um, uma parte do si mesmo, e entre ambos se constitui uma relação singular, envolvendo os participantes e gerando por sua vez efeitos alienantes sobre cada um. A essa relação denominei *relação centáurica*, na qual o pai representa a cabeça de um ser fabuloso, e o filho, o corpo que o completa.

As frequentes identificações narcisistas que costumam recair sobre o primogênito têm aspecto defensivo para a economia libidinal do pai. Servem para sufocar um amplo leque de afetos que abarca, além das angústias e dos sentimentos de culpabilidade inconscientes e conscientes, outra série de efeitos hostis como ódio, ciúme, ressentimento e inveja diante da presença do primeiro filho, que chega como intruso e rival, para provocar sua exclusão e gerar uma desarticulação na regulação libidinal do casal.

Ademais, o estabelecimento das relações de objeto narcisista parento-filiais desmente a diferença entre as gerações e paralisa o ato da confrontação geracional. Dessa maneira, o pai tenta perpetuar-se na hegemonia do exercício de um poder atemporal sobre o filho e se recusa a confirmá-lo como seu sucessor e herdeiro natural, aquele que finalmente chega a suplantá-lo. O primogênito é investido como o primeiro suporte do ideal narcisista de onipotência e imortalidade do pai. Recai privilegiadamente sobre ele o ego ideal de outro ser, via identificações primárias.

O ego ideal serve de base ao que Lagache descreveu com o nome de *identificação heroica*. Para esse autor, a formação do ego ideal tem implicâncias sadomasoquistas, em especial a negação do outro, correlativa à afirmação de si mesmo. Para Lacan, o ego ideal constitui também uma formação essencialmente narcisista, que tem sua origem na fase do espelho e pertence ao registro do imaginário. O pai procura recuperar, por meio do primogênito, o estado chamado onipotência do narcisismo infantil. Investe-o como seu duplo especular, ideal e imortal. O primogênito recebe identificações preestabelecidas "prontas para usar", enquanto que sobre o segundogênito costumam recair idealizações menos diretas e massivas, bem como identificações menos precisas e mais próximas ao ideal do ego que ao ego ideal parental.

A diferença entre essas formações intrapsíquicas é fecunda para ressaltar sua gênese e sua função paradoxal. As diferenças entre o primogênito e os irmãos subsequentes inevitavelmente geram entre eles recíprocas e vigorosas rivalidades e protestos entre eles. Afirmo aqui que requerem ser analisadas com exaustivo detalhe, caso se queira evitar que o diferente lugar na ordem de nascimento dos filhos desempenhe psiquicamente outro leito de pedra e uma inexorável marca do destino.

5. Burro de carga: o complexo fraterno no processo analítico de adolescentes

Introdução

Não é certo o aforismo "*simplex sigillum veri*", que quer dizer a simplicidade é o selo da verdade.

A adolescência requer uma explicação em um nível teórico-clínico da maior complexidade. Nela se contrapõem múltiplos jogos de forças dentro de um campo dinâmico, os movimentos paradoxais do narcisismo nas dimensões intrassubjetiva e intersubjetiva e as relações de domínio entre pais e filhos e entre irmãos. O que caracteriza a adolescência é o encontro do objeto genital exogâmico, a escolha vocacional mais além dos mandatos parentais e a recomposição dos vínculos sociais e econômicos. É particularizada metapsicologicamente porque representa a etapa da ressignificação retroativa por excelência.

A instrumentação do conceito do *a posteriori* possibilita efetuar fecundas considerações clínicas. Nesse sentido, o período da adolescência seria, ao mesmo tempo, um ponto de chegada e um ponto de partida fundamentais. Tendo a adolescência como ponto de chegada, podemos inferir retroativamente as inscrições e os traumas que em um tempo anterior permaneceram aplacados de forma caótica e latente e adquirem, apenas neste período, significação e efeitos patógenos.

Por isso, sustento que "aquilo que se silencia na infância costuma manifestar-se com gritos durante a adolescência". Como ponto de partida, é o tempo que possibilita a abertura para novas significações e ganhos a conquistar, dando origem a imprevisíveis aquisições. Nessa fase, por um lado, são ressignificadas as situações de traumas anteriores e, por outro, desata-se uma troca estrutural em todas as instâncias do aparelho anímico do adolescente: o reordenamento identificatório no ego, no superego, no ideal do ego e no ego ideal, e a elaboração de intensas angústias que necessariamente tramitam no adolescente e também em seus pais e irmãos, para possibilitar o desenvolvimento de um processo fundamental para aceder a plasmação da identidade, isto é, o confronto geracional e fraterno.

Isso exige, como precondição, a admissão da alteridade, da identidade própria e da semelhança, tanto nos progenitores como no filho e entre os irmãos. Para tanto, cada um desses integrantes necessita atravessar por inelutáveis e variados lutos nas dimensões narcisista, edípica e fraterna. Essas mudanças de objeto originam elevadas tensões caóticas e não prazerosas pela simultânea ressignificação da história infantil no adolescente e dos capítulos congelados e reanimados do passado infantil e adolescente em seus irmãos e progenitores.

A seguir, desenvolvo os seguintes temas:

- O processo analítico: metapsicologia e clínica.
- As autoimagens narcisistas.
- Os complexos de Édipo e fraterno.

- O filho-progenitor e o irmão-progenitor.
- O reordenamento identificatório e o confronto geracional.

Um caso clínico ilustra esses temas.

O processo analítico: metapsicologia e clínica

Dentro do vasto leque que esse tema convoca, eu me concentro especificamente em um: o relacionado aos indicadores clínicos e os fundamentos metapsicológicos que orientam sobre a existência de um processo ou de um não processo em psicanálise com adolescentes.

O estímulo do processo analítico se define como uma repetição transferencial, cuja interpretação permite uma rememoração do reprimido e cindido e sua eventual elaboração. O processo analítico apresenta alternância de momentos de processo e de não processo, como trabalho de recuperação de obstáculos que determina seu fracasso ou seu êxito. O não processo analítico é quando o processo tropeça ou se detém, sendo que suas manifestações mais complexas são descobertas pela aparição dos indicadores positivos utilizados para dissimular a existência de um processo que, na realidade, disfarça-se de movimento, porém permanece estereotipado.

O processo analítico aponta para uma mudança estrutural do adolescente, a reestruturação da personalidade por meio da elaboração. Essa elaboração representa o essencial do processo analítico. Confere ao tratamento psicanalítico seu selo distintivo.

O método psicanalítico reconhece como objeto fundamental "tornar consciente o inconsciente", sendo este, na realidade, o ponto de partida. Não confundir esse começo com a análise toda. O estímulo e o passo mais importante do processo de análise é dado pelo *durcharbeiten*, o trabalho de elaboração. Freud considera-o como o principal fator da eficácia terapêutica ("Recordar, repetir, elaborar", 1914b).

Laplanche e Pontalis definem a elaboração como "processo em virtude do qual o analisando integra uma interpretação e supera as resistências que ela suscita. Trata-se de uma espécie de trabalho psíquico que permite ao sujeito aceitar certos elementos e livrar-se do domínio da insistência dos mecanismos repetitivos" (1971).

A necessidade da reelaboração baseia-se em poder vencer a força da compulsão de repetição, a atração que exercem os protótipos inconscientes sobre o processo pulsional reprimido. É preciso perguntar se parte da elaboração também é cumprida pelo analista para ajudar a adquirir o *insight* de forma mais duradoura. Isso porque todos sabemos que um *insight* isolado não faz verão. Necessita-se do trabalho silencioso e prolongado da elaboração. Essa pergunta nos defronta com uma confrontação dos diferentes esquemas referenciais teóricos, que originam profundas distinções entre os analistas; como enfoca cada analista a situação analítica na adolescência e os papéis do analisando, de seus pais e do analista nela, bem como o interjogo que se estabelece entre as realidades externas e internas e, dentro desta última, como entende a dialética entre o intrassubjetivo e a intersubjetividade.

Alguns analistas privilegiam exclusivamente a dimensão intersubjetiva sobre a intraobjetiva, fazendo tábula rasa com um postulado freudiano fundamental: aquele que formula que o sintoma é um produto transacional, efeito do conflito entre os sistemas psíquicos; conflito definido pela repressão e, em última instância, pelo caráter das representações sexuais que operam atacando constantemente o sujeito sob o modo de compulsão à repetição, ou seja, pulsão de morte. Outros, por sua vez, enfatizam em excesso os influxos da realidade externa, podendo chegar à dissolução do caráter intrassubjetivo do conflito psíquico que dá lugar ao sintoma.

Indicadores clínicos e fundamentos metapsicológicos

Segundo Freud, os indicadores que informam acerca da existência ou não de um processo analítico se revelam pelo vencimento da amnésia infantil, a recuperação das lembranças reprimidas e cindidas e a análise sistemática das resistências. E, além disso, não devemos esquecer que o sentido da história constitui um indicador essencial do que há de ser descoberto em psicanálise.

O conceito de campo analítico cunhado por Willy e Madé Baranger fornece valiosos indicadores clínicos para a avaliação da existência ou não de um processo. Assinalam que "a fluidez de um discurso não bastaria se não fosse acompanhada da presença de uma circulação afetiva dentro do campo".

A vivência pura não cura. Somente a convergência de ambos os indicadores (variação do relato e circulação afetiva) nos informa cabalmente sobre a existência do processo, para o qual o analista requer escutar ao analisante com sua mente e seus afetos. A dialética entre produção e resolução da angústia e suas transformações qualitativas escalonam o processo.

O indicador mais valioso são os momentos de *insight*, porém ainda fica por diferenciar o *insight* verdadeiro e o pseudoinsight destinado pelo sujeito para se autoenganar e enganar aos outros acerca de seu progresso. O *insight* verdadeiro é acompanhado de uma nova abertura da temporalidade. A temporalidade circular da neurose se abre para o porvir.

A clínica e a metapsicologia são interdependentes. As tentativas de simplificação se pagam com uma severa limitação do alcance explicativo da vasta complexidade dos processos anímicos, e a adolescência nos convida para a busca e a reformulação da metapsicologia com base nos interrogantes que nos formula nosso fazer analítico.

Na sequência, exponho quais são, em meu esquema referencial, teórico, os quatro eixos metapsicológicos mais relevantes que me orientam na detecção da existência de um processo ou um não processo na psicanálise com adolescentes. Essas orientações metapsicológicas permitem rever se foram suficientemente elaborados os seguintes temas:

- As autoimagens narcisistas.
- Os complexos materno, paterno e fraterno.
- O reordenamento das identificações.
- O confronto geracional.

As autoimagens narcisistas

As autoimagens narcisistas são representações-encruzilhadas que satisfazem para o ego a necessidade de encontrar e organizar uma figurabilidade de convergência-coerência.

Adriano via no "burro de carga" a viva imagem de si mesmo. Era uma de suas autoimagens narcisistas mais privilegiadas, em que convergiam uma multiplicidade de processos inconscientes que revelavam e mantinham, por sua vez, sua *Selbstgefühl*, seu sentimento de autovalorização e de dignidade que satisfazia suas moções narcisistas e masoquistas. Ele era o que suportava estoicamente o sobrepeso dos mandatos parentais e as obrigações fraternas, para redimir as angústias e as culpas do meio familiar. O Fazedor martirizado.

Adriano tinha me consultado por conta da reiterada insistência de sua mãe, aos 18 anos, em virtude do recrudescimento dos acessos asmáticos que já não se atenuavam diante dos tratamentos médicos. Ademais, estava desorientado em sua escolha vocacional – cursava naquela época o último ano de seus estudos secundários – e também por causa da ingovernável violência familiar que, segundo a versão de ambos os pais, apresentava-se entre Adriano e Flávia, sua irmã três anos mais velha. Alexandra, que tinha 12 anos, não participava aparentemente da vida familiar, "punha-se de lado" (Freud), inibindo de um modo eloquente seu crescimento.

O pai, com 50 anos, e a mãe, com 48 anos, eram profissionais de êxito e exigentes consigo mesmos. Atarefados pelas demandas econômicas e por elevadas aspirações intelectuais, não podiam governar a violência familiar que se originava, na maioria das ocasiões, da conduta provocativa, desestruturada e desestruturante da filha mais velha. Faltava uma função parental vertebral para sustentar e regular o transbordamento de angústia e as atuações que costumavam precipitar-se, de modo súbito, nos progenitores e entre os irmãos.

O conflito fraterno teve efeitos muito relevantes na história do "burro de carga". A presença de uma filha e irmã perturbada alterou profundamente a vida anímica de todos os integrantes, ocupando e afogando a economia libidinal dos espaços mentais parentais e, como consequência, alterando a estruturação psíquica de Adriano e Alexandra.

O desafio tanático fraterno tinha sido um dos eixos temáticos mais repetitivos e conflituosos ao longo de todas as fases desse processo analítico. Esse caso reafirma que o complexo fraterno não é um mero derivado do complexo de Édipo nem um simples deslocamento das figuras parentais sobre os irmãos. Apresenta sua própria envergadura estrutural. Assim como cada sujeito possui uma estrutura edípica singular-particular, caso misto da combinação da forma chamada Édipo positivo e negativo, configura também um não repetível complexo fraterno, com seus componentes destrutivos e construtivos.

A temática atormentadora das relações fraternas se fez presente desde as primeiras sessões. O trabalho de elaboração se estendeu ao longo de todas as fases do processo analítico, eclipsando o centro da atenção de Adriano.

> *"Os cartazes"*
> Eu tenho muita raiva dos meus pais. Consentem tudo para a Flávia, e ela o tempo todo exige coisas. Eu pago todas as minhas coisas. Minha irmã passa o tempo todo amolando, exigindo e pedindo.
> Minha mãe toma uma atitude tão estúpida. Não a enfrenta. Nunca diz nada. Ou briga até a morte com ela e depois acaba comprando tudo.
> Eu vejo uma injustiça com eles mesmos. Quando às vezes dizem algo que Flávia não aceita, pode terminar a discussão em porrada. Acho que muitas vezes não lhe dizem nada para não brigar, e então é sempre o mesmo. Termina conseguindo o que quer e depois eu me encho de raiva dela e deles. Sinto que meus pais não podem dizer não. Eu tento tomar parte, porém é muito pouco.
> De minha irmã, guardo um conjunto de sentimentos que não posso expressar. É alguma coisa especial. Não desabafo.
> (Interpreto em que medida ele, à semelhança daquilo que critica nos pais, termina finalmente afogando seus sentimentos e pensamentos e se submetendo também ao vai e vem dos caprichos da irmã, postergando os seus próprios.)
> Tenho um sentimento de impotência com todos. Como quando a gente vê que no governo se cede e se cede, se

corrompe e se rouba. Sinto que com meus pais cada vez que lhes digo algo, é como se não houvesse dito nada; e minha irmã é impossível. Quando você tem uma irmã famosa, que ocupa muito espaço, te agarra uma inveja. Porém quando você tem uma como a minha, que cria uma situação tóxica, te dá vontade que desapareça ou que vá para longe. Também tenho um pouco de pena dela, porque está perdendo tudo. Já não estuda, não namora. Não toca mais música, sei lá, anda com essa loucura da indiferença.

Quando estamos bem, dividimos um monte de coisas. Assim oscilo com ela na luta entre a paixão e o ódio. Eu sinto que gosto dela, porém é tóxica, você me entende? É como um aspersor radioativo que emana radioatividade e contamina tudo. O que você quer que eu te diga? Sinto-me impotente com ela e com meus pais.

(Assinalo que, talvez, seu estado de impotência guarde certa relação com etapas anteriores divididas com sua irmã, quando ambos eram crianças e a diferença de três anos era algo muito grande de poderes e direitos.)

Quando era pequeno, minha irmã me batia muito. Meus pais às vezes intervinham e às vezes não. Eu nunca fiquei de braços cruzados quando me batia. Mas ela era maior e mandava em mim. Eu me lembro de que tinha de correr de manhã para ir para a escola muito cedo porque ela tinha vontade de chegar primeiro. Na quarta série, fiquei sabendo que entravam na aula às 8h20, e ela me dizia que era às 8h, e se não saíamos bem cedo fazia um escândalo, dizendo que por minha culpa iria chegar tarde, e eu saía pondo o jaleco com medo e correndo pela rua. Minha irmã me submetia. Ela me castigava. Ela era muito grande, porém agora não mais a vejo grande, mas como um centro habilidoso de domínio. Dá e tira habilmente para ter tudo controlado. Ela ainda administra em algumas situações.

Agora a situação é completamente diferente do que era antes. Já posso sair um pouco mais do seu domínio, é uma arte que estou aprendendo pouco a pouco; mas sinto que posso. Estou entendendo sua forma de exercer o domínio sobre os outros. (Pausa.)
Flávia pendurou em si um cartaz de que a ela ninguém pode pedir nada. Ela o obteve cagando em todo o mundo. E eu tenho o cartaz de "moleque", "burro de carga", que tudo pode resolver e carregar.
E minha irmã Alexandra é outra intocável, não se pode contar com ela para nada. Pegou para si um cartaz que diz "pequenininha e tonta" e não é pequenininha nem tonta. E meus pais iluminam os cartazes.
(Muda o tom de voz e, com uma mistura de resignação e aflição, continua.) Parece que meus pais não vão mudar a situação das minhas irmãs, mas eu sim. Eu me sinto no meio de um redemoinho, e a única solução é sair dele, porque, senão eu vou para o fundo.

Nessa sessão, evidencia-se a especificidade e a articulação do complexo fraterno com as dinâmicas narcisista e edípica. Seus influxos eram exercidos inclusive na estruturação da hiperseveridade de seu superego, na determinação de sua escolha vocacional. O *leit motiv* dos seus pensamentos era não ser como Flávia, opondo-se reativamente a ela, em lugar de buscar ativamente um projeto desiderativo próprio.

Como minha irmã não quero ser, repetia em várias sessões. Antes eu agia muito em oposição ao que era Flávia. Eu me lembro de até conscientemente me propor a fazer algo completamente diferente do que ela fazia. O pior que meu pai podia fazer era dizer: Você é igual à tua irmã. Outra variação disso era quando me misturava com ela. Eu penso que meu pai se enganou ao nos misturar, minha irmã e eu. Penso que foi um recurso ruim para tentar voltar a ter uma relação com minha irmã.

Minha irmã vive pedindo-lhe dinheiro e não reconhece nada dele; é tão ruim o que faz que me dá raiva. Se eu fosse meu pai, eu a socaria. Meu pai não sabe o que fazer. Se não lhe dá dinheiro, ela diz que vai embora de casa. Se lhe dá, ela questiona porque só agora deu. Então meu pai afirma isto: Não tem dinheiro para ninguém; há uma economia de guerra para todos. Penso que ali há uma dívida conosco. Não porque nos deva algo, mas porque merecemos o reconhecimento da diferença. Alexandra sofre o mesmo que eu. Isso me desperta muita raiva, muito rancor de meus pais. Eu entendo, mas está ruim. Sei que é uma postura difícil a deles porque se propuseram o tempo todo a resolver isso. Tratam de melhorar seu relacionamento e há momentos tranquilos. Porém, diante de qualquer situação, a coisa dispara e o mundo voa. Está no cu do mundo, liga dizendo que está morrendo de fome, meus pais vão para onde está, mandam um cartão de crédito e, ainda por cima, ela diz que foi expulsa da família. Gera sentimentos de merda e desfruta da situação. Ela se lança a filosofar que é como um anexo da família. Mas é ela tem um comportamento à parte. Vem, entra e sai. É como um parasita, com a diferença de que ainda pede dinheiro. Faz anos que luto para tirar ela de cima de mim, mas ainda não a tirei totalmente. Sempre me ponho um sentimento de culpa por todos.

No terceiro ano do processo analítico, os pais me comunicam que, independentemente do tratamento individual de Adriano, decidiram começar uma terapia familiar, porque a situação era insustentável. Concordo com a proposta, mas Adriano se resiste a participar a princípio.

> Eu acredito que meus pais pedem essa terapia porque é uma maneira de globalizar o problema para não ver que existem problemas pontuais. Provavelmente seu problema nos afeta a todos, mas pertence a ela.
> Ela é muito intrusiva, sobretudo é uma superchata, se mete em tudo. Que merda lhe importa o que eu faço! Eu sou como meu pai, muito impulsivo. Quando fico bravo, fico violento. Minha irmã é muito sutil para me tirar dos eixos. Ela me exaspera, me violenta e depois o violento sou eu.

Após poucos meses do início da terapia familiar, Adriano decide, independentemente de Alexandra, não ir mais às sessões e me relata como havia enfrentado Flávia e seus pais diante da presença do analista.

> E então disse a Flávia: Eu não quero que você se meta mais no meio, não me misture. Você continua se esquivando dos problemas e vive se comparando comigo.
> Para mim, o papai empresta o carro, porque sabe que eu cuido e que pode confiar em mim. Mas você deixa jogado em qualquer lugar, já bateu duas vezes e não assume as responsabilidades. Então vem para casa e começa a dar escândalos: que é injusto, que dão o carro para mim e para você não, e começa a me misturar com você. Lute pelas tuas coisas e se encarregue do que é teu, mas não me ponha no meio. Minha relação com ele, o pai, é problema meu. Se quiser chegar a um acordo com ele, arranja você a solução. Por favor, nunca mais me inclua numa conversa

desse tipo. Por favor, não me encha mais o saco. Depois, resolvi com meus pais e disse: Vocês me sobrecarregam com as responsabilidades de proteger a Flávia e a Alexandra. E me sinto uma pessoa má quando não quero assumir essas obrigações. A confusão com tudo isso me tira o foco. Eu não quero continuar sendo encarregado delas. Elas não cuidam do que corresponde a elas. Continuam lavando as mãos e, finalmente, eu me sinto um lixo, uma bosta. Eu não venho mais aqui.

A oposição de Adriano em continuar a terapia familiar (Alexandra continuou por mais dois anos) despertou ofensas e resistências principalmente no pai, começando a atrasar o pagamento do tratamento no momento mais fecundo de seu processo analítico individual, no qual começava a desidentificar-se da missão redentora do *infans*, de carregar sobre seus ombros culpas e responsabilidades de outros que não concerniam a ele. Desidentificação que possibilita livrar e "matar" esse menino marmóreo, que garante a imortalidade própria e a dos outros, para aceder à desidentificação de identificações alienantes.

A "morte" da imortalidade condiciona o nascimento do ego. Leclaire, ao aludir a esse assassinato, diz que

> é necessário e impossível para aquela criança maravilhosa ou terrível que estivemos nos sonhos daqueles que nos deram vida ou nos viram nascer. Para viver, é preciso matar a representação tanática do infans *em mim, para que outra lógica apareça, regida pela impossibilidade de efetuar esse assassinato de uma vez por todas e pela necessidade de perpetuá-lo por todas as oportunidades*

> *em que se fale verdadeiramente, a todo instante, naquilo que se começa a amar.* (Leclaire, 1975)

A morte do *infans* reanima sentimentos de desproteção e ominosidade pela perda da fantasia que reassegura a ilusão de alcançar, por meio da fusão, o amor de eternidade imutável. De fato, a desidentificação do *infans* põe à prova a estabilidade dos sistemas narcisistas nos planos intrassubjetivo ou intersubjetivo. Isso ocorre porque a ameaça do desligamento, implícito no processo de desidentificação em ambos os sistemas, não somente reativa nos pais e no filho adolescente os lutos da passagem do tempo diante da perda do bebê que cresce e dos pais que envelhecem (temporalidade linear) como também, ao mesmo tempo e fundamentalmente, ressignifica de forma retroativa a assunção das próprias incompletudes que evitavam assumir por causa do filho obturador sempre presente e/ou aos pais protetores e imortais.

Os complexos de Édipo e fraterno

Outra das funções básicas do processo analítico é tornar consciente o inconsciente e fomentar o trabalho elaborativo dos complexos materno, paterno e fraterno no quebra-cabeça mental de cada analisando. De que modo se apresentam, se articulam e se recobrem entre si, destacando-se seu valor estruturante e permanente.

Um homem, escreveu Freud a Ferenczi, "não deve lutar para eliminar seus complexos, mas sim para se reconciliar com eles, que são legitimamente os que dirigem sua conduta no mundo"; e o processo analítico requer evidenciar, o mais detalhado e exaustivamente possível, na interpretação, na construção e na elaboração das diferentes posições adotadas pelo adolescente na assunção e resolução dessas estruturas fundacionais da subjetividade.

O filho-progenitor e o irmão-progenitor

> Porque estamos muito próximos, e a criança
> É o progenitor de quem o segurou
> Em suas mãos de adulto uma manhã e o levantou
> No consentimento da luz.
>
> Bonnefoy (1997)

O processo de identificação congela o psiquismo em um "para sempre" característico do inconsciente que se qualifica de atemporal. O processo de desidentificação libera o "para sempre" de uma história que aliena o sujeito da regulação narcisista. Constitui assim a condição que possibilita liberar o desejo e construir o futuro. (Faimberg, 1985)

Durante a desidentificação, produz-se a defusão da pulsão de morte, pois se dissolvem – desestruturação implícita e transitória em toda elaboração do processo desidentificatório – os laços afetivos com determinados objetos, possibilitando sua passagem para outros objetos, o que reabre o acesso à configuração de novas identificações, em uma reestruturada dimensão afetiva, espacial e temporal.

A desidentificação pode ser vivenciada em todas as etapas da vida, mas de maneira mais patética durante o período da adolescência, como um desgarramento daquela pessoa que foi uma parte do si mesmo. Esse processo leva consigo a ameaça para o sentimento de si, tanto do filho como dos pais, de perder a sustentação que conserva a regulação da estrutura narcisista. Tal sustentação se nutre com base na imagem de pais salvadores e supervalorizados que tem o filho e na imagem de filho idealizado e messiânico que têm os pais. Ambas as partes se retêm mediante uma envolvente e constante provisão de oferecimentos e ameaças verbais, materiais e afetivas, em uma prolongada pseudoindividuação de negociações narcisistas com temporalidade ambígua.

Esse ideal de onipotência, que balança entre o filho adolescente e seus pais, põe em cena as técnicas de desenganche e reenganche entre credores e devedores, em seu movimento pendular condicionado pelas tendências da agressividade. Enquanto a agressividade a serviço de Eros tende à discriminação do outro, a agressividade a serviço de Tânatos promove a indiscriminação ominosa com o outro e apaga as fronteiras entre o eu e o não eu, entre realidade psíquica e realidade material.

A pulsão de morte, liberada durante o processo de desidentificação, pode sofrer dois destinos: o primeiro seria ligar-se a novas identificações, e o segundo permanece livre e é distribuído de modo que uma parte é assumida pelo superego, aumentando sua severidade, e, dessa forma, se volta contra o ego, ou uma parte disso exerce sua atividade muda e ominosa como pulsão livre no ego e no id.

Tanto as partes ligadas como as não ligadas da pulsão de morte se manifestam em sentimentos de culpa e de necessidade inconsciente de castigo, acompanhados de um halo inquietante de sentimentos de pânico, horror, incerteza, inermidade, orfandade, vazio e morte, que corresponde precisamente ao *Unheimlich* do acionar do setor de Tânatos, que foi subtraído do domínio conseguido mediante a ligação a complementos libidinosos e que continua tendo como objeto o ser próprio.

A mistura e as combinações, muito vastas e de proporções variáveis, entre os sentimentos de culpa e de ominosidade, que sobrevêm necessariamente como resultado do processo de desidentificação durante a adolescência, costumam expressar-se na clínica como remorsos e ressentimentos manifestos e latentes, precisos e difusos, por culpa e vergonha, pré-edípicos e edípicos, básicos e fraternos, primários e secundários.

O estado de mortificação psíquica, implícito em todo processo desidentificatório, adquiriu maior dramaticidade durante o terceiro ano do processo analítico de Adriano. Com momentos de depressão, a consequência dos processos dos lutos narcisistas diante da desidealização de seu ego ideal e seu ideal de ego, por depor uma relação de poder, desejada e, ao mesmo tempo, temida, reanimava seu sentimento de onipotência infantil ao passo que exercia a paradoxal e revertida dependência de seus pais para com ele. Adriano havia sido erguido pelas mãos de seus pais à categoria de "a luz" que ilumina e mantém: o filho progenitor dos próprios pais, aos quais devia prodigalizar vitalidade e esperança, mas dos quais requeria, por sua vez, ser sustentado e cuidado. Situação paradoxal que sobreinvestia sua idealidade com fantasias de autoconcepção e de neoconcepção às custas da pulsionalidade. E, como consequência, sua agressividade necessária para confrontar pais e irmãs permanecia sufocada e seus afetos, hibernados e/ou voltados contra si mesmo, costumavam exteriorizar-se por meio de sintomas psicossomáticos e tormentos mentais.

Além disso, recaía sobre o "burro de carga" o peso de outra crença inconsciente, até aquele momento inamovível e não questionada: ele, como o "filho homem e sadio", tinha ademais a missão de agir com suas irmãs como um vicário duplo parental, isto é, o irmão progenitor. Ambas as elevadas posições identificatórias reanimavam a hiperseveridade de seu superego e a desmedida de ideais de redenção, perfeição e domínio.

O desordenamento dos papéis se sustentava, em grande medida, por conta da manutenção de uma particular fantasia que circulava entre todos os integrantes da família e que denominei "fantasia dos vasos comunicantes".

A *hiperseveridade* do *superego*

Uma preocupação permanente nesse processo era tratar de evitar, precisamente, a interpretação e a elaboração excessivas da dimensão intersubjetiva sobre a intrassubjetiva. O postulado freudiano fundamental formula que o conflito psíquico que dá lugar ao sintoma é um produto transacional entre os sistemas psíquicos e as estruturas psíquicas e, em última instância, manifestação do intricamento e desintricamento das pulsões de vida e morte.

Adriano pedia para ser liberado de suas representações obsessivas. A luta contra essas ideias impedia sua concentração em seus estudos. Argumentos e contra-argumentos em relação à escolha vocacional lutavam entre si. Era assaltado de novo por dúvidas sobre continuar se esforçando no estudo da mesma profissão de seu pai. Já estava cursando o segundo ano da faculdade de Biologia, mas havia sido reprovado em várias matérias. Não podia manter o ritmo de estudo de seus companheiros e, no fundo, era assediado continuamente por um conflito de lealdades na relação com o complexo paterno. Sentia que devia ser como o epígono do pai e, ao mesmo tempo, se sublevava. Terminava martirizado com toda classe de pensamentos obsessivos e, simultaneamente, apareciam sanções que tinha de infligir-se pelo não cumprimento dos deveres e dos ideais que satisfizessem suas necessidades de castigo.

> Sempre tenho a sensação de estar fazendo um pouco menos do que poderia estar fazendo e que posso fazer um pouco mais.
> A atitude de meu pai ativa meu dedo com laço vermelho. (O dedo com o laço vermelho era a representação figurativa com a qual nomeava o acionar da hiperseveridade de sua instância superegoica.)
> Entra o papai e me diz: O que você está fazendo? Nada, respondo. Como não está fazendo nada? E aí sinto a pressão

e começo a ficar obsessivo porque, na verdade, não estou fazendo nada. Estou perdendo meu tempo, e nesse momento aparece por trás o dedo com o laço vermelho.

Por outro lado, minha mãe não é assim. Quando vê que não estou fazendo nada, ela me pergunta: O que está fazendo? Nada. Ui, que sorte!, diz. Meu pai acredita que sua pressão é melhor. Meu pai e meu tio se envenenam pelas coisas. Começam aos gritos e, assim, vão os dois, com a pressão alta e o estresse. Eu também sou de me envenenar. Começo a me bater com um chicote. Quando alguma coisa sai mal, eu me recrimino muito. Eu me mortifico, o que acontece é que, às vezes, é a única maneira que tenho de ligar a pilha. Se não me enveneno, não tem motor; caso contrário, tranço as pernas e não faço nada. Não encontro o ponto médio.

Ontem não pude estudar e me puni. Não me permiti dormir a sesta porque havia me levantado tarde. Antes, era pior comigo mesmo. Eu me castigava, não me permitindo sair no sábado à noite por não ter estudado o suficiente.

Não suporto que as coisas saiam erradas. Eu me arranjo. Tenho uma tortura mental.

(Interpreto a ele que se impõe esse controle tão severo que o asfixia e o cansa e, ao não cumprir com seus próprios ideais de perfeição, obriga-se sozinho a ir para um canto de castigo e que age como um bom carrasco de si mesmo.)

(Dá risada.) Sim, muito bom mesmo! Mas agora estou entendendo as coisas. Eu era uma fervura por dentro e não deixava sair nada. Agora estou mais tranquilo por dentro. Porém, ainda continuo sendo muito reclamão comigo. Não me perdoo. Eu me castigo. Às vezes mordo meu dedo porque uma coisa não saiu direito quando estava tirando algo no violão. Ou me bato na cabeça com o punho quando emburreço e não entendo o que leio e as coisas não saem. Eu me aplico um corretivo, um pequeno golpe de ânimo. (Dá risada.) Às vezes, me bato forte com uma régua de madeira e minha cabeça fica doendo. Senão, às vezes bato nas portas que são de carvalho duro. Elas aguentam porque são bastante fortes. Às vezes é uma forma de descarregar tensões e me invoco com as portas, mas minha irmã se invoca com todos ao seu redor. Ela é como um vulcão que está apagado e deixa sair um fiozinho de fumaça, mas a gente não sabe quando pode haver uma erupção. (Explico que dentro dele existem também certas situações de angústia que, como um vulcão, não pode dominar e que, quando entram em erupção, fazem mais por implosão que por explosão, até o extremo de ficar cansado e envolvido em uma avalanche de sanções, autorrecriminações e acessos de asma brônquica.)

A flexibilização gradual da figura feroz e cruel de seu superego foi a consequência da análise e da elaboração exaustiva acerca de sua localização na dialética subjetiva das relações estruturais; de seu posicionamento com relação ao desejo do outro, tanto no Édipo, como complexo nuclear da neurose, como no complexo fraterno e na dinâmica narcisista do duplo, no complexo do semelhante (*Nebenmensch*).

Agora não me recrimino tanto. Faço mais as coisas por consciência e não por obediência. Faz muito tempo que não tenho notícias do dedo com o laço vermelho. Eu vou tirar o laço dele. Vou trocar por uma agenda. Nem faço tanto drama com as coisas. Estou tomando a atitude de não me criar tanto problema até que realmente não faça falta. Antes me preocupava muito, mas não me ocupava. Agora trato de como ver a solução. Estou mais tranquilo comigo mesmo. No domingo pude tomar uns mates sem fazer a lista do que eu tinha para fazer. Quisera merecer ter gratificações não como um prêmio, mas como algo natural.

Finalmente, Adriano decidiu abandonar a faculdade de Biologia e escolheu, após vários meses de incerteza, entrar na faculdade de Arquitetura. Essa mudança foi respeitada e apoiada por seus pais. Assim, começou a desfrutar do estudo e acabaram suas inibições intelectuais.

Sua vida afetiva e social não apresentava grandes dificuldades. Mantinha desde alguns anos uma relação estável com Mariela, "sua princesinha de sempre", com ternura e satisfação sexual. Não temia amar e permitia ser amado, ao mesmo tempo que conservava uma relação fluida com seus pares. Praticava esportes e, com dois de seus amigos, constituiu uma pequena sociedade. Em pouco tempo, surgiram conflitos com o sócio mais velho, reeditando com ele sua relação de tormento com Flávia. A sociedade se dissolveu, mas a manteve com o outro companheiro e obteve bons resultados.

A seguir, abordo outros dois dos quatro eixos metapsicológicos de referência que me orientam sobre a existência de um processo ou de um não processo no tratamento psicanalítico com adolescentes.

O reordenamento identificatório e o confronto geracional

O reordenamento das identificações durante a cura analítica atravessa variados processos e subprocessos de desidentificação e reidentificação.

Subprocessos de desligamento e de novas ligaduras que são acompanhados inexoravelmente de angústias, fantasias ominosas e recrudescimentos sintomáticos. Esses subprocessos, inerentes aos processos de reordenamento do não habitual sistema das identificações, facilitam a emergência conjunta de intensas angústias e fantasias também no analista, que deve avaliar segundo seu marco referencial teórico os movimentos regressivos e progressivos dessas fases elaborativas.

Adotando um exemplo para ilustrar de que modo a metapsicologia e a observação clínica se fecundam reciprocamente, emprego um conceito teórico relacionado com a temporalidade analítica: o *a posteriori*, a ressignificação retroativa, como guia que tem valor heurístico nos processos elaborativos de certas identificações alienantes, verificando também como incidem na avaliação das diferentes resistências que se opõem à mudança, resistências que provêm da realidade psíquica e da realidade externa, avassalando o ego.

Ressignificação e memória

> *A memória, essa sentinela da alma.*
> Shakespeare (1953)

A ressignificação ativa uma memória particular, aquela relacionada às cenas traumáticas da história críptica: reprimida e cindida do sujeito e, ao mesmo tempo, entrelaçada de histórias inconscientes e ocultas, reprimidas e cindidas de seus progenitores e irmãos. Histórias e memórias entrecruzadas que participaram na gênese e na manutenção de certos processos identificatórios alienantes.

A memória da ressignificação, "essa sentinela da alma", abre, em um momento inesperado, as portas do esquecimento e da saída a uma emergência vulcânica de um caótico conjunto de cenas traumáticas que foram longamente suprimidas e não significadas durante anos e, inclusive, por gerações.

A ressignificação do traumático acontece durante todas as etapas da vida – porque o trauma tem sua memória e a conserva –, porém estoura fundamentalmente na adolescência, etapa culminante, caracterizada pela presença do caos e de crises inevitáveis. Isso porque nessa fase do desenvolvimento ocorre a ressignificação do não significado e traumático de etapas anteriores à remoção das identificações, para que se alcance o reordenamento identificatório e a confirmação da identidade.

Durante a adolescência, os investimentos narcisistas parento-filiais e fraternos que não foram resolvidos nem abandonados entram em colisão. Requerem ser confrontados com o depositado pelos outros significativos, para que o sujeito consiga reordenar seu sistema heteróclito de identificações que o alienaram no projeto identificatório originário. O identificado (identificação projetiva para uns, deposição e especularidade para outros) responde sempre o desmentido para o depositante e para o depositário.

Todo sujeito deve atravessar inexoravelmente o angustiante ato do confronto com seus pais e irmãos nas realidades externa e psíquica, para se desprender daqueles aspectos desestruturantes de certas identificações. Tem de afrontar o que o outro (pai, mãe, irmão) nunca pôde confrontar. O confronto coloca o outro (do qual o sujeito depende) na situação de perder seu depositário, quer dizer, traz o perigo de desestruturar sua organização narcisista. A desestruturação do vínculo patológico narcisista arrasta e desencadeia a desestruturação narcisista do outro. Esse processo, que ameaça com um duplo rompimento narcisista, pode estar acompanhado de intensos sintomas e angústias de despersonalização ou desrealização por ambas as partes do vínculo.

As fantasias de morte que disparam antes e durante o ato do confronto costumam ser a manifestação da morte dessas instalações narcisistas e de certas idealizações e ilusões, da queda, em definitivo, de sobreinvestimentos maravilhosos que se subjetivam como momentos de tragédia na lógica narcisista.

Aragonés (1999a) considera que os investimentos narcisistas transformam os papéis na trama familiar, alterando a configuração do tabuleiro de parentesco. Os filhos não chegam a ocupar o lugar simbólico de filho nem de irmão, e os progenitores não conseguem resgatar-se do primitivo lugar de filho ou de irmão, dando lugar a identificações alienantes. O filho pode chegar a arcar com a sombra de um luto por algo não resolvido nos progenitores.

O autor ainda considera que

> *esse objeto é duplamente inconsciente [tanto para o depositário como para o depositante], situação que só a reconstrução da história [primeiro na mente do analista] pode lhe dar a verdadeira representação que tem. O não confrontado dessas identificações alienantes da adolescência permanece cindido e, portanto, ativo na forma que pode estar o inconscientemente cindido.*
> *A resolução dessas identificações alienantes requer ser apreendida desde o conjunto do campo dinâmico parento-filial e fraterno, fato que poderia ser traduzido na teoria da técnica, em alguns tipos de intervenção com os pais e/ou irmãos para processar os efeitos do cindido. (Aragonés, 1999a)*

Nesses processos e subprocessos do reordenamento das identificações, reanimam-se múltiplas e variadas resistências que se opõem à continuidade do trabalho elaborativo. Resistências que, em cada caso, requerem um estudo, o mais preciso possível, para distinguir as cinco formas clássicas de sua natureza. Em primeiro lugar, "distinguir" as formas da resistência assinalada por Freud ao final de "Inibição, sintoma e angústia" (1926); três delas são atribuídas ao ego: a repressão, a resistência de transferência e o benefício secundário da doença que se baseia na integração do sintoma no ego. Além disso, deve-se considerar a resistência do id e a do superego e as outras resistências que podem chegar a constituir-se no campo dinâmico por uma cumplicidade que engloba tanto a resistência do analisante como a contratransferência do analista, comunicadas inconscientemente entre si e agindo juntas. Em terceiro lugar, a participação de certas resistências geradas pela pressão atuante, na realidade externa, de certos influxos desestruturantes que avassalam a ego. Momento pontual, que demanda uma mudança técnica na estratégia terapêutica clássica, mudança que aponta a inclusão de outros significativos na realidade material do trabalho clínico com ou sem a presença do analisando, por meio da implementação de sessões vinculares, de casal, entre irmãos, entre pais e filhos e/ou familiares.

Para isso, o analista, que é forçosamente como "o ego mesmo uma criatura de fronteira", necessita revisar em separado o acionar da origem e da natureza de cada uma dessas resistências e, em seguida, precisa fazer um esforço para concebê-las em conjunto e indagar, ao mesmo tempo, a íntima relação existente entre elas, fundamentando metapsicologicamente, como resultado, suas modificações técnicas segundo o momento particular que atravessa esse processo ou não processo.

No quarto ano do processo analítico, resolvi convocar ambos os pais para algumas sessões com Adriano, porque começava a perigar a continuidade do tratamento. Havia surgido a configuração de um prolongado conflito de lealdade parento-filial e comigo, no qual participavam resistências geradas dos pais e de Adriano.

Minha proposta a princípio não foi aceita por Adriano. Não queria incomodá-los. Considerava que ele poderia solucionar o atraso do pagamento do pai que aumentava sua dívida comigo, dificultando o prosseguimento do processo, e as dívidas e culpas nele, porque sua diferenciação era equiparada a uma traição que afetava a tradição da ideologia sacrificial, mantida pela fantasia familiar dos vasos comunicantes. Suas resistências exteriorizaram-se por meio de reiterados esquecimentos, amolações e silêncios prolongados durante as sessões, e sua insistente oposição à inclusão dos pais possibilitou colocar em evidência como, na reedição transferencial, tentava posicionar-se diante de mim como um filho e irmão progenitor, possuidor de uma ilimitada capacidade de transformar o outro e aguentar tudo sobre suas costas, como um "burro de carga", sem avaliar o preço do sofrimento e do perigo dessa missão redentora.

Disse a ele que a mim não teria de salvar nem cuidar, e que eu considerava que, para manter nosso trabalho conjunto, era necessário convocar os pais, com a finalidade – dentro do possível – de se desembaraçar de certos obstáculos que estavam atuando no campo analítico.

Finalmente, Adriano aceitou minha proposta. Convoquei os pais e ambos vieram.

O pai, tenso, começou a falar com irritação, argumentando que seu filho, antes de começar a terapia, era diferente. Apesar de reconhecer e agradecer o fato de quase não apresentar acessos asmáticos e de a mudança de faculdade ter sido uma medida adequada, porque estudava com entusiasmo e tinha bons resultados, considerava inadmissível seu egoísmo crescente. Levantou o tom de voz e me disse:

> Desculpe-me, doutor, se eu chegar a ofendê-lo com o que vou dizer. Porém, não é o senhor que influencia que nosso filho tome essa atitude com sua irmã e conosco? Na minha família, embora fossem outros tempos, todos ajudavam quando alguém precisasse. Eu continuo oferecendo meu ombro quando alguém precisa. E minha mulher, nem lhe digo. Ela, muito mais que eu. Com sua irmã, com amigos. Porém, Adriano se afasta sozinho.

Em seguida, ambos os pais comentaram sobre a profunda dor que tinham com a filha mais velha, por suas viagens intempestivas e ausências reiteradas e relataram suas cenas de angústia.

Disse-lhes que aquela entrevista era para falar sobre as dificuldades que ultimamente tinham surgido no tratamento de Adriano com relação à postergação do pagamento e que, talvez, essa dilatação mantinha certo nexo com o descontentamento e com o afã de represália ao filho e a mim por sua oposição em participar da terapia familiar. Porém, afirmei que conheciam os sentimentos solidários que Adriano tinha com todos e que sua luta por ser diferente não significava ser oponente ou inimigo. Nesse momento me ocorreu perguntar se conheciam a parábola do filho pródigo, porque supus que, por meio dessa narrativa, poderia tornar visível o invisível do terreno secreto no qual transitavam as fantasias, os afetos e as relações de poder entre pais e filhos, quando um de seus integrantes adoece e desestrutura os demais.

Não a conheciam. Então, eu me dirigi à biblioteca, busquei o Novo Testamento e comecei a ler.

Parábola do filho pródigo

E disse: Um homem tinha dois filhos; e o mais novo deles disse a seu pai: Pai, me dê a parte dos bens que me corresponde. E o pai repartiu os bens.

Não muitos dias depois, juntando tudo, o filho mais novo se foi para longe a uma região afastada, e ali desperdiçou os bens vivendo perdidamente. E quando tinha gastado tudo, veio uma grande fome naquela região e começou a faltar-lhe.

E foi, e se arrumou com um dos cidadãos daquela terra, que lhe enviou para sua fazenda para que pastasse porcos. E desejava encher seu ventre com as alfarrobas que comiam os porcos, mas ninguém lhe dava.

E, voltando a si, disse: Quantos diaristas na casa de meu pai têm abundância de pão, e eu aqui padeço de fome! Eu me levantarei e irei ao meu pai, dizendo-lhe: Pai, pequei contra o céu e contra a ti. Já não sou digno de ser chamado teu filho; faz-me como a um dos teus diaristas. E levantando-se, veio ao seu pai.

E quando estava longe, seu pai o viu e, movido pela misericórdia, correu e se lançou sobre seu pescoço e lhe beijou. E o filho disse: Pai, pequei contra o céu e contra ti e já não sou digno de ser chamado teu filho.

Porém, o pai disse aos seus servos: Tragam depressa a melhor vestimenta e o vistam; e ponham um anel na sua mão, e calcem seus pés. Depois, tragam o bezerro gordo e o matem para que comamos e façamos festa. Porque este meu filho era morto e reviveu; tinha se perdido e foi achado. E começaram a regozijar-se.

E seu filho mais velho estava no campo; e quando veio e chegou perto da casa, ouviu a música e as danças.

Chamando um dos criados, perguntou-lhe o que era aquilo. E ele lhe disse: Teu irmão voltou; e teu pai mandou matar o bezerro gordo por tê-lo recebido são e salvo.

Então se aborreceu e não quis entrar. Saiu seu pai e lhe rogou que entrasse. Mas ele, respondendo, disse ao pai: Eis aqui, tantos anos te sirvo, não tendo te desobedecido jamais, e nunca me deste nem um cabrito para gozar-me com meus amigos. Porém quando veio este teu filho, que consumiu teus bens com rameiras, fizeste matar para ele o bezerro gordo.

E então o pai lhe disse: Filho, tu sempre estás comigo, e todas as minhas coisas são tuas. Mas era necessário fazer festa e nos regozijar, porque este teu irmão estava morto e reviveu; se havia perdido e foi achado. (Bíblia, Lucas 15, 11-32)

O pai entendeu imediatamente a mensagem dessa dinâmica particular que se tramava entre os irmãos e entre o filho mais velho e o pai. Compreendia intelectualmente, mas não aceitava a posição de Adriano. A mãe, depois de enxugar as lágrimas, olhou-me com desesperança e disse: "Entenda, doutor, que nossa situação é muito difícil e, às vezes, terrível". Disse-lhes que compreendia e admitia a dolorosa e preocupante situação, mas que Adriano se opunha a continuar girando ao redor do eixo de Flávia e das angústias que gerava nos pais, pois originavam nele excessivas responsabilidades e culpas que o afetavam mental e fisicamente. Acrescentei que isso não significava, de nenhuma maneira, um rompimento de seus laços solidários com os componentes da família.

Os pais se despediram com amabilidade e dor.

Tive duas sessões, em seguida, a sós com eles e inferi que, para eles, era quase impossível processar o luto narcisista pelo perigo que representava para a homeostasia familiar o abandono da instalação narcisista depositada no filho homem como o duplo especular substituto deles.

Quando fechei a porta de meu consultório, voltaram a ressoar em mim as palavras da mãe de Adriano: "Entenda, doutor, que nossa situação é muito difícil e, às vezes, terrível". Foi nesse momento que despertou em mim o desejo de escrever, como uma tentativa de dar corpo à minha experiência clínica e às interferências metapsicológicas dos efeitos que, em certas vidas, costumam exercer a presença de um filho-irmão perturbado ou morto. Recordei a importância dos complexos fraternos nos processos identificatórios e sublimatórios em três eminentes criadores, Vincent van Gogh, Salvador Dalí e Ernesto Sábato, e as três marcas que deixaram em suas vidas e em suas obras o infausto acontecimento de terem nascido para substituir um irmão morto e ser, além disso, os portadores do mesmo nome do duplo consanguíneo falecido, ao mesmo tempo ominoso e maravilhoso, mortal e imortal. Perguntei-me, parafraseando Freud quando afirmava que a anatomia era o destino, se a ordem do nascimento dos irmãos também era um destino. Como resposta, veio-me à mente uma citação de Freud: "A posição de uma criança dentro da série dos filhos é um fator relevante para a conformação de sua vida ulterior, e sempre é preciso levar isso em conta na descrição de uma vida" (1916).

Os meses transcorriam e as resistências do pai cediam muito pouco. Cada pagamento mensal representava uma batalha que desgastava Adriano e o processo analítico. No começo do quinto ano de análise, ele recorda uma sessão:

> Eu, quando criança, tinha uma roupa de Zorro. Era ele quem impunha a ordem, a paz e a justiça. Ontem encarei meu pai num *round*. (Dá risada.) Estive treinando à tarde

socando um saco de areia. Nós gritamos com tudo. Ele me escutou, mas acho que já é suficiente.

Minha mãe está comigo, não quer que eu deixe o tratamento. Eu quero continuar um pouco mais, mas não muito mais. Ele continua enchendo com o dinheiro. Eu sei que não é o dinheiro. Mas ele é quem lida com isso.

(Muda o tom de voz e, enquanto brinca com seu chaveiro, reflete.)

Antes, havia seres mais ou menos intocáveis: meus pais e minha irmã. E agora dá-se a volta e vê-se que o brutamonte na realidade é um anãozinho. Vê-se o verdadeiro ser que estava escondido por trás desse boneco grandalhão e intocável.

Eu me sentia impotente, sobretudo com minha irmã, que era tão autoritária e tão monopolizadora. Ela continua sendo e meus pais lavam as mãos. Foi como descobrir que todos são seres vulneráveis com seus prós e seus contras.

Antes eram meio superiores a mim; tinham uma tática para cada situação. Já encontrei a saída. E pensar que tinha empacado achando que iria mudá-los.

Como podemos ver, no fragmento dessa sessão, evidencia-se a desidealização gradual e não paroxística do objeto, do ego e do vínculo, processo fundamental, sem o qual não existem mudança psíquica nem crescimento possíveis. O processo de desidealização conduz, por intermédio da prova de realidade, à retirada do elevado investimento (maravilhoso ou ominoso) que tinha recaído sobre o objeto supervalorizado (positiva ou negativamente) e sobre a onipotência do ego, com a consequente reestruturação no vínculo objetal.

A prova de realidade permite diferenciar o que é "simplesmente representado" do que é percebido e, por consequência, institui a diferenciação entre o mundo interior e o mundo exterior; ademais, possibilita comparar objetivamente o percebido com o representado, visando retificar as eventuais deformações deste último. A retificação valorativa do objeto, do ego e do vínculo entre ambos, que surge como efeito do processo das desidealizações, pode apresentar-se de forma abrupta (paroxística) ou instalar-se de um modo lento e progressivo (gradual).

Desidealização paroxística

Essa desidealização, que se produz quando o processo da desidealização atuou anteriormente em um papel defensivo para neutralizar a perseguição, pode levar a um desmoronamento melancólico do *Selbstgefühl*. Nesses casos, a desidealização se converte em uma difamação total do objeto e do ego e não prepara o caminho para um novo processo, o da reparação, que saldaria as dívidas internas e externas personificadas nos ressentimentos e nos remorsos.

Desidealização gradual

O pagamento dessas dívidas está condicionado por um trabalho prévio, processo de desidealização gradual, que implica a discriminação e o reordenamento valorativo do ego e do objeto. Essa mudança (*Wendung*) valorativa produz-se quando o sujeito consegue assumir que, na realidade efetiva, aquele objeto originário, outrora sobrevalorizado e deslocado para múltiplos objetos atuais (o devedor externo), carece dos atributos de perfeição com que o próprio sujeito lhe havia investido desde o princípio do prazer infantil. Ao mesmo tempo, atenuam-se os sentimentos de culpa e as condutas autopunitivas diante dos (credores internos) representantes do ideal do ego-superego.

A desidealização do poder omnímodo do ego se produz porque o sujeito consegue abandonar a inalcançável missão de dar cumprimento aos ilimitados ideais de perfeição e de completude que provêm de sua autoimagem idealizada e dos ideais parentais. Entretanto, conserva o vínculo com o objeto segundo as pautas mais realistas e estáveis. "Antes havia seres mais ou menos intocáveis: meus pais e minha irmã. . . . E pensar que tinha empacado achando que iria mudá-los."

As condições para conseguir a desidealização se produzem só depois que o sujeito travou múltiplas batalhas de ambivalência, conseguindo livrar-se das amarras provenientes das capturas narcisistas de seu ego ideal e do ideal do ego, instâncias psíquicas ideais da personalidade em que moram os restos da onipotência divina nos homens que carregam a missão de criar e/ou remodelar os objetos e o ego à sua imagem e semelhança.

Fim de análise

Falar sobre fim de análise na adolescência atualiza uma problemática complexa. Implica considerar os conceitos explícitos e implícitos de doença e cura e de analisabilidade, bem como de processo analítico em geral e nessa fase em particular. Esse conjunto de fatores se reflete na maneira de categorizar os elementos que se consideram pertinentes como indicadores clínicos sobre o final de análise.

A literatura recente se ocupou mais de interrupções, situações de *impasse* que de termos propriamente ditos na análise de adolescentes.

As teorias clássicas do final de análise se concentram, em geral, no lado do analisando e do analista, mas incluir o conceito de campo analítico na adolescência situa-se também do lado dos pais do analisando.

Antes de tudo, o final de análise com adolescentes impõe a exigência de um trabalho psíquico adicional pela necessidade de processar uma multiplicidade de lutas nas três dimensões: narcisista, edípica e fraterna no analisando, em seus pais e também no analista.

É possível distinguir dois critérios que não são excludentes em relação ao fim da análise. Um em que se privilegia o modelo "médico de tratamento", que supõe a supressão de sintomas e mudanças de traços patológicos de caráter. E outro que prefere utilizar o modelo de "processo", apontando a uma modificação estrutural concebida como o essencial dele: aquisição de novas estruturas de funcionamento que jamais teriam sido alcançadas sem análise.

Não só os indicadores clínicos variam segundo seu lugar de origem; também os conceitos teórico-técnicos se modificam de acordo com o nível escolhido para sua conceituação.

Para considerar a noção de fim de análise, creio pertinente fazer isso com base na noção de processo de mudança psíquica estrutural, coerente com a perspectiva a partir da qual abordo essa relação, processo que é um conjunto interminável. O interminável é a permanente reestruturação à qual se enfrenta o analisante em todas as suas instâncias psíquicas, em inter-relação permanente com a realidade material e social. O interminável seria a interminabilidade do processo, a busca do crescimento mental e da integração por meio da análise e da autoanálise ulterior.

Freud, no capítulo VII de *Análise terminável e interminável*, afirma:

> *Não tenho o propósito de afirmar que a análise como tal seja um trabalho sem conclusão. O término de uma análise é, na minha opinião, um assunto prático. Não é possível propor como meta limitar todas as peculiaridades humanas em favor de uma normalidade nem*

demandará que os "analisantes a fundo" não registrem paixões nem possam desenvolver conflitos internos de nenhuma índole. A análise deve criar as condições psicológicas mais favoráveis para as funções do ego; com o que ficará terminada sua tarefa. (1937)

Por fim, não nos esqueçamos de que a relação entre analista e paciente se fundamenta no amor à verdade, ou seja, à aceitação da realidade, livre de toda ilusão, engano. Verdade, tolerância à dor psíquica produzida pela rejeição de toda ilusão ou engano se definiram como meta geral da psicanálise.

Essa divisão instrumental entre metas curativas e transformações estruturais em relação com verdade, dor, conhecimento, aprendizagem e identificação poderia prover dados avaliáveis e processáveis. Porém, no mesmo capítulo, Freud afirma que não só a constituição egoica do paciente como a peculiaridade do analista demandam seu lugar entre os fatores que influem sobre as perspectivas da cura analítica e a dificulta, como as resistências.

Nesse sentido, seria útil levar em consideração o que concerne à personalidade do analista, seus remanescentes neuróticos e/ou psicóticos, o papel da contratransferência, as vicissitudes na interação do par paciente-analista. Seria útil, por exemplo, poder detectar as motivações inconscientes que atuam no analista, seja para querer "reter" o analisante, prolongando sua análise, seja para desejar o término prematuro dela para "se livrar" dele, seja para apressar o término de uma análise considerada "satisfatória" por razões narcisistas.

Analisar significa, etimologicamente, "des-ligar", "des-atar", romper algum enlace falso, revelar um autoengano, destruir uma ilusão ou uma mentira. O que caracteriza o processo analítico é o movimento conjunto de aprofundamento dentro do passado e a construção de um porvir. Se um trabalho analítico é possível, é porque o sujeito e o analista pensam que a exploração do passado permite a abertura do porvir.

Isso porque as séries complementares não constituem um determinismo mecânico e porque é possível sair pela interpretação e pela construção do eterno presente atemporal das fantasias inconscientes. Não se deve esquecer que a história do sujeito constitui uma dimensão essencial do que há para revelar em uma psicanálise.

A expressão "fim de análise" aponta por si mesma para um conceito relacionado à temporalidade.

Fim de análise como momento de passagem diferenciado no processo analítico

Sempre que analista e analisante estão livres de todo tipo de pressões, o tema do término surgirá sozinho e de forma espontânea, no momento oportuno, como consequência natural da interação dinâmica desenvolvida entre ambos os participantes ou da evolução alcançada no processo analítico. Para tanto, é preciso ter uma atitude de atenção flutuante frente ao problema do término da análise, já que deveria ser, como todo momento do processo alcançado sem que ninguém se proponha, algo que não está sujeito a nenhum outro saber que não seja o da escuta. Isso nos confronta a determinar a data de finalização da análise com base no material que nos apresenta o paciente.

Partimos da suposição de que existiu um momento de disparo, do qual parte um período qualitativamente diferente que inaugura um segmento específico do processo analítico: um período de término. O disparador do processo de término seria um salto qualitativo que se expressa mediante uma mudança fenomênica observável tanto na variação do relato como na diferente circulação afetiva. Coincide com um clima afetivo muito mais frouxo e expressivo que nos primeiros anos de tratamento.

O relato aponta a experiências que se "fecham" ou "terminam", não colocadas de forma manifesta em relação ao tratamento. Além disso, o analisante retira funções egoicas que tinham sido depositadas no analista e as recria dentro de si, exercendo-as na própria sessão; reflete, ainda, sobre o transcurso da análise.

O fim da análise é uma dura prova para o narcisismo do analisante, dos pais do analisante e do analista e reativa, por sua vez, antigos sintomas.

No mês de maio de seu quinto ano de análise, Adriano manifesta seu estado de bem-estar e começa a ver de forma retrospectiva seu processo analítico.

> Aos 12 anos, tive um forte ataque de asma, sem internação, e aos 18 tive outro episódio agudo, quando me internaram e me deram corticoides. Foi nesse momento que mamãe me intimou a fazer análise. Eu não queria, tinha preconceito. Para mim, quem fazia análise era louco. Agora, depois de cinco anos de tratamento, sinto que está se fechando um ciclo. É uma sensação, o ciclo se cumpriu e está chegando a seu fim.
> Ultimamente, me dá um pouco de preguiça de vir, não sinto necessidade, eu me sinto bem.

Eu também percebo uma mudança. Existe uma variação no caráter dinâmico da situação analítica nos dois níveis: o conteúdo ideativo, por um lado, e a circulação afetiva, por outro. Relembro como tinha chegado deformado pela ingestão de corticoide e comparo com sua expressão atual, alegre e diáfana. Concordo que podemos começar a pensar na finalização de nosso vínculo na tarefa psicanalítica. Começo a me interrogar se sofri alguma modificação com base em nossa relação e, evidentemente, advirto que Adriano gerou mutações em mim.

> Ir embora de casa e me emancipar é uma bruta decisão. Preciso conseguir me emancipar economicamente. Tenho vontade de fazer um projeto com a Mariela, tenho vontade de ir viver com ela e assumir uma série de responsabilidades que não sei se quero assumir. Não sei se não quero ir primeiro com Gabriel para a Europa por dois ou três meses. Não sei bem o que quero.
> (Pergunto se talvez não saiba se quer terminar o tratamento comigo.)
> Sair daqui é como tomar um novo rumo, e não é tão definitivo. É possível ir com marcha a ré, acho que posso voltar aqui, não é irreversível. Essa situação é diferente de ir embora de casa e voltar, não gostaria de voltar a viver com meus pais e com minhas irmãs, sentiria isso como uma derrota; por outro lado, voltar aqui não seria uma derrota, mas apenas uma mudança de estratégia.
> Ainda custa um pouco me assumir mais adulto, ainda gostaria de me sentir adolescente. (Ri com pirraça.) Eu ainda sou um adolescente porque pura e simplesmente quero. A gente passa a ser adulto quando se torna adulto, e não se pode evitar e é irreversível. Não sei, é preferível que nos separemos antes que a rotina nos devore. A rotina é destruidora.
> (Interpreto que hoje começa uma série de despedidas e que talvez ele prefira pulá-las.)
> Acho que sim. O problema é que não tenho outro caminho. Sinto que o ciclo aqui está se fechando e eu estou tratando de evitá-lo o máximo possível. São etapas que a gente passa, como você passa no ensino médio.

Quando está no último ano, diz "quero terminar"; quando termina, diz "quero voltar"; pois bem, tenho esse tipo de vai e vem aqui também. Minha vida é como um barco que vai e vem de acordo com a forma como me levanto.
(Indico que hoje concordamos em transitar a última etapa do processo analítico.)

Essa etapa se estendeu ao longo de quatro meses, nos quais se elaboraram nele, em seus pais e em mim alguns dos lutos inerentes à finalização da análise.

Duas semanas depois de termos combinado iniciar a fase de término, a mãe foi internada em um hospital com uma doença séria. Transcrevo, a seguir, como fecho da apresentação do processo psicanalítico de Adriano, um fragmento de uma sessão em que evidencia o trabalho elaborativo e a superação da fantasia familiar dos vasos comunicantes, bem como a desativação da autoimagem narcisista do burro de carga.

Uma coisa é ter de encarar uma situação e outra é carregá-la nas costas.
Minha mãe adora carregar as culpas alheias. Qualquer culpa que ela vê por aí, pega e põe nas costas, como se fosse um burro de culpas... Ela é muito generosa, não consegue dizer não. O máximo que pode dizer é: vamos ver. Tem um instinto de dizer sim a tudo.
As pessoas têm os papéis na medida em que os aceita. Quando não se gosta mais desse papel, não se permite carregar todas as culpas.
Eu não quero mais carregar os problemas da minha irmã.
Em casa, entramos numa confusão em que rapidamente todos somos culpados de tudo. Tudo se mistura, se revolve tudo, e o problema passa a ser uma questão familiar,

universal, global. E assim se joga a culpa do problema no sistema e não em alguém.

Eu quero terminar com essa encheção. Quero ser direto. Hoje disse para mamãe: "Você é doente porque coube a você ser, porém não é culpada por estar doente". Ela se sente culpada até porque cuidamos dela e estamos tristes. Eu acho que a preocupação excessiva a adoeceu. Por isso, fico bravo com ela, para que não continue se preocupando mais. Ela se preocupou com tudo e continua se preocupando. Minha mãe é o burro de carga da família. Eu já não sou mais. Acabou. Não sou responsável pelas atitudes dos outros, e sim pelas minhas. Antes, qualquer culpa que flutuasse e que não tinha dono eu agarrava. Desta vez, não tenho nada a ver com isso. Chega, terminou.

6. O irmão de substituição: o complexo fraterno no processo analítico de adultos

Minha ferida existia antes de mim.
Nasci para encarná-la.
Inês

Estou ferido de morte e de imortalidade.
Vincent van Gogh

O irmão sobremorrente

As manifestações dos vínculos fraternos que se apresentam na aparente simplicidade do normal, como em desfigurações e exageros do patológico, são diferentes daquelas que se originam nas relações com os pais. De fato, nas relações fraternas se encontram eletivamente aqueles fatores que Freud descreveu como as causas que impossibilitam a elaboração do processo normal de luto: o caráter narcisista do investimento e a intensa ambivalência.

O irmão é um semelhante demasiado semelhante e a primeira aparição de um estranho na infância. O enfrentamento com o outro, o intruso, o duplo, engloba compromissos narcisistas consideráveis, e reativa, por sua vez, os conflitos edípicos.

Os afetos e as relações de domínio "normais" suscitados na dinâmica fraterna costumam ter maior crueza pessoal quando a elas se somam situações traumáticas originadas da presença de um irmão perturbado ou morto. Nesses casos, o irmão "sadio" ou "sobrevivente" extrai uma subidentidade específica: ser guardião e mediador que regula o equilíbrio do narcisismo familiar. Para isso, deve transitar por um caminho delicado: entre as ansiedades dos pais necessitados de apoio e do irmão ou irmã carente dele. Tal missão do filho extremamente generoso e normal nutre seu ego ideal com a exigência heroica de cumprir com um dever ambivalente: por um lado, requer ser compulsivamente competente e brilhante para compensar a sombra de seu duplo doente ou perdido, estancando, assim, as feridas do narcisismo parental; por outro lado, deve renunciar e suprimir suas próprias facetas agressivas vitais.

Mostrar agressão a um irmão perturbado ou morto adquire o sentido de desafiar os pais vulneráveis e converter-se em um filho desleal. Portanto, deve guardar em segredo seus movimentos hostis, que geralmente se manifestam contra si mesmo, em alguns casos, por meio de afecções psicossomáticas que atuam como máscaras e, ao mesmo tempo, como exteriorizações dos afetos e representações conscientes e inconscientes.

A criança sadia e a criança sobrevivente se convertem, na realidade, em crianças parentais, demandadas por permanentes exigências falidas de reparação obsessiva ou maníaca. Suas manifestações clínicas se expressam pela assunção irrefreável de excessivas responsabilidades, que podem terminar por deteriorar sua saúde mental e física. Em outros casos, exteriorizam uma assistência compulsiva para irmãos e pais e, em seu caráter extremo, chegam a fundir e confundir sua própria vida com a do outro, perturbado ou morto, configurando uma *folie à deux* entre irmãos.

A criança sobrevivente pode converter-se em um irmão sobremorrente. Um sobremorrente não é só um ser vivente. É alguém julgado e condenado na realidade psíquica por seu ser e não por seu fazer, por seu mero nascimento e não por sua vida. Ninguém o pode redimir de seus mandatos. Permanece atarefado na repetição compulsiva de uma guerra silenciosa contra a morte.

Minha proposta neste capítulo articula-se sobre os seguintes temas:

- A elaboração da identificação imposta e a culpabilidade ubíqua no processo analítico de Inês, que havia sido escolhida, desde o projeto identificatório parental, para substituir e clonar Inesita, sua irmã falecida.

- O irmão de substituição na vida e na obra de Ernesto Sábato e Salvador Dalí. Esses criadores manifestam, por meio de seus relatos autobiográficos, o testemunho do experimentado em suas vidas. Ambos são testemunhas e revelam o sentido e os efeitos traumáticos em suas pessoas e obras, do infausto acontecimento de terem nascido após a morte de um irmão para substituí-lo, bem como por serem portadores do mesmo nome do duplo consanguíneo falecido: ominoso e maravilhoso, mortal e imortal.

- Enuncio a hipótese acerca de Adolf Hitler como irmão de substituição quíntuplo, para sublinhar o papel significativo e sinistro que exerceu a sombra da morte fraterna na identidade do exterminador de massas.

Inês: a irmã de substituição

Quando eu morrer, não me verei morrer, pela primeira vez.
Antonio Porchia

Minha ferida existia antes de mim. Fui uma filha de substituição de minha irmã Inesita. Nasci para encarná-la.
Quando me perguntavam quantos irmãos éramos, eu dizia: três.
Quando fiz 12 anos, me disse: chega de dizer três; somos dois! Eu e meu irmão Carlos, que então tinha 9 anos. Sempre quis ter um irmão mais velho. Sorte que eu nasci loira e com olhos castanhos. Inesita era loira, porém tinha olhos mais claros. Morreu com um ano de um ataque de poliomielite, três anos antes de eu nascer.
Há uma frase de minha mãe que ressoava em mim como o barulho de um martelo. Todos diziam que era inteligentíssima, era tão querida por todos.
Eu, toda noite, dava um beijinho nela na foto que mamãe tinha dela debaixo do vidro de seu criado-mudo.
Eu me sentia inferiorizada porque mamãe tinha pena. Me dava pena a pena da minha mãe.
Eu me lembro de que a única coisa que eu tinha de fazer era não morrer. Estar viva e quieta. Contaram-me que era uma menina extraordinariamente dócil. Ficava horas sozinha, caladinha. Também não comia muito, mas, quando escutava o apito do trem, saía assustada e deixava tudo. Hoje, eu acho que, mais que boa, eu era um zumbi; como um ser inanimado, como um robô que é controlado e aceita tudo. Eu vivi desligada do mundo e de minhas próprias emoções. Sempre me sentia cansada. Eu acho que sou uma

privilegiada com o que tenho. Pensar que há um montão de gente no mundo que está tão privada de tudo. Para mim, tudo custa muito e estou sem esperança. Eu não posso mudar. Passo dias deitada na cama, sem fazer nada de nada. Sou uma inútil. Sinto que não mereço o que tenho. No entanto, meus filhos, sim, eles merecem o melhor.

Inês, 46 anos de idade, apresentou-se como um personagem em uma situação limite, em equilíbrio permanente sobre uma linha muito fina que a separa de um destino mortífero fatal. Via-se como um Caim ressuscitado e errante pelo mundo, perseguida por uma culpa insidiosa que a sufocava com o sentimento de uma invalidez libidinal incomensurável, oscilava entre choro e resignação. Por momentos, claudicava e acreditava não poder encontrar uma saída para suas reclusões tormentosas.

Lembremos que, quando Antígona, de Anouilh, foi perguntada por que se obstinava em enterrar seu irmão Polinices, respondeu sem vacilar: "Tinha de fazê-lo. Aqueles que não são enterrados vagam eternamente sem encontrar repouso".

Por que Inês, ao contrário, não conseguia finalmente dar sepultura psíquica à sua irmã falecida antes de seu nascimento? Inesita, sua irmã morta-viva, era como aquele hóspede que de modo intempestivo entra na casa-mente-corpo e, finalmente, exila a quem o hospeda.

Identificação imposta

A identificação imposta para substituir um irmão morto apresenta sua própria especificidade, e o trabalho dessa identificação é extremamente intrincado pelo paradoxo que acarreta. Essa identificação outorga, por um lado, um sentido e uma justificação à sua existência; porém, ao mesmo tempo, instala-o num *agon* mortífero, em uma interminável luta para não ser confundido com o outro. Segundo Wisdom (1963, p. 113), é uma identificação nuclear e não periférica do ego, e o luto dessa identificação imposta acaba sendo, portanto, uma parte do si mesmo que é o irmão morto que se erigiu na estrutura do sujeito.

Sua desidentificação implica perder uma parte constitutiva da própria estruturação psíquica, porque o sujeito constituiu-se e confundiu-se com o morto-vivo. Essa identificação arcaica e alienante é, ao mesmo tempo, redentora e trágica. Redentora porque tem a missão de resgatar os pais cativos da dor e livrá-los dos lutos não processados pela inconsolável perda. Trágica porque sua chegada ao mundo esteve marcada, desde suas origens, pela lógica sacrificial determinada pela morte de uma irmã fantasma que a precedeu em seu nascimento, com a qual jamais teve uma relação ativa na realidade material. Porém, essa irmã ausente permaneceu, entretanto, em sua realidade psíquica como um morto-vivo insone, observador e vingativo.

O que mais agrava essa identificação imposta é que teve de morrer uma irmã para ela nascer. Dizia Inês: "Eles me tiveram porque Inesita morreu. Só sirvo para substituir. Mamãe costumava dizer-me: Coloca-se no meu lugar. Eu vivo me colocando no lugar dos outros. Quando vou me pôr no meu lugar? Não tenho nem vida nem morte próprias".

O explicitado por Inês mantém nexos íntimos com o escrito por Dalí em sua autobiografia, em que testemunhava: "Eu nasci duplo, com um irmão a mais, que tive de matar para ocupar meu próprio lugar, para obter meu próprio direito à minha própria morte". E daí, segundo ele, procederia seu afã de notoriedade: "Todas as excentricidades que cometi, todas as incoerentes exibições procedem da trágica obsessão de minha vida. Sempre quis provar a mim que eu existia e não era meu irmão morto. Como no mito de Castor e Pólux, matando meu irmão, ganhei minha própria imortalidade".

Dentro de sua mitologia pessoal, a obra de Dalí exorciza essa duplicidade mediante a identificação com os dióscuros Castor e Pólux, os gêmeos nascidos do ovo de Leda, fecundada por Zeus em forma de cisne. Daí procede sua obsessão por essa lenda e a presença das formas ovais em sua obra, sua casa de Cadaqués e o Teatro-Museu em Figueres. E o papel mortal de "gêmeos" (o que chama seus "cadáveres pessoais") é assumido em seu espectro psicológico por amigos fraternais precocemente desaparecidos, como Federico García Lorca ou René Crevel.

Salvador Dalí y Doménech nasceu em Figueres (Girona), em 11 de maio de 1904, segundo filho de Felipa Doménech Ferrés e do tabelião Salvador Dalí y Cusí. Enquanto seu pai era um livre-pensador e republicano, sua mãe se comportava como uma católica fervorosa. Além disso, o testemunho de sua irmã mais nova, Ana María, e os diários de infância e adolescência que se conservam, mostram uma criança aplicada e sensível, preocupada com os problemas do momento e imersa num ambiente feliz.

Bastante diferente é a imagem que transmite mais adiante, quando em 1940 – já famoso –, Dalí reconstrói essa atmosfera familiar em seu livro *Vida secreta de Salvador Dalí* e cria os mitos pessoais com os quais forja a máscara com bigodes com que se revestia em público. Segundo essa versão, a circunstância que havia marcado toda sua infância e o comportamento posterior seria a existência de outro Salvador Dalí, anterior, seu irmão morto. O futuro pintor não seria senão uma espécie de segunda edição, um tanto rústica, daquele irmãozinho que tinha cruzado fugazmente a vida de sua família como um cometa brilhante.

Seus pais comparavam a todo momento o Salvador vivo com o morto e tinham em seu quarto uma fotografia deste último junto a uma reprodução do Cristo de Velázquez. Para o pintor, a existência desse outro que o tinha precedido no ventre de sua mãe, no afeto de seu pai e, inclusive, no nome, supôs um tremendo desafio (Sánchez Vidal, 1995, p. 6).

A identificação imposta para substituir um irmão falecido não é ignorada pelo filho e irmão de substituição. Ao contrário, é formulada pelos pais, e aquele que foi investido com essa missão permanece preso em um desafio de complexos paradoxos. De fato, o irmão sobremorrente, para se desprender do poder mortífero que essa identificação acarreta, requer atravessar inexoravelmente, durante a análise, intrincados processos de luto e de desidealização nas dimensões edípica, narcisista e fraterna.

Sonhos de sucata

Inês se sentia culpada pelo que sonhava. Desejava controlar e decifrar seus sonhos. Para ela, o sonho era como um ladrão furtivo, como um intruso capaz de perfurar a clausura mais fechada. Ela os anotava em pequenos papéis. Inclusive quando viajava para o exterior, elas os registrava com minúcias.

> Eu tenho sonhos de sucata, não servem para nada. São sonhos difusos como ar.
> Por que meus sonhos não são claros? À noite, sonhei e chorei de raiva. No meu sonho, sentia que não vivia. Sentia não ter vivido. Sonhei que tinha um duto ligado a mim e outro à minha cunhada. Tinha uma seringa que tirava meu sangue, mas voltava a dar tudo para mim. Não sei bem com clareza como funcionava.

Sempre vivo acelerada para mim. Sempre tenho obrigações e me queixo disso. Mamãe me dizia que era suficiente o que eu fazia, que não exigisse tanto. Mas para mim era insuficiente.

Nesse sonho, encena-se uma fantasia recorrente de Inês: a fantasia dos vasos comunicantes e sua culpabilidade ubíqua. (Desenvolvo esses dois temas após transcrever o sonho dos cachorros e a sessão em que se posiciona no lugar de "a prestativa".)

> Sonhei que estava em uma casa que ficava no campo e esse campo me fez lembrar a casa de minha infância, no interior. De repente, vinha um cachorro cinzento, muito cheio de vida, alegre e muito decidido. Em certo momento, retirava um cobertor que estava em um canto de meu quarto e tinha um cachorro embaixo com a pele muito branca e tinha o pescoço jogado para trás. Eu pensava que esse cachorro não tinha condições de viver e dava uma pena enorme.

Antes de relatar esse sonho, comenta que tem contrações em seu pescoço. Pergunto com o que pode relacionar seu sonho e responde com irritação que não lhe ocorre nada e que tampouco sabe porque está cansada, sempre vive tensa, esperando que algo ruim aconteça, apesar de, nos últimos dias, sentir-se um pouco mais ativa. Interrompe seu discurso e foca sua atenção em seu corpo.

Inês costumava apresentar, durante as sessões, uma compulsiva necessidade de investigar a frequência e o ritmo de suas pulsações. Muda seu olhar de direção e me diz:

> Eu não termino de ter medo de morrer.
> Analista: De morrer ou de ter direito de viver? Nesse sonho aparecem dois cachorros: o primeiro está cheio de

vida, de decisão e de alegria, e tem outro escondido do qual a senhora tem pena, que está moribundo porque tem ainda sangue fresco. Parece que ainda não pode sepultar na sua mente o outro que não termina de morrer e que, talvez, possa chegar a ser perigoso e vingativo.

Inês: Sim, o outro cachorro estava pelado, machucado, mas inteiro. A cabeça não sei se a tinha pendurada, mas estava aderida ao corpo e eu tenho dores ali neste momento.

Analista: A senhora, muitas vezes, quando se despede da sessão, comenta que me vê pálido e que se assusta comigo e que não sabe por que me vê em perigo.

Inês: Agora, nada disso; mas, sim, lembro que não faz muito tempo não conseguia escutar o que o senhor me dizia. Tampouco podia escutar a mamãe, eu não conseguia poder gostar dela, eu a detestava. Na casa dos meus avós havia muita abundância, viviam no interior. Não conheci meu avô porque era muito pequena quando morreu. Me disseram que ele tocava acordeão. Minha avó tecia muito bem, era muito harmoniosa. Fazia vestidos para suas filhas, para mim também. Minha mãe sabia tecer muito bem e eu teci várias colchas para Albertinho. Nunca cheguei a entender por que minha mãe chorava na escola quando eu cantava no coro, acho que era a única que chorava.

(Pergunto se atualmente tem alguma resposta para sua pergunta.)

Inês: Sim, acho que o coro tinha a ver com Inesita.

Analista: Ou seja, na mente de sua mãe estavam as duas: a forte, a alegre, a decidida que cantava, e a outra fraca, branca, que não chegava a morrer no espaço mental de sua mãe.

Inês: E depois, quando fiz 15 anos e meu pai morreu numa cirurgia, foi para o outro lado. Pôs-se violenta. Uma noite, pegou uma cadeira e a arrebentou no chão porque eu não queria fazer uma de suas vontades. Eu odiava mamãe.

(Volta a tomar o pulso durante um tempo, com ansiedade e, em seguida, volta a falar em voz baixa.)

Inês: Mamãe de repente se desligava e se metia no seu mundo. Vivia no seu velório particular. Eu e meu irmão a acompanhávamos. Muitas vezes, caminhava com a cabeça abaixada. Acho que pensava em outras coisas. Os vivos perdem com o morto. Este tem um peso maior, mais importância, e a gente permanece excluído, fora do olhar e do pensamento do vivo do qual se depende. Não se pode competir com o morto. A gente acaba fracassado. O centro do velório é ocupado pelo morto.

(Na sessão seguinte, chega bem arrumada, maquiada, deita-se no divã, sorri e começa a falar.)

Inês: Estou começando a me sentir feliz, pelo menos por momentos, mas não consigo parar de chorar. Agora choro por qualquer coisa.

(Chora com muita aflição, pergunta se posso ir para outro aposento do consultório, porque necessita continuar chorando; mas sozinha. Concordo com seu pedido e espero até que Inês me peça que volte. Ela me chama em poucos minutos. Olha-me com os olhos irritados, tratando de encontrar-se com os meus e fala.)

Inês: O senhor merece e preciso que sabia; tenho de lhe agradecer que volto a me sentir feliz como em algumas outras épocas eu fui, mesmo que ainda me angustie e não possa dormir. Comecei a ter aulas de ginástica.

(Cobre novamente a cara com as mãos e chora.)

Inês: Eu, durante muitos anos, nunca pude dormir bem. Lembro-me de que durante os verões, quando era pequena, passava horas sem dormir. Demorava uma hora ou duas antes de dormir, lia bastante antes de dormir.

(Pergunto por que precisou que eu fosse para outro aposento.)

Inês: Eu precisava, eu poderia ter ido ao banheiro, porém pedi que o senhor fosse a outro aposento. Eu não sou uma pessoa que se caracteriza por pedir, eu sou mais do tipo "prestativa". Eu presto serviços aos demais. Sonhei que alguém dirigia um carro e Albertinho estava atrás. Não me lembro para aonde íamos.

("Íamos?" Quem dirigia o carro?)

Inês: Acho que eu, acho que estou começando a dirigir, mas meu corpo não aguenta mais. Sempre senti que tinha muitas obrigações. Quantas guerras terei de vencer por um pouco de paz? Eu lhe peço perdão por ter sido muito desagradável com o senhor. Peço que me desculpe.

Os reiterados temas de Inês, relacionados com culpa, perdão, insônia e perseguição, evocaram em mim os personagens de Ernesto Sábato, autor de *O túnel* (1948), *Sobre heróis e túmulos* (1961) e *Abadon, o exterminador* (1974).

A descrição do velório particular de sua mãe e a presença dos lutos congelados no tempo mantêm um nexo muito íntimo com o relatado por Sábato aos 87 anos, em sua autobiografia, *Antes do fim*. Assim como Dalí e Van Gogh, ele havia sido um irmão de substituição, participando de um luto familiar não superado.

Escreve Sábato:

> *Chamo-me Ernesto porque, quando nasci, em 24 de junho de 1911, o dia de nascimento de São João Batista, acabava de morrer outro Ernesto, a quem, mesmo em sua velhice, minha mãe continuou chamando Ernestinho porque morreu sendo uma criança. "Aquele menino não era para este mundo", dizia. Acho que nunca a vi chorar – tão estoica e valente foi ao longo da sua*

vida –, porém, seguramente, deve ter feito sozinha. E tinha 90 anos quando mencionou, pela última vez, com seus olhos umedecidos, o remoto Ernestinho. O que prova que os anos, os infortúnios, as desilusões, longe de facilitar o esquecimento, como se costuma acreditar, tristemente o reforçaram.

Aquele nome, aquele túmulo, sempre tiveram para mim algo de noturno, e talvez tenha sido a causa de minha existência tão dificultosa, ao ter sido marcado por essa tragédia, já que estava no ventre de minha mãe; e motivou, quem sabe, os misteriosíssimos pavores que sofri de pequeno, as alucinações nas quais de repente alguém se aproximava com uma lanterna, um homem a quem me era impossível evitar, mesmo que me escondesse tremendo debaixo das cobertas. Ou aquele outro pesadelo no qual me sentia sozinho numa abóbada cósmica, tiritando diante de algo ou alguém – não posso precisar –, que vagamente me lembrava meu pai. Durante muito tempo sofri de sonambulismo. Eu me levantava do último quarto onde dormíamos com Artur, meu irmão mais novo, e, sem tropeçar nem me despertar, ia até o dormitório dos meus pais, falava com mamãe e logo voltava ao meu quarto. Eu me deitava sem saber de nada do que tinha acontecido, sem a menor consciência. De modo que, quando pela manhã ela me dizia, com tristeza – tanto sofreu por mim! –, com voz apenas audível, "de noite te levantaste e me pediste água", eu sentia um estranho tremor. Ela temia esse sonambulismo e me disse isso muitos anos mais tarde.

E, assim, de uma ou outra forma, necessitei compaixão e carinho.

Quando me enviaram da minha cidade para o Colégio Nacional de La Plata para fazer o secundário, no instante em que me puseram no trem, senti quebrar-se o chão incerto sobre o qual me movia, mas que ainda guardavam piores afundamentos. Durante um tempo, continuei sonhando com aquela mãe que via entre lágrimas, enquanto me distanciava a uma infinita solidão. E quando a vida havia marcado no meu rosto os infortúnios, quantas vezes, num banco de praça, entristecido e abatido, esperei novamente um trem de regresso.

Os vasos comunicantes

Considero fundamental diferenciar as distintas categorias de culpabilidade que intervêm na constituição da culpabilidade ubíqua e sublinhar a diferença entre os sentimentos de vergonha e culpabilidade tolerável e intolerável nas dinâmicas edípicas, fraterna e narcisista. Com relação a esta última, distingo a culpabilidade sustentada pela fantasia do gêmeo imaginário de Bion (1972, p. 12) da fantasia do siamês imaginário. Essas fantasias relacionadas com a lógica narcisista articulam-se, por sua vez, com as culpabilidades edípica e fraterna e se manifestam na encenação de uma fantasia complexa e intrincada, que descrevi com o nome de "fantasia dos vasos comunicantes".

Em Inês, a fantasia dos vasos comunicantes ocupava uma posição central como organizadora de sua experiência interna e externa, permanecendo finalmente atormentada e retida num sistema sadomasoquista fechado.

Modell (2000) descreveu, com base em sua experiência clínica, a presença de uma fantasia bipessoal de vasos comunicantes que agem como fonte dinâmica causal de culpabilidade ubíqua, humilhação e busca ativa da dor e do fracasso. Essa fantasia bipessoal se encena naqueles sujeitos em cujas histórias se presentificam relações sadomasoquistas, porque foram precisamente desenhados para proteger a imagem entre mãe, pai ou irmão desvalido e filho-irmão redentor; relação na qual ambos são onipotentemente indispensáveis um para o outro e a afirmação de um cavalga inexoravelmente sobre a negação do outro.

Modell diz:

Não há dúvida de que Freud acertou ao destinar à culpa um lugar central na gênese da fantasia masoquista de "Uma criança é espancada", mas duvido que o conteúdo da culpa seja tão uniformemente incestuoso como acreditava Freud. O desejo de ser espancado pelo pai não é o único determinante dessa paradigmática fantasia nem, provavelmente, o mais importante. Faz alguns anos, examinei uma fantasia primitiva e básica que, para muita gente, é uma fonte de culpa inconsciente. A experiência básica é a seguinte: quando se introduz algo "bom" no corpo/self, "chega-se ao fim", e já não está ao alcance dos outros membros da família. Para alguns indivíduos, ter algo bom – ou seja, algo prazeroso – significa que outra pessoa se vê privada ou desprovida disso. Em última instância, a outra pessoa se identifica com a mãe, que na fantasia sofre um dano por conta do prazer que obtém a criança. Assim, a criança requer a permissão da mãe para experimentar o prazer. Se no diálogo entre mãe e filho a mãe é pouco

> *receptiva ou está psicologicamente morta, a criança pode experimentar a proibição de buscar o prazer. Portanto, essa fantasia pode ser entendida como um sintoma em que há uma formação de compromisso: nega-se a busca do prazer sexual pela dor e pela humilhação. O fenômeno da humilhação ou fantasia masoquista é, em consequência, mais complexo e enigmático do que parece sugerir o ensaio de Freud. Em primeiro lugar, não é uniforme, mas está sujeito a uma ampla gama de variações individuais. Mais ainda, como é certo para qualquer sintoma, além do complexo de Édipo, percebe-se uma rede de múltiplos determinantes inter--relacionados. (2000, p. 93)*

Concordo com Modell e com J. Novick e K. Novick (2000, p. 63) sobre o fato de a fantasia de "Uma criança é espancada" (Freud, 1919b) não poder ser reconduzida unicamente à relação de ambivalência com o complexo paterno; requer, e o caso de Inês ilustra isso com excessos, a participação de outras fontes de culpabilidade que se originam das dinâmicas pré-edípica, fraterna e narcisista.

Considero importante diferenciar a culpa narcisista relacionada com a dinâmica paradoxal do duplo – imortal, ideal, especular e bissexual (Kancyper, 2003) – daquela outra culpa, a culpa da narcisização imposta na dinâmica do sistema narcisista intersubjetivo. Tem origem quando um filho ou irmão permanece investido com o propósito de assumir a função de um mero objeto parcial, à semelhança de um pseudópode suplementar de um ser que – como uma ameba incompleta – precisa ser narcisizado por outro porque adoece de uma inacabada estruturação psíquica.

Nesses casos, costumam ser instalados vínculos aditivos entre os integrantes dessa relação, em que um carrega a missão de agir como um siamês imaginário, como uma parte do si mesmo de outro, porque este não consegue dominar seus estímulos internos e excitações externas (*Bewaltigungstrieb*). Nesses vínculos, renascem automaticamente sentimentos de culpabilidade, vergonha e humilhação diante das incriminações próprias e das provenientes de outro pelo não cumprimento de uma reparação compulsiva e falida, que se assenta sobre os alicerces defensivos do desmentido – desmentido duplo que recai, por sua vez, sobre o ego, assim como sobre o objeto.

Por um lado, esse desmentido tenta forçar a irredutível dimensão da alteridade e, desse modo, insiste em deter um poder ominoso sobre o outro para reduzi-lo, finalmente, à condição de mero objeto de seu capricho e manipulação (*Bemächtigungstrieb*). Por outro lado, esse desmentido insiste na preservação da crença acerca da inquestionada onipotência do "Fazedor". Sustentada em uma vã esperança que se esforça por restaurar magicamente, às custas de si mesmos, o outro ser narcisicamente falido, mas do qual, por sua vez, depende e se submete. Não apenas para recriá-lo à sua imagem e semelhança como também, e sobretudo, para que o perdoe, o revalide e o confirme em sua inocência e perfeição.

Culpa e narcisização

A culpa da narcisização intrassubjetiva orienta a libido sobre o ego. Dessa maneira, a direção libidinal toma sentido oposto ao polo da relação de objeto e pode chegar a agir como um fator de ligadura, aportando esse "algo", aquele complemento necessário que intervém no novo ato psíquico das pulsões autoeróticas, para "que o narcisismo se constitua" (Freud, 1914a, p. 87).

De fato, quando prevalece um funcionamento mental, que denomino "pré-narcisista", a culpa pode apresentar-se como um fator de narcisização restitutiva, estruturante e masoquista ao mesmo tempo. O sujeito, por meio da culpabilidade narcisizante, tenta configurar certo sentido de coerência a situações traumáticas, que deixaram como sequela vazios de sentido e de continuidade na concatenação de uma história.

Por consequência, essa culpabilidade indica de um modo defensivo, por meio dos mecanismos da racionalização e intelectualização, alguma resposta de causalidade e justificação com a finalidade de outorgar um sentido ao sem sentido ou contrassentido daquelas situações que permaneceram enigmáticas e que costumam chegar a ressignificar-se com alta frequência.

A culpabilidade narcisizante ressexualiza a formação intrapsíquica do ego ideal e do sistema superego-ideal de ego do sujeito e engrossa a espessura do muro narcisista e sadomasoquista. É uma culpa secundária e se apoia sobre a primária culpa pulsional. Torna-se altamente fecunda a distinção entre ambas culpabilidades. Ao passo que a culpa masoquista é uma manifestação do acionar da pulsão de morte, a culpabilidade da narcisização age defensivamente para não haver perigo de uma potencial e perigosa desestruturação do sujeito.

Com frequência, essa culpabilidade pode ser promovida com base na dinâmica da intersubjetividade, quando, por exemplo, um progenitor cinde e projeta em um de seus filhos, não necessariamente em todos, certas funções egoicas que ele mesmo se sente incapacitado de assumir e exercer, enquanto o "escolhido" permanece marcado para ocupar esse lugar.

Na história de Inês, sua mãe a havia identificado com as missões impossíveis de substituir sua filha morta, por um lado, e tomar parte de suas incapacidades pessoais. Enquanto sua mãe permanecia instalada no seu velório particular junto a seus mortos, aos quais não conseguia dar sepultura psíquica, Inês se via oprimida sob a égide de um ideal vicariante de imortalidade e perfeição. Com efeito, Inês tinha sido sobreinvestida como objeto e garantia salvadora das realidades psíquicas e materiais de sua mãe. Esta, desvalida e impotente, dependia e ao mesmo tempo oprimia sua filha com um controle hostil e onipotente, gerando cenas de extrema violência entre ambas.

Segundo Freud (1914a), a imortalidade do ego é a fundamental fantasia que ativa e mantém o sistema narcisista intersubjetivo. Porém, a Inês havia se fixado outra fantasia, também marcada com o estigma da imortalidade e imposta e formulada por seus progenitores. Inês carregava a missão de substituir a outra morta e de chegar a materializá-la numa espécie de clonagem. Com o paradoxo de que o destino do clone de substituição não podia ser exatamente o mesmo que o original e, por outro lado, Inês nunca conseguia ser uma fotocópia idêntica de Inesita, para que os outros, por meio de sua própria imolação, pudessem chegar a desmentir a intolerável perda. Tal situação desencadeava em Inês uma culpabilidade opressiva roedora, seguida de uma reparação interminável, em que prevaleciam sentimentos de traição e perdão.

Perdão

A súbita morte de Inesita congelou o fluir temporal em cada um dos integrantes da família de Inês. Sua incandescente memória se perpetuou por um luto patológico coletivo: a mãe, o pai e as tias solteiras que compartilhavam a casa de origem comparavam a falecida filha e sobrinha com Inês, que nasceu destinada para clonar a inconsolável perda.

Inesita atuava como um objeto hipnotizador familiar e tinha se instalado, mediante o processo da identificação, dentro das estruturas intrapsíquicas do ego, do ideal do ego e do superego de Inês.

De fato, Inesita, como objeto perdido, tinha voltado a se erigir no interior do ego de Inês, e seu ego alterou-se parcialmente segundo o modelo do objeto perdido; finalmente, Inesita permanecia em Inês como uma identificação portadora de um eloquente poder traumático. Por outro lado, Inesita havia se colocado no lugar do ideal de ego e superego de Inês, que vivia como sua refém, oferecendo-lhe total obediência. Entre Inês e Inesita, estabeleceu-se um vínculo intrapsíquico mortífero e hipnotizador.

Freud assinala que "o vínculo hipnótico é uma formação de massa de dois" (Freud, 1921b).

> *Contém um suplemento de paralisia que provém da relação entre uma pessoa de maior poder e uma impotente, desamparada.... O hipnotizador é o objeto único, não se repara em nenhum outro além dele. O que ele pede e assevera é vivenciado oniricamente pelo ego.* (Freud, 1921b, p. 108-109)

Inês mantinha uma relação de fascínio e culpabilidade diante da imortal Inesita. Esperava que a perdoasse por estar viva e por sua condição de ser mortal e sexuada. Inês vivia habitada e movida por objetos internos que a martirizavam, arrastando-a a sacrifícios irracionais e convertendo-a em militante e refém de suas crenças. Essas crenças alienantes sustentavam uma idealização tanática de Inesita e de sua própria pessoa.

Inesita costumava aparecer de modo intempestivo para exigir "um sentido de justiça e de igualdade" (Vallino & Macció, 2003, p. 31), e ela mesma costumava manter a crença cega de ter sido o agente responsável dessa morte injusta.

O fantasma de sua irmã morta havia se transformado no motivo recorrente e obsessivo de uma traição devota e de uma culpa jamais expiável. Para Freud: "Porque o morto no inconsciente representa o assassinado por violência ou pela reza e atrai para si aos vivos com um prazer assassino. Como a própria morte é alguém que mata" (1913). Que mata e não perdoa, e persegue os vivos com afãs vingativos. Porque o perdão provém da vítima que possui o direito de perdoar ou não o injusto criminoso. Para perdoar, é preciso, por um lado, que ambas as partes se ponham de acordo sobre a natureza da falta; saber quem é o culpado do mal para quem. Depende, então, da vítima "compreender o criminoso", condição primeira de intercâmbio entre vitimário e vítima, para dar início ao processo da reconciliação.

Derrida se interroga:

> o perdão não implica o impossível: estar ao mesmo tempo, antes do crime, compreendendo simultaneamente à situação anterior? O perdão deve então tapar o buraco? Deve saturar a ferida num processo de reconciliação? Ou bem dar lugar a outra paz, sem esquecimento, sem anistia, fusão nem confusão. (2003, p. 29)

Faz-se necessária a distinção entre o perdão e o processo pragmático de reconciliação, já que pode acontecer que alguém não perdoe nunca, inclusive depois de um procedimento de absolvição ou anistia. Nesses casos, costuma ser útil a distinção entre a memória da dor e a memória acusadora e torturante do rancor (Kancyper, 2000, p. 89). Quando esta última persiste, são paralisados os lutos e o perdão.

Inês não podia renunciar à crença de que Inesita já não era indispensável para sua vida e fundamentalmente para dar vida à vida de sua mãe. Abandonar essa crença implicava inexoravelmente ter de atravessar a elaboração e a superação de um luto.

Britton (1994) descobriu que aqueles que são incapazes de abandonar suas desacreditadas crenças são os mesmos que não podem abandonar seus objetos perdidos. O abandono dos objetos perdidos está relacionado com fazer distinção – e tolerá-la – entre o que é mental e o que é material. Manter a diferenciação entre a crença e o conhecimento também está relacionado com se dar conta e tolerar tal distinção.

Dizia Inês: "Estou aterrorizada de deixar de ser, por momentos, a morta. É como tirar uma lápide que viveu em cima da gente toda a vida, mas que era da gente". Por vezes, lutava para revivê-la e conseguir que Inesita finalmente a perdoasse e a aceitasse para que, assim, se reconciliasse com ela e abraçasse a tão desejada e inalcançável paz.

Porém, a realidade voltava a intervir. Inesita não podia responder a seu desejo, e Inês, em sua realidade psíquica, permanecia ajoelhada diante dela como se estivesse diante de uma mãe pedindo perdão. O silêncio de Inesita recordava a ela que o objeto estava inexoravelmente ausente e não podia resgatá-lo. Porém, Inês, a partir de sua vulnerabilidade e onipotência infantis, voltava a insistir, querendo possuir o objeto perdido para revivê-lo e ser repossuída por ele. Ademais, empenhava-se em reviver porque mantinha a vã esperança de chegar a estancar as feridas dos lutos intermináveis de seus pais pela perda de Inesita.

Como essa epopeia reparadora terminava sempre em um flagrante fracasso, retornavam seus sentimentos de traição e perdão. Traição à irmã morta-viva por albergar sentimentos ambivalentes sobre ela, perdão diante dos pais externos e internos porque, finalmente, não consegue reconciliá-los com suas próprias vidas.

Conran assinala:

> *A capacidade de perdoar a si próprio pressupõe um aparelho – pais internalizados que perdoam – por*

meio do qual é possível experimentar sentimentos de tristeza e culpa normais.

Quando não existem tais objetos bons ou quando são inadequados, o perdão não é possível e então não se pode correr o risco de experimentar culpa, pois acabava sendo intolerável. Pode ocorrer que seja dissociada e projetada desavergonhadamente como vergonha. Inclusive pode ser projetada no objeto incapaz de perdoar, que se converte então no perseguidor, quer dizer, a fonte da culpa persecutória, por assim dizer. A lamentação do tipo mea culpa implica uma negação generalizada, algo assim, como uma cortina de fumaça: "sou culpado", de tudo e de nada, permite evitar a dor de admitir o particular. A culpa inconsciente, ao lado das manifestações somáticas, corresponde a essa categoria, sendo sempre a causa da impossibilidade de admitir a dor na consciência. (1993)

Inesita tinha se erigido na fonte de uma culpa persecutória, e Inês se achava incapacitada para experimentar o perdão. "Na vida adulta, o perdão pode vir desde a aceitação interior, quando o sujeito consegue reconhecer, fazer-se responsável pelos próprios pensamentos e ações, recuperar as próprias projeções e admitir a culpa". Ao contrário, Inês tinha redobrado uma vigilância persecutória contra seu duplo consanguíneo ominoso, como consequência de uma crença que conferia à sua fantasia a condição de realidade psíquica. Na sua fantasia, acreditava ser a inquestionável responsável de um crime imperdoável e, além disso, sustentava a convicção de que, graças à morte de sua irmã, tinha sentido sua vinda ao mundo como sobremorrente de substituição. Essa fantasia tinha embalado Inês no sonho de uma interminável contenda fratricida, e ninguém sai de uma guerra com as mãos limpas.

Trauma e identificação

O trauma se define sempre *a posteriori*, a partir de seus efeitos desorganizadores e da incapacidade de elaborar e superar sua nefastas consequências.

O traumático em Inês tinha sido o fato de que, no discurso parental, havia sido excluída do campo desiderativo de sua história, impondo a onipotência do anelo narcisista de outro instalado nela. Inês tinha sido investida com uma identificação alienante por sua mãe, psiquicamente perturbada, para substituir sua filha falecida, e ela foi capaz de distanciar-se e não sucumbir a essa identificação e história impostas.

Concordo com Potamikanou:

> *a relação entre a patologia do progenitor e a das crianças não é linear; em que o suceder destes últimos se inscreve sobre uma vasta escala que vai desde o descrito como o mais normal até o mais patológico; em que certa vulnerabilidade pode permanecer latente durante toda a vida, se os acontecimentos exteriores e as limitações biopsicológicas são bem manejadas. Finalmente, o que parece ter importância é a relação entre as situações de risco – e a doença psíquica dos pais é uma delas com toda certeza – e a capacidade individual de fazer frente a tais situações sem se deixar invadir pela angústia de castração ou pelas ameaças contra a unidade e integridade do ego. (1992)*

Inês não podia confrontar a pressão desorganizadora de sua identificação com Inesita, que a obcecava como um fantasma sem repouso. Vivia impotente e permanecia escondida diante da imprevisibilidade de suas aparições e de suas ações, que rompiam a continuidade de sua existência.

O traumático é a impossibilidade de prever. Em Inês, o traumático não tinha sido precisamente a relação com sua irmã falecida antes de seu nascimento, mas o irruptivo de sua mãe perturbada e invasora que a violentava com seu domínio pulsional defeituoso, com uma tempestade de excitação insuportável e imprevisível. Inês, em vez de confrontá-la e de buscar aliança e sustentação em seu pai e em suas tias para se contrapor à fonte traumática das excitações maternas, escondia-se atrás de seu próprio muro narcisista e masoquista e fugia da realidade material para sua realidade psíquica, estabelecendo uma relação de submissão hipnótica a Inesita e a uma *folie à deux* com sua mãe, gerando, como consequência, uma falsa ligação e um mal-entendido entre as dinâmicas fraterna e edípica.

Com efeito, a fantasmática fraterna costumava ser reativada de um modo defensivo, para eludir, precisamente, a elaboração e a superação de seu complexo de Édipo. Atuava, então, secundariamente, a identificação imposta com sua irmã morta, como um mal-entendido crônico (Bolognini, 1998, p. 16) e uma solução dada a uma situação conflituosa e traumatizante: a relação de Inês com sua mãe mentalmente perturbada.

A solução identificatória não é a única que pode ser encontrada diante da presença de um progenitor psiquicamente alterado.

Outros pacientes são capazes de organizar contraidentificações, como mostrou Greenson (1954) ao falar da luta contra a identificação como uma figura parental destacada. Alguns se tornam agressivos, outros usam a renegação ou o desinvestimento. Outros se identificam com pessoas que funcionam como substitutos parentais. Outros, finalmente, optam pelo papel de enfermeiro ou cuidador dos pais, identificando-se com uma função parental ou com a do objeto de suas necessidades.

As diferentes soluções parecem estar em relação com a capacidade da criança de discriminar e contrapor a influência do progenitor doente mental. As crianças que não conseguem são mais submissas, influenciáveis e sugestionáveis e, portanto, aptas a se identificar com o progenitor perturbado em formas massivas, com formas mais ou menos seletivas e defensivamente idealizadoras. Essas identificações podem ser transitórias ou permanentes.

Inês não conseguia resistir à influência patológica exercida pelas angústias transbordantes de sua mãe e assumia inconscientemente os lutos patológicos da história parental que não lhe concerniam, mas com os quais permanecia identificada. Por momentos, alternava com uma dupla identificação. Por um lado, a da vítima-irmã-morta e/ou a do vitimário responsável de sua morte; por outro lado, assumia um papel parental e/ou redentor dos seus pais. Essas identificações heteróclitas, quando se mostravam incompatíveis entre si, davam lugar a cisões patológicas e se tornavam presentes nos materiais oníricos.

Transcrevo três sonhos, para destacar – ao longo das diferentes fases do processo analítico de Inês – o intrincado trabalho de elaboração dos lutos patológicos e o reordenamento gradual e progressivo dessas identificações.

> Sonho A: A pintura
> Ontem chorei muito e disse: Inesita, você fica em paz e eu vou viver em paz; o que é nosso, é toda uma confusão. Depois dormi e sonhei. Me dá raiva que meus sonhos não sejam claros em tudo. Sonhei assim: que estava atendendo minhas visitas em Córdoba, havia lugares desconhecidos em casa. Quando fui acender as luzes, encontrei a casa bagunçada. Acendi as luzes, muitas delas eram antigas, eu corria de um lugar para outro e, quando cheguei a um lugar que estava fora da casa, caiu uma caixa-d'água. Gritei

ao meu marido e lhe perguntei se Inesita estava perto e um tal de Kapluski. Disse-lhe: Vou ter de comprar uma caixa-d'água maior. Não me amole com o gasto, e daí, não sei como, estava na sala de jantar, onde havia uma mesa comprida e meu marido servia em xícaras pequeninas coloridas, e ao lado tinha uma senhora mais velha vestida com um conjunto de tecido mais ou menos bonito, com cores relativamente insignificantes. Eu servia o chá em xícaras de chá; meu marido, em xícaras muito pequenas. Disse-lhe: Sai com teus irmãos que eu me ajeito com as minhas visitas; e aí me despertei. Não sei o que aconteceu, mas eu senti uma pena enorme e comecei a chorar muito. Depois do choro, senti alegria e me disse: Quero sair para comer e beber. Saí para comer com meu marido e uns amigos, tomei vinho e, quando cheguei em casa, me agarrou outra vez toda a angústia e voltei a sentir medo, medo, medo.
(Perguntei até que ponto ela tem medo de acender as luzes e viver sem a presença da sombra de Inesita. Ela respondeu com fúria que não acredita que possa fazer outra coisa, que ao fim ela está cansada das interpretações e de pensar e que, ultimamente, perdeu o interesse em pintar, arrumar a casa, querer alguma coisa. Assinalo que na realidade deseja viver com alegria, porém, diante de sua reiterada incapacidade de deter a queda de seu próprio entusiasmo, volta a enfurecer-se contra si mesma e acaba num estado de semiparalisia.)
Ontem fui comprar o vestido para o casamento civil do meu filho. Gostei mais ou menos do que comprei.
(Pergunto se foi a uma boa loja de moda. Responde-me negativamente.)
Não estou muito convencida do que comprei. O que me preocupa é que, quando meu filho sair, vou ter de vender essa porcaria de apartamento que nunca consegui decorar.

Também não sei se voltarei a pintar.
(Senta-se no divã e chora com muita angústia. Passo-lhe lencinhos de papel. Há um silêncio prolongado. Endireita a coluna, me olha. Eu começo a escutar uns pios de passarinhos. Depois de alguns minutos, com distensão, continua a falar.)
Escuto o silêncio e me agrada, porém, por que não posso pintar?
Analista: Quem a proíbe?
Inês: Não sei, mas, poderei voltar a pintar?
Analista: A senhora está me pedindo permissão para poder pintar e também para viver? Nas pinturas que me mostrou na sessão de segunda-feira, expressam-se com clareza seus sentimentos e pensamentos mais profundos. Nos seus quadros há janelas com plantas cheias de cor e de movimento, mas por momentos a senhora na sessão se imobiliza e se assemelha a uma paralítica, como Inesita no último ano da sua vida.
Inês: Muita gente me diz que meus quadros têm muita força. Porém, minha vida está estancada, é uma porcaria.
Analista: Como diminuir a brecha que separa sua vida dos seus quadros? O que ainda é difícil para a senhora é poder dar à sua vida a cor e a alegria que transmitem seus quadros, sem sentir a obrigação de voltar à sua reiterada comparação com os outros; porque por meio dessa comparação volta a reforçar sua culpa e sua necessidade de ser maltratada.

Sonho B: O esquecimento e a traição
Sonhei que estava num lugar onde havia vários bairros e uma igreja. De repente estava com meu namorado e conversávamos sobre alguma coisa. Acho que era uma despedida, mas estávamos tranquilos. Ele ia ficar com sua esposa Maria, e eu também ia. Era um bom encontro. Não me deixava nenhum sentimento. Parece que nos separávamos,

e não me importava. Esse foi o primeiro sonho. Meus sonhos são meio vagos.

No dia seguinte sonhei outra coisa. O sonho era mais comprido, mas eu não lembro quase nada. A única coisa que lembro é que senti que meus pais não estavam mais. Não estavam mais nem papai, nem mamãe, e eu continuava pelo meu caminho, numa rua de asfalto "como foi criada".

Analista: O que significa "como foi criada"?

Inês: Assim, natural, do jeito que as coisas vêm. Andava meio sem nada.

Hoje sonhei que tinha uma menininha brasileira, negra com trancinhas, e que mamãe a penteava sem pressa; de repente, passou uma mulher branca que tinha perdido uma filha e ia embora. A menina parou de dançar. Agora que conto me parece que é bem simples entender este sonho. Os outros dois, não. A menina negra se parecia meio com uma vaca olhando um trem ou um louco morto a vassouradas. Parecia que era eu. Eu ainda me sinto meio assim, como morta. E faço as coisas meio automaticamente e não por desejo próprio. Não tenho entusiasmo. Eu queria ter um pouco de paz. Se bem que o corpo com os anos se cansa mais, é bom que durma bem, porque quando se dorme melhor recupera-se melhor. A outra mulher tinha perdido uma filha. Deve ser horrível perder uma filha. (Começo a assinalar que me chama a atenção a repetição da palavra "meio", e imediatamente ela me interrompe.)

Eu estive no meio de uma enorme confusão. Diziam que eu, quando pequenina, era muito boazinha e que também meu irmão era muito bom.

(Nesse momento, pensei sobre o intenso sufocamento das emoções que costumam recair sobre os filhos, quando percebem que seus progenitores estão possuídos por lutos não elaborados pela perda de um filho. Porém, nesse momento, só atinei assinalar que em seus sonhos se dramatiza algo inédito nela: a capacidade de despedir-se de seu namorado e de seus próprios pais e, além disso, de encontrar um caminho e um tempo próprio, diferente e tranquilo.)

Inês: Acho que é assim. Sinto-me mais conectada ultimamente com minha nora e com minhas netas, que são sensacionais. Acho que a mais nova, Jéssica, será mais feliz que a mais velha. Maíra é tão encantadora, e às vezes penso que se desaparecesse seria uma traição esquecê-la. Sim, esquecer alguém tão encantador que dá tanto para todos é como atraiçoá-la.

Agora que estou mais sábia, penso que é melhor deixar passar o que passou e é melhor pensar nos que estão. Que coisa complicada são os sentimentos! Antes eu sentia que esquecer um ser querido, que tinha dado tanto, é uma traição; agora perdi esse sentimento. Agora penso que não é esquecê-lo. É deixá-lo no passado. A gente não tem a obrigação de estar todo dia lembrando dele. Isso diminuiu minha sensibilidade com o tema da morte das pessoas. A gente se acostuma que não pode fazer mais nada por elas."

Sonho C: O refém liberado
Sonhei que era um refém numa casa que nunca conheci, e as pessoas que me controlavam já não estavam mais lá. O que me perguntava era: Como cheguei a ser um refém e por quê?

(Logo comenta que começou a se ocupar da arrumação de sua casa e que comprou móveis novos e que, além disso, decorou um cômodo especialmente para as netas. Admite que ultimamente se sente mais desapegada e que toda a vida viveu com muita estreiteza. Teme ir parar do outro lado. Sente-se mais divertida e reconhece que, durante muito tempo, viveu para não ser atacada.)

Analista: Que significado a senhora dá à palavra refém?
Inês: Para mim, um refém é uma pessoa tomada por outras pessoas. Parece que eu fui tomada desde que nasci. Agora sinto que tenho a língua solta. Alguma coisa assim como uma liberação.

A vivência de Inês de sentir-se subitamente liberada de seu autossequestro e das amarras que a sujeitavam a seu fantasma refém e suas sentinelas que a oprimiam sem descanso vem a ser a consequência da discriminação e do reordenamento em sua realidade psíquica e em seus efeitos na realidade material.

De fato, os sonhos anteriormente descritos encenam com eloquência a saída da atemporalidade de lutos patológicos, identificações alienantes e crenças inconscientes, e o acesso a uma inédita reorganização temporal, espacial e afetiva. Inês retoma sua atividade plástica vários meses depois do sonho C, após ter sofrido uma severa inibição para pintar que tinha se estendido por três anos. Gradualmente, assiste a aulas de pintura, e a professora e os colegas reconhecem e admiram seu talento.

No ano seguinte, comenta em uma sessão que um fato surpreendente e jamais sonhado tinha acontecido: sua obra pictórica havia sido selecionada para ser exposta em uma exposição individual, num importante museu de arte da cidade. Sorri. Ela me olha durante um prolongado tempo com olhos cintilantes, sobre os quais de vez em quando passa uma sombra de evidente pena.

O irmão de substituição quíntuplo: Adolf Hitler

Bank e Kahn (1988) tratam do papel significativo e sinistro que exerceu a sombra da morte fraterna na identidade de Adolf Hitler.

Fundamentam seus estudos na biografia de Payne (1973), sobre os primeiros anos de vida do exterminador de massas.

Adolf Hitler era o sexto filho de Alois Hitler. À primeira vista, parecia uma típica família austríaca do princípio do século, em que o pai, um burocrata em ascensão no serviço da alfândega, mantinha com folga sua segunda esposa. Ella e Alois tentaram por três vezes celebrar seu casamento com o nascimento de um filho e três vezes fracassaram: Gustav, Otto e Ida morreram antes dos 2 anos. Quando nasceu Adolf, em 1889, em certo sentido se tornou a tripla substituição das três crianças mortas. Passou a ser a alegria e o orgulho de sua mãe. O nascimento de Adolf foi celebrado por outras razões. Seu meio-irmão Alois, xará de seu pai, era um constante problema e opunha-se de maneira sistemática a seu autoritário pai. Adolf era o prêmio; Alois, a ovelha negra. Por fim, Alois foi embora de casa, deixou a escola aos 16 anos, em 1898, e foi para a Inglaterra, onde em 1900 foi preso e encarcerado. Tinha uma carta da mãe (escrita por Adolf, mas ditada por ela) na qual ela repreende Alois por seus erros. O pai, tendo esquecido seu mau filho, depositou em Adolf todos os sonhos e esperanças. Depois, no inverno desse mesmo ano, o irmão de Adolf, Edmund, morreu aos 6 anos, de sarampo. Essa morte, combinada com as três anteriores e o fracasso do xará do pai, devastou e desmoralizou a família Hitler, que estava passando por duros momentos: o pai tinha se afastado do serviço aduaneiro e tinha se encarregado de um terreno desolado para montar ali uma granja. Adolf, à beira da puberdade, devia substituir mais dois irmãos.

Datas cruciais para o jovem Adolf (nascido em 1889):

Morre				
Gustav	Otto	Ida	Edmund	Alois
1887	1888	1888	1900	1900

Os testemunhos são escassos, porém, o historiador Payne acredita que o luto de Hitler por Edmund pode ter sido complicado e tortuoso. Seu dormitório dava para o muro do cemitério atrás do qual estava enterrado Edmund; frequentemente, os vizinhos viam Adolf, que então tinha 11 anos, sentado sobre o muro, olhando para o cemitério. Não temos um registro do que ocorreu na mente do jovem Hitler, mas, ao que parece, nesse ano sua personalidade experimentou uma mudança radical. Uma criança que se sobressaía em suas matérias de estudo e não tinha apresentado problemas de disciplina na escola, no ano da morte de Edmund, converteu-se em um malvado inadaptado, desafiante amotinador que desprezava as autoridades e parecia sabotar as críticas e castigos que seu comportamento provocava. Começou a desenhar e fantasiar e, pela primeira vez, teve conflitos com seu pai, ainda que sua mãe tenha se aferrado com mais força a ele. Dividido entre as demandas de seu colérico pai que queria que se convertesse no perfeito filho de substituição e o chamado de Alois para ser impulsivo, Adolf Hitler se ensimesmou e se tornou abertamente hostil às expectativas de todos. Seu *status* como criança de substituição quíntupla, no contexto de uma relação maternal superprotetora e um pai rigoroso, pode ser um fator fundamental que organizou o desenvolvimento do sadismo de Hitler e sua afirmação arrogante de superioridade e invulnerabilidade.

Goux considera que

> *a luta contra os judeus é para Hitler uma guerra fratricida. O judeu e o ariano se parecem até a alienação. O judeu é até tal ponto o Outro, a outra raça a ser suprimida, como a encarnação terrível do mal, porque é o mesmo, o idêntico. É a ideia desse parentesco e dessa fraternidade em espelho o que faz o sintoma.*

Nas confissões de Hitler a Rauschning, diz: "Acaso não percebeu que o judeu é todo o contrário do alemão e, ao mesmo tempo, está aparentado com ele, a ponto de que poderiam ser tomados por dois irmãos?" (Payne, 1973).

Eis aqui duas hipóteses acerca da importância do complexo fraterno e do complexo de Édipo no processo da identificação de Hitler, como paradigma do herói sobremorrente:

a. Em que medida a elaboração patológica dos lutos pelas múltiplas mortes dos irmãos e a identificação reivindicatória de Adolf, alienado nas histórias de sua mãe Ella, de seu pai e de seu meio-irmão Alois, abarrotadas de injúrias narcisistas, remorsos e ressentimentos (que, na realidade, não concerniam a ele, mas das quais supostamente permaneceu cativo), haveriam participado na plasmação de sua identificação heroica como sobremorrente? Aquele cuja missão seria, ademais, recuperar a honra ofendida do grupo familiar, salvar-se e salvar também a seus pais do destino fatal dos irmãos e filhos falecidos, os quais, mediante elaboração paranoide, haviam se convertido em seus inimigos potenciais, em uma multidão de mortos-vivos que o perseguiam, para raptá-lo primeiro e conduzi-lo depois ao crematório dos infernos.

b. E se, para antecipar a represália dos mortos-vivos, teria querido edificar, em sua realidade psíquica, um sistema de ataque e de controle delirante (manifestado, na realidade material, na construção de um sistema "perfeito" de campos de concentração) para possuir, controlar e exterminar seus ominosos irmãos retaliativos, deslocados sobre os judeus, os filhos escolhidos do pai-Deus, e também sobre outros povos "inferiores", que reanimavam suas ansiedades persecutórias e seus impulsos destrutivos, até o extremo de precipitar-se em uma delirante guerra fratricida e vingativa. Porque essa vingança fundamenta uma legalidade própria, que justifica e autoriza o exercício do crime, aparentemente sem culpa nem retaliação, no campo da lei de talião que rege o narcisismo das pequenas diferenças (Kancyper, 1991a).

A lei taliônica autoriza a implantação de um poder irrestrito, outorgado pela fantasia do *unicato* ao *Führer*, como o inquestionável mensageiro de uma nova revelação fundada explicitamente sobre a relação privilegiada outorgada por Deus a um povo "escolhido": "A vontade de Deus é revelada no sangue alemão" (Hitler).

Freud, Goux, Steiner e Yerushalmi outorgam uma importância relevante às influências que provêm especificamente da dinâmica fraterna e estudam a estrutura do judaísmo, colocando em primeiro plano os ciúmes teológicos provenientes da rivalidade dos filhos de Deus pela escolha suprema ante o Pai Eterno.

A ideologia nazi aparece aqui como a ambição de fundar uma nova ordem simbólica sustentada por uma aliança, ao mesmo tempo mimética e competitiva em relação com o judaísmo: a aliança entre Deus único e os germanos. Hitler se "fantasma" (é fantasmado) muito nitidamente em Moisés (ou em Messias) do povo alemão, enviado do Todo-poderoso para restabelecer a unidade e a força de um *Reich* para os próximos milênios (Goux, p. 49). O judeu, como irmão estranho, é necessário para alimentar o ódio metafísico, para sustentar a rivalidade mortal entre os pretendentes à escolha pelo pai. No teatro do mundo, toda luta se reduz àquela entre judeus e germanos (Goux, p. 51).

Em *Moisés e o monoteísmo*, Freud assinala:

> *Os motivos mais profundos do ódio ao judeu têm raízes em épocas do passado remoto, produz seus efeitos desde o inconsciente dos povos, e eu estou preparado*

> *para que não pareçam prováveis à primeira vista. Aventuro a tese de que ainda hoje os outros povos não superaram o ciúme frente àquele que se apresentou como o filho primogênito e preferido de Deus Pai, nem mais nem menos, como se tivessem dado crédito a essa pretensão. (1938)*

Milmaniene sustenta:

> *O nazismo representa o modo mais acabado de organização social, no qual a categoria do Pai Morto não se constitui como tal e cede seu lugar à presença do pai sádico e autoritário da horda primitiva, cuja palavra é a lei. A obediência aos caprichos e excessos autoritários do pai tornado fetiche é absoluta; em lugar da lei equitativa, impera a palavra arbitrária de um amo cruel e irascível. A transcendência simbólica do pai metaforizado cai para dar lugar à presença plena e implacável de um homem que pretende ocupar o lugar "vazio" de Deus. (1995)*

Escreve Todorov:

> *Rudolf Hess, comandante de Auschwitz, descreve sua infância como uma aprendizagem da obediência, menos a lei que a figura que encarnou: seu pai, primeiro, e depois seus superiores hierárquicos, seu chefe militar. O bem se confunde, para ele, com a pessoa detentora do poder: "A nossos olhos, o Führer sempre tinha razão, e de igual maneira seu suplente direto, o Reichsführer (Himmler)". Suas ordens eram executadas sem reflexão, e a desobediência era inconcebível. (1993, p. 197)*

E mais adiante acrescenta: "A submissão ao chefe, a lealdade para com ele, são fundamentais na ética totalitária" (Todorov, 1993, p. 217), tal como sustentava Hitler, para quem honra chamava-se fidelidade.

A divinização do líder supunha o gozo do poder; as massas ficavam à mercê de um bando de assassinos, que afirmavam suas personalidades megalomaníacas mediante a negação mortífera do outro. Tal negação é um elemento constante que intervém na dinâmica do "narcisismo das pequenas diferenças" e subjaz como uma das dimensões do inconsciente que vive ao longo da história das religiões e dos povos, por meio do paradoxo lógico do duplo fraterno. Os componentes maravilhosos desse duplo se exteriorizam por manifestações sublimatórias de amizade, solidariedade, criatividade e confraternidade; seus componentes ominosos, pelos enfrentamentos e pelas guerras fratricidas.

Yerushalmi confronta, em seu livro *O Moisés de Freud, judaísmo terminável e interminável* (1996), a importância dos psicodinamismos relacionados à fratria e ao edípico no judaísmo e o cristianismo. Assinala que ambas são religiões do filho que reclamam, cada uma, sua exclusiva legitimidade à custa da outra, visto que, se uma é verdadeira, a outra deve ser falsa. Afirma que, para sondar o significado mais profundo do judaísmo frente ao cristianismo, deve-se levar em conta não só a rivalidade do filho com o pai como também a existente "entre os filhos". Por conseguinte, sugere não se concentrar tão exclusivamente no parricídio nem no complexo de Caim. E se remete aos tempos de Santo Agostinho para evidenciar a influência que teve na tipologia agostiniana o mito de Caim e Abel, que se converteram em figuras do povo judeu e Jesus.

Santo Agostinho escreve em sua *Réplica a "Fausto, o maniqueu"*:

> Abel, o irmão mais novo, é morto pelo irmão mais velho; Cristo, cabeça do povo mais jovem, é morto pelo

> *povo mais velho dos judeus; Abel morre no campo; Cristo no calvário...*
> *Então Deus diz a Caim: "Que fizeste? A voz do sangue do teu irmão clama diante de mim desde a terra". Do mesmo modo a voz das Santas Escrituras acusa aos judeus...*
> *Então Deus diz a Caim: "Sejas maldito e afastado da terra, que abriu sua boca para receber de tua mão o sangue de teu irmão...". Não é "Maldita é a terra", mas sim "Sejas maldito e afastado da terra...". Assim, o incrédulo povo dos judeus é amaldiçoado e afastado da terra, quer dizer, da igreja que, na confissão dos pecados, abriu a boca para receber o sangue derramado para a remissão dos pecados pela mão do povo que não estava sob a graça, mas sob a lei.*

Yerushalmi afirma que essa culpa que se estende entre as religiões não é edípica nem narcísica, mas sim fraterna. Essa culpa, reprimida e negada, é fratricida, a culpa de ter usurpado o direito de nascimento, do qual o cristianismo nunca vai estar completamente seguro na medida em que os judeus, negando-se obstinadamente a reconhecer a usurpação, permanecem como um testemunho e uma censura. Essa incerteza persistente com respeito à legitimidade de seu próprio triunfo explica a intensidade particular da secular tentativa cristã de converter judeus e sua frustração por não ter conseguido (1996, p. 186).

Concordo com Steiner quando afirma que é a áspera disputa fraterna por uma herança, pela apropriação da condição que legitima a exclusividade da descendência, e não a acusação do deicídio, o que nutre e mantém o antissemitismo.

Diante do desenvolvido até aqui, podemos inferir que os afetos hostis e as relações de domínio conscientes e inconscientes, reprimidos e cindidos, ligados à dinâmica fraterna e articulados com a dinâmica edípica e narcisista na dimensão da transubjetividade, deram origem e continuam ainda hoje exercendo certo poder fanático vertical e horizontalmente, sem perder de vista o contexto histórico, social e político no qual atuam. E é precisamente esse repetitivo poder tanático que gerou uma implacável destrutividade ao longo da história das religiões, dos povos e das nações.

* * *

Antes de concluir, desejo assinalar que os traumas e as identificações de substituição de um irmão morto podem experimentar no curso de seu desenvolvimento diversos destinos. Dependendo de como são tramitados, podem chegar a ser sublimados e propiciar criatividade. Tal foi o destino de Inês e dos criadores citados: Salvador Dalí e Ernesto Sábato. Entretanto, também podem experimentar um destino oposto e catastrófico, semeando destrutividade no sujeito e no entorno social. Esse foi o caso de Adolf Hitler e de outros exterminadores de massas.

Epílogo – O complexo fraterno e suas quatro funções

A condição de desamparo psíquico, físico e social do *infans* sela sua alienação constitutiva ao poder parental. Alienação de uma fusão narcisista e edípica que captura reciprocamente a filiação e a paternidade em um pêndulo que oscila entre a imortalidade e a mortalidade.

Desde sua origem, o *infans* atua paradoxalmente como "a-sujeito" dentro de um sistema narcisista que precede seu nascimento e, ao mesmo tempo, como objeto metonímico e fálico que completa e obtura os vazios dos outros. Momento inaugural, de um elevado sentimento de onipotência necessária, que requer persistir em diferentes graus e com flexibilidade ao longo de toda a vida, já que atua como o primeiro dos três pilares sobre aqueles em que se sustenta o sentimento de si.

Porém, ao mesmo tempo, todo sujeito requer, por sua vez, a presença de outro, personificado em um irmão imaginário e simbólico, cuja presença torna-se fundamental e fundante, como o duplo fiador que assegura a possível desalienação do poder edípico e a resignação da crença inconsciente de ser o único e perfeito filho que carrega a missão de salvar os pais e salvar a si mesmo dos pais. Relação horizontal com um "outro fraterno" que cumpre a função de auxiliar, modelo e objeto de complementação e reconhecimento.

É por meio do contrapoder surgido da aliança fraterna que se consegue a oposição ao mito de Cronos, que tenta a reapropriação e a devoração dos filhos. Essa dimensão trófica do complexo fraterno pode mudar de sinal quando o irmão se relaciona de um modo paranoide com o outro, a quem investe como um intruso rival ominoso que pode chegar a perturbar, roubar ou destruir seu *unicato*: o complexo fraterno tanático. O irmão paranoide, longe de aliar-se com laços de solidariedade, não entende o outro como um diferente e semelhante, mas como aquele que tenta combatê-lo e até destruí-lo, como Caim e Abel. Perde-se, assim, a dimensão liberadora e democrática que instaura a ordem ética e social da confraria, para resistir, precisamente, ao poder autoritário da geração que detém um poder vertical.

Antígona representaria a irmã paradigmática que reivindica os direitos da fratria e enfrenta o cego poder de Creonte.

A inclusão do complexo fraterno junto ao narcisismo e ao complexo de Édipo marca a presença, desde o início, de um conflito intergeracional. Conflito entre alienação e desalienação, como consequência das relações de domínio que se entrelaçam entre as gerações.

* * *

Considero importante distinguir, na situação analítica, as transferências e contratransferências: edípica, narcísica e fraterna.

A transferência fraterna não é um mero deslocamento defensivo da conflitiva edípica nem se supera com a dissolução do complexo de Édipo. Apresenta suas próprias especificações e mantém pontos de enovelamento com as dimensões narcisistas e triangulares. Faz-se necessário diferenciar, na transferência, a organização vertical, a relação triádica com os pais e a dimensão horizontal com os irmãos.

Na transferência fraterna, reedita-se a singular história infantil e atual com as particularidades do irmão ou irmã, e o analista deve considerá-la em toda sua importância tópica, dinâmica e econômica. Para tanto, o analista, como precondição para não a escamotear, deve atravessar o intrincado trabalho psíquico que representa a análise do próprio complexo fraterno, que invariavelmente é reativado pelo complexo fraterno manifesto e latente do analisante. O analista precisa reconhecer de que modo interjogam nele as fantasias inerentes à fratria durante as diferentes fases de cada um dos processos analíticos. Essas fantasias são reativadas não apenas na pessoa do analista como nos outros analisantes que, como "irmãozinhos de análise", reanimam a dinâmica narcisista com seus diversos tipos de duplos.

As transferências e as contratransferências narcisista, edípica e fraterna não são opostas. Apresentam diferentes lógicas e possibilitam, ao esclarecer as respectivas fronteiras e ao detectar suas articulações, obter um entendimento mais abarcador e também mais aguçado da plurifacetada situação analítica.

* * *

O complexo fraterno é um conjunto organizado de desejos hostis e amorosos que a criança experimenta com respeito a seus irmãos. Esse complexo não pode reduzir-se a uma situação real, à influência exercida pela presença dos irmãos na realidade externa, porque transcende o vivido individual. Também o filho único requer, como todo ser humano, assumir e tramitar os efeitos gerados pela forma singular em que esse complexo se constrói em cada sujeito.

Podemos diferenciar quatro funções: a) substitutiva, b) defensiva, c) elaborativa, d) estruturante.

a. A função substitutiva do complexo fraterno se apresenta como uma alternativa para substituir e compensar funções parentais malsucedidas.

A substituição pode também atuar, por um lado, como função elaborativa do complexo de Édipo e do narcisismo e, por outro, como função defensiva de angústias e sentimentos hostis relacionados aos progenitores, mas deslocados sobre os irmãos.

A função substitutiva foi descrita por Freud na Conferência n. 21:

> *quando esses irmãozinhos crescem, a atitude para com eles sofre importantíssimas mudanças. O pequeno pode tomar a irmã como objeto de amor em substituição da mãe, infiel; entre vários irmãos que competem por uma irmãzinha menor, já se apresentam as situações de rivalidade hostil que vão adquirir significação mais tarde na vida. Uma menininha encontra no irmão maior um substituto do pai, que já não se ocupa dela com a ternura dos primeiros anos, ou toma a um irmãozinho menor como substituto do bebê que em vão desejou do pai. (1916c)*

b. A função defensiva do complexo fraterno se manifesta quando encobre situações conflitivas edípicas e/ou narcisistas não resolvidas. Em muitos casos, serve para evitar e desmentir o confronto geracional, assim como para obturar as angústias.

Essa função defensiva se vê facilitada em virtude do fenômeno do deslocamento, por meio do qual se produzem falsos enlaces que originam múltiplos mal-entendidos; estes se presentificam na experiência clínica, bem como na mitologia e na literatura – por exemplo, na obra teatral *O mal-entendido*, de Albert Camus.

Com muita frequência, os mesmos pais são os que provocam os falsos enlaces entre os complexos paterno, materno e parental com o complexo fraterno, promovendo, por sua vez, as rivalidades hostis entre os filhos: "Dividem para reinar".

    c. O complexo fraterno exerce uma função elaborativa fundamental na vida psíquica, não apenas por sua envergadura estrutural como porque colabora, além disso, com o incessante trabalho de elaboração e superação dos remanescentes normais e patológicos do narcisismo e da dinâmica edípica que se apresentam ao longo de toda vida.

Assim como o complexo de Édipo põe limite à ilusão de onipotência do narcisismo (Faimberg), também o complexo fraterno participa na tramitação e no desprendimento do poder vertical detido pelas figuras edípicas, estabelecendo outro limite às crenças narcisistas relacionadas às fantasias do *unicato*.

Por outro lado, o sujeito que permanece fixado a traumas fraternos não consegue uma adequada superação da conflitiva edípica e permanece em uma atormentada rivalidade com seus semelhantes, que pode chegar a cristalizar-se na repetição tanática "daqueles que fracassam para triunfar". Nessa conduta, atuam não só as culpas edípicas não elaboradas como ainda participam as culpas fraternas e narcisistas, com sua correspondente necessidade de castigo consciente e inconsciente.

    d. O complexo fraterno possui um papel estruturante e um caráter fundador na organização da vida anímica do indivíduo, dos povos e da cultura.

Participa na estruturação das dimensões intrassubjetiva, intersubjetiva e transubjetiva por meio das influências que exercem na gênese e na manutenção dos processos identificatórios no ego e nos grupos (Vallino & Macció, 2003), na constituição do superego e do ideal do ego e na escolha do objeto de amor.

No item II de "Introdução ao narcisismo" (1914a), Freud desenvolve um sucinto panorama dos caminhos para a escolha de objeto. Assinala duas formas de amar: uma segundo um tipo narcisista; outra de acordo com o modo de apoio. Na primeira se ama: 1) ao que se é (a si mesmo), 2) ao que se foi, 3) ao que se queria ser e 4) à pessoa que foi uma parte de si mesmo.

Quando descreve o tipo de escolha de objeto de apoio, Freud marca unicamente dois modelos de amar: de acordo com "a mulher que amamentou e o homem protetor e as pessoas substitutas que se alinham em cada um desses caminhos"; porém, não inclui o irmão nem a irmã como outro e semelhante que conta na vida anímica do indivíduo, com total segurança, "como modelo, como objeto, como auxiliar e como inimigo; por isso, desde o começo, a psicologia individual é simultaneamente psicologia social nesse sentido mais lato, porém inteiramente legítimo" (Freud, 1921b). Se "no complexo de Édipo se conjugam os começos de religião, ética, sociedade e arte" (Freud, 1913), é necessário afirmar que o complexo fraterno tem também um papel decisivo nesses começos.

As relações fraternas não provêm somente dos vínculos religiosos intergeracionais de um pai-Deus com respeito a seus filhos; separam-se ademais da dinâmica edípica, e cada irmão requer processar a tendência à rivalidade violenta que cada sujeito mantém frente a seu semelhante. Rivalidade intrageracional que reanima a dinâmica paradoxal do duplo em suas variadas formas: imortal, ideal, especular e bissexual.

Antes de concluir, desejo sublinhar que os textos aqui reunidos nos permitem inferir que, assim como o sonho é a via régia para o conhecimento do inconsciente, o complexo fraterno, por meio de suas quatro funções, representa outra via régia para ampliar as fronteiras do conhecimento da alma humana e para elucidar e superar os conflitos provenientes das estruturas edípica e narcisista na psicologia individual e social.

Referências

Aguinis, M. (1988). Caín o el revés de un héroe. *Revista de Psicoanálisis, 45*(1), 117-132.

Aisenberg, E. R. (1999). Más allá de la representación: los afectos. *Revista de Psicoanálisis, 6* (número internacional).

Amati Mehler, J., & Argentieri, S. (1971). *Esperanza y desesperanza: ¿un problema técnico?* Buenos Aires: Labor.

Andacht, H. (1994). *Antiguos crímenes.* Montevideo: Trilce.

Anzieu, D. (1981). *El autoanálisis de Freud.* México: Siglo XXI.

Anzieu, D. (1993). El cuerpo y el código en los cuentos de Jorge Luis Borges. In *Cuerpo de la obra.* México: Siglo XXI.

Aragonés, R. J. (1999a). Comentario al libro *La confrontación generacional*, de L. Kancyper. Barcelona, 8 de fevereiro de 1999.

Aragonés, R. J. (1999b). *El narcisismo como matriz de la teoría psicoanalítica.* Buenos Aires: Nueva Visión.

Aristóteles (1983). *Ética nicomaquea.* México: [s.n.].

Assoun, P. L. (1999). *Hermanos y hermanas*. Buenos Aires: Nueva Visión.

Aulagnier, P. (n.d.). Los dos principios del funcionamiento identificatorio: permanencia y cambio. *Revista Argentina de Psicopatología*, 2(8).

Bank, S. P., & Kahn, M. D. (1988). *El vínculo fraterno*. Buenos Aires: Paidós.

Baranger, M. (1956). Fantasía de enfermedad y desarrollo del *insight* en el análisis de un niño. *Revista Uruguaya de Psicoanálisis*, 1(2).

Baranger, M. (1976). Comentario al artículo de M. Abadi "Meditación sobre (el) Edipo". *Revista de Psicoanálisis*, 33(2).

Baranger, M. (1992). La mente del analista: de la escucha a la interpretación. *Revista de Psicoanálisis*, 49(2), 223-237.

Baranger, M., Baranger, W., & Mom, J. (1978). Patología de la transferencia y contratransferencia en el psicoanálisis actual: el campo perverso. *Revista de Psicoanálisis*, 35(5), 1101-1106.

Baranger, M., Baranger, W., & Mom, J. (1987). El trauma psíquico infantil de nosotros a Freud. *Revista de Psicoanálisis*, 44(4), 745-774.

Baranger, W. (1992). Los afectos en la contratransferencia. In *XIV Congreso Psicoanalítico de América Latina*, 1, Buenos Aires.

Baranger, W. (1994). *La situación analítica como producto artesanal. La artesanía psicoanalítica*. Buenos Aires: Kargieman.

Baranger, W., & Baranger, M. (1961-1962). La situación analítica como campo dinámico. In *Problemas del campo analítico*. Buenos Aires: Kargieman, 1993.

Baudelaire, C. (1982). *Las flores del mal*. Madrid: Alianza.

Beltz, W. (1986). *Los mitos egipcios*. Buenos Aires: Losada.

Bion, W. (1972). El mellizo imaginario. In *Volviendo a pensar*. Buenos Aires: Paidós.

Bloom, H. (1997). *El canon occidental*. Barcelona: Anagrama.

Bolognini, S. (1998). Compartir y malentender. *Revista de Psicoanálisis, 55*(1), 7-20.

Bonnefoy, I. (1997). *Comienzo y fin de la nieve*. Córdoba: Alcios.

Bordelois, I. (1999). *Un triángulo crucial: Borges, Güiraldes y Lugones*. Buenos Aires: Eudeba.

Borges, J. L. (1923a). Inscripción en cualquier sepulcro. In *Obras completas: 1923-1972* (p. 35). Buenos Aires: Emecé, 1974.

Borges, J. L. (1923b). Remordimiento por cualquier muerte In *Obras completas: 1923-1972* (p. 33). Buenos Aires: Emecé, 1974.

Borges, J. L. (1944a). El fin. In *Obras completas: 1923-1972* (pp. 519-521). Buenos Aires: Emecé, 1974.

Borges, J. L. (1944b). Funes el memorioso. In *Obras completas: 1923-1972* (pp. 485-489). Buenos Aires: Emecé, 1974.

Borges, J. L. (1944c). Las ruinas circulares. In *Obras completas: 1923-1972* (pp. 451-455). Buenos Aires: Emecé, 1974.

Borges, J. L. (1949). Emma Zunz. In *Obras completas: 1923-1972* (pp. 564-568). Buenos Aires: Emecé, 1974.

Borges, J. L. (1952). Kafka y sus precursores. In *Obras completas: 1952-1972* (pp. 88-90). Buenos Aires: Emecé, 1974.

Borges, J. L. (1960). A Leopoldo Lugones. In *Obras completas: 1923-1972* (p. 779). Buenos Aires: Emecé, 1974.

Borges, J. L. (1964a). Buenos Aires. In *Obras completas: 1923-1972* (pp. 946-947). Buenos Aires: Emecé, 1974.

Borges, J. L. (1964b). El Golem. In *Obras completas: 1923-1972* (pp. 885-887). Buenos Aires: Emecé, 1974.

Borges, J. L. (1964c). 1964. In *Obras completas: 1923-1972* (p. 920). Buenos Aires: Emecé, 1974.

Borges, J. L. (1965). Milonga de dos hermanos. In *Obras completas: 1923-1972* (pp. 955-956). Buenos Aires: Emecé, 1974.

Borges, J. L. (1967). Animales de los espejos. In *Obras completas: 1923-1972*. Buenos Aires: Emecé, 1974.

Borges, J. L. (1969). Leyenda. In *Obras completas: 1923-1972* (p. 1013). Buenos Aires: Emecé, 1974.

Borges, J. L. (1970a). *Autobiografía*. Buenos Aires: El Ateneo.

Borges, J. L. (1970b). La intrusa. In *Obras completas: 1923-1972* (pp. 1025-1028). Buenos Aires: Emecé, 1974.

Borges, J. L. (1972a). El amenazado. In *Obras completas: 1923-1972* (p. 1107). Buenos Aires: Emecé, 1974.

Borges, J. L. (1972b). Génesis IV, 8. In *Obras completas: 1923-1972* (p. 1092). Buenos Aires: Emecé, 1974.

Borges, J. L. (1977a). Encuentro con Borges. In *Textos recobrados: 1956-1986*. Buenos Aires: Emecé, 2003.

Borges, J. L. (1977b). *Todo Borges y...* Buenos Aires: Atlántida.

Borges, J. L. (1981). La dicha. In *La cifra*. Buenos Aires: Emecé.

Borges, J. L. (1985). Juan López y John Ward. In *Los conjurados*. Buenos Aires: Emecé.

Borges, J. L. (1997). *Biblioteca personal (Prólogos)*. Buenos Aires: Alianza.

Braier, E. (1990). *Tabúes en la teoría de la técnica metapsicológica de la cura*. Buenos Aires: Nueva Visión.

Braier, E. (2000). *La estructura narcisista gemelar y la carencia materna en gemelos*. Buenos Aires: Paidós.

Brasca, R. (2004, 1o de fevereiro). Microficciones. *La Nación*.

Britton, R. (1994). Realidad psíquica y creencia inconsciente. *Revista de Psicoanálisis, 51*(12), 27-34.

Brusset, B. (1987). El vínculo fraterno y el psicoanálisis. *Revista de Psicoanálisis, 44*(2), 307-346.

Camus, A. (1963). La esperanza y lo absurdo en la obra de Franz Kafka. In *El mito de Sísifo*. Buenos Aires: Losada.

Camus, A. (1992). *El malentendido*. Buenos Aires: Losada.

Conran, M. (1993). Algunas consideraciones sobre la vergüenza, la culpa y el perdón. *Revista de Psicoanálisis, 50*(45), 839-857.

Derrida, J. (2003). *El siglo del perdón*. Buenos Aires: De la Flor.

Faimberg, H. (1985). El telescopaje de las generaciones: la genealogía de ciertas identificaciones. *Revista de Psicoanálisis, 42*(5), 1043-1056.

Faimberg, H. (1989). Repetición y sorpresa. *Revista de Psicoanálisis, 46*(5), 717-732.

Ferro, A. (2001). *La sesión analítica*. Buenos Aires: Lumen.

Freud, S. (1897). Fragmentos de la correspondencia con Fliess (1950 [1892-99]). Carta 70 (3 y 4 de octubre de 1897). In *Obras completas* (Vol. 1, pp. 303-305). Buenos Aires: Amorrortu Editores, 1982.

Freud, S. (1900a). La interpretación de los sueños. In *Obras completas* (Vol. 5). Buenos Aires: Amorrortu Editores, 1979.

Freud, S. (1900b). La novela familiar de los neuróticos. In *Obras completas* (Vol. 9, pp. 213-220). Buenos Aires: Amorrortu Editores, 1979.

Freud, S. (1909). A propósito de un caso de neurosis obsesiva. In *Obras completas* (Vol. 10, pp. 119-194). Buenos Aires: Amorrortu Editores, 1980.

Freud, S. (1913). Tótem y tabú. In *Obras completas* (Vol. 13, pp. 1-164). Buenos Aires: Amorrortu Editores, 1980.

Freud, S. (1914a). Introducción al narcisismo. In *Obras completas* (Vol. 14, pp. 65-98). Buenos Aires: Amorrortu Editores, 1979.

Freud, S. (1914b). Recordar, repetir, reelaborar. In *Obras completas* (Vol. 12, pp. 145-158). Buenos Aires: Amorrortu Editores, 1980.

Freud, S. (1916a). Algunos tipos de carácter dilucidados por el trabajo psicoanalítico. In *Obras completas* (Vol. 14, pp. 313-340). Buenos Aires: Amorrortu Editores, 1979.

Freud, S. (1916b). Conferencia n. 13: Rasgos arcaicos e infantilismo del sueño. In *Obras completas* (Vol. 15, pp. 182-194). Buenos Aires: Amorrortu Editores, 1978.

Freud, S. (1916c). Conferencia n. 21: Desarrollo libidinal y organizaciones sexuales. In *Obras completas* (Vol. 15, pp. 292-308). Buenos Aires: Amorrortu Editores.

Freud, S. (1916d). Conferencia n. 26: La teoría de la libido y el narcisismo. In *Obras completas* (Vol. 15, pp. 375-391). Buenos Aires: Amorrortu Editores.

Freud, S. (1917). Una dificultad del psicoanálisis. In *Obras completas* (Vol. 17, pp. 125-136). Buenos Aires: Amorrortu Editores, 1979.

Freud, S. (1919a). Lo ominoso. In *Obras completas* (Vol. 17, pp. 215-252). Buenos Aires: Amorrortu Editores, 1979.

Freud, S. (1919b). Pegan a un niño. In *Obras completas* (Vol. 17, pp. 173-200). Buenos Aires: Amorrortu Editores, 1979.

Freud, S. (1920). Sobre la psicogénesis de un caso de homosexualidad femenina. In *Obras completas* (Vol. 18, pp. 137-166). Buenos Aires: Amorrortu Editores, 1979.

Freud, S. (1921a). Sobre algunos mecanismos neuróticos en los celos, la paranoia y la homosexualidad. In *Obras completas* (Vol. 18, pp. 213-226). Buenos Aires: Amorrortu Editores, 1979.

Freud, S. (1921b). Psicología de las masas y análisis del yo. In *Obras completas* (Vol. 18, pp. 163-138). Buenos Aires: Amorrortu Editores, 1979.

Freud, S. (1922). Dos artículos de enciclopedia: Psicoanálisis y teoría de la libido. In *Obras completas* (Vol. 18, pp. 227-254). Buenos Aires: Amorrortu Editores, 1979.

Freud, S. (1923a). Doctor Sándor Ferenczi (en su 50o cumpleaño). In *Obras completas* (Vol. 19, pp. 287-289). Buenos Aires: Amorrortu Editores, 1979.

Freud, S. (1923b). El yo y el ello. In *Obras completas* (Vol. 19, pp. 21-29). Buenos Aires: Amorrortu Editores, 1979.

Freud, S. (1924a). El problema económico del masoquismo. In *Obras completas* (Vol. 19, pp. 161-176). Buenos Aires: Amorrortu Editores, 1979.

Freud, S. (1924b). El sepultamiento del complejo de Edipo. In *Obras completas* (Vol. 19, pp. 177-188). Buenos Aires: Amorrortu Editores, 1979.

Freud, S. (1925). Presentación autobiográfica. In *Obras completas* (Vol. 20, pp. 1-70). Buenos Aires: Amorrortu Editores, 1979.

Freud, S. (1926). Inhibición, síntoma y angustia. In *Obras completas* (Vol. 20, pp. 71-166). Buenos Aires: Amorrortu Editores, 1979.

Freud, S. (1927). Dostoievski y el parricidio. In *Obras completas* (Vol. 21, pp. 171-194). Buenos Aires: Amorrortu Editores, 1979.

Freud, S. (1930). El malestar en la cultura. In *Obras completas* (Vol. 21, pp. 57-140). Buenos Aires: Amorrortu Editores, 1979.

Freud, S. (1933). Nuevas conferencias de introducción al psicoanálisis. In *Obras completas* (Vol. 22, pp. 1-168). Buenos Aires: Amorrortu Editores, 1979.

Freud, S. (1937). Análisis terminable e interminable. In *Obras completas* (Vol. 23, pp. 211-254). Buenos Aires: Amorrortu Editores, 1980.

Freud, S. (1938). Moisés y la religión monoteísta. In *Obras completas* (Vol. 23, pp. 1-132). Buenos Aires: Amorrortu Editores, 1980.

García Badaracco, J. (1987). La identificación y sus vicisitudes en la psicosis. La importancia del concepto de "objeto enloquecedor". *Libro Anual de Psicoanálisis 1986*, *2*, 217-227.

Girard, R. (1995). *La violencia y lo sagrado*. Barcelona: Anagrama.

Goldberg, F. (1999). Reseña en reflejos. *Revista del Departamento de Estudios Españoles y Latinoamericanos*, *8*, Universidad Hebrea de Jerusalén.

Gough, J.-J. (n.d.). *El inconsciente freudiano y la revolución iconoclasta*. Buenos Aires: Letra Viva.

Green, A. (1986). La madre muerta. In *Narcisismo de vida, narcisismo de muerte*. Buenos Aires: Amorrortu.

Green, A. (1995). *La metapsicología revisitada*. Buenos Aires: Eudeba.

Greenson, R. R. (1954). The struggle against identification. *JAPA*, *2*(2), 200-217.

Grimal, P. (1982). *Diccionario de mitología griega y romana*. Barcelona: Paidós.

Guía oficial. Templo mayor (1996). México: [s.n.].

Hagen, R. M. y R. (2001). *Los secretos de las obras de arte* (T. 1). Madrid: Taschen.

Hanly, C. (1983). Ideal del yo y yo ideal. *Revista de Psicoanálisis*, *40*(1), 191-203.

Jones, E. (1959-1960). *Vida y obra de Sigmund Freud*. (3 vols.). Buenos Aires: Lumen-Hormé, 2001.

Joseph, B. (1987). Adicción a la vecindad de la muerte. *Revista de Psicoanálisis*, *44*(2), 241-255.

Kafka, F. (1970). *La metamorfosis*. Buenos Aires: Losada.

Kafka, F. (1971). *Diarios*. In *Obras completas II*. Barcelona: Planeta.

Kafka, F. (1974). *Carta al padre*. Buenos Aires: Goncourt.

Kafka, F. (1979a). *Relatos completos I*. Buenos Aires: Losada.

Kafka, F. (1979b). *Relatos completos II*. Buenos Aires: Losada.

Kafka, F. (1983). *Escritos de Kafka sobre sus escritos*. Barcelona: Anagrama.

Kafka, F. (1992a). *Obras escogidas*. Santiago de Chile: Andrés Bello.

Kafka, F. (1992b). *Padre e hijos*. Barcelona: Anagrama.

Kancyper, L. (1985). Adolescencia y a posteriori. *Revista de Psicoanálisis, 42*(3), 535-546.

Kancyper, L. (1989). *Jorge Luis Borges o el laberinto de Narciso*. Buenos Aires: Paidós. (Nova edição: *Jorge Luis Borges o la pasión de la amistad*. Buenos Aires: Lumen, 2003.)

Kancyper, L. (1990). Desidealización y cambio psíquico. In *Congreso y Symposium Interno*, APA.

Kancyper, L. (1991a). Remordimiento y resentimiento en el complejo fraterno. *Revista de Psicoanálisis, 48*(1), 120-135.

Kancyper, L. (1991b). *Resentimiento y remordimiento*. Buenos Aires: Paidós.

Kancyper, L. (1992a). El chancho inteligente. La resignificación de las identificaciones en la adolescencia. *Revista de Psicoanálisis, 49*(56), 753-772.

Kancyper, L. (1992b). La identificación reivindicatoria. *Revista Argentina de Psicopatología, 3*(7).

Kancyper, L. (1995). Complejo fraterno y complejo de Edipo. *Revista de Psicoanálisis, 52*(3), 675-690.

Kancyper, L. (1996). Narcisismo y pigmalionismo en la obra de Jorge Luis Borges. *Revista de Psicoanálisis, 53*(1), 99-118.

Kancyper, L. (1997). *La confrontación generacional*. Buenos Aires: Paidós. (Nova edição de Lumen, 2003.)

Kancyper, L. (1998). Complejo fraterno y complejo de Edipo en la obra de Franz Kafka. *Revista de Psicoanálisis*, 55(2), 325-354.

Kancyper, L. (1999a). El afecto y el poder. *Revista de Psicoanálisis*, 56(3), 665-676.

Kancyper, L. (1999b). El burrito carguero. *Revista de Psicoanálisis*, 56(4), 891-921.

Kancyper, L. (2000). La memoria del rencor y la memoria del dolor. *Revista Asociación Escuela Argentina de Psicoterapia para Graduados, 26; Psyché*, Società Psicoanalitica Italiana, 8(2); *Psyché*, 9/10, Zeischrift für Psychonalyse.

Kancyper, L. (2001). Complejo fraterno trófico y tanático en la obra de J. L. Borges. *Revista de Psicoanálisis*, 58(1), 37-66.

Kononovich de Kancyper, J., & Raznoszczyk de Schejtman, C. (1999). De la explosión a la implosión. In *XXVII Congreso Interno e XXXVII Symposium*, APA.

Kunstlicher, R. (1995). El concepto de Nachtraglichkeit. *Revista de Psicoanálisis*, 52(3), 691-701.

La Torá (1999). Barcelona: Martínez Roca.

Lacan, J. (1976). El estadio del espejo. In *Escritos 1*. México: Siglo Veintiuno.

Lacan, J. (1981). Ideal del yo y yo ideal. In *Seminario 1*. Barcelona: Paidós.

Lacan, J. (1982). *La familia*. Buenos Aires: Argonauta.

Lacan, J. (1999). *Seminario 5, las formaciones del inconsciente*. Buenos Aires: Paidós.

Landolfi, P. (1998). La culpa fraterna: una nueva estructuración del superyó. *Revista de Psicoanálisis*, 55(1), 179-199.

Laplanche, J. (1983). El psicoanálisis, ¿historia o arqueología? *Trabajo del Psicoanálisis*, 2(5).

Laplanche, J. (2001). *Responsabilidad y respuesta. Entre seducción e inspiración: el hombre*. Buenos Aires: Amorrortu.

Laplanche, J. & Pontalis, J. (1971). *Diccionario de psicoanálisis*. Madrid: Labor.

Leclaire, S. (1975). *Matan a un niño*. Buenos Aires: Amorrortu.

Liberman, D., Barrutia, A., Issaharoff, E., & Winograd, B. (1985). Indicadores del final de análisis. *Revista de la APA*, 7(1/2).

Lichtmann, A. (1993). *Hilflosigkeit*, narcisismo e historicidad. Acerca de la angustia de desvalimiento o desamparo. *Revista de Psicoanálisis*, 50(6), 1233-1245.

Llovet, J. (1992). Prólogo. In Franz Kafka. *Padre e hijos*. Barcelona: Anagrama.

Losso, R., & Packiarz, A. (2001). El psicoanálisis y la pareja. In *Psicoanálisis de la familia*). Buenos Aires: Lumen.

Magris, C. (2004, 1o de fevereiro). Nacer es caer en el mar. *La Nación*. Recuperado de https://www.lanacion.com.ar/568968--nacer-es-caer-en-el-mar.

McDougall, J. (1989). *Teatros del cuerpo*. Madrid: Yébenes.

Mercader, M. (1999). Los intrusos. In *Escrito sobre Borges*. Buenos Aires: Planeta.

Milmaniene, J. (1995). *El goce y la ley*. Buenos Aires: Paidós.

Modell, A. (2000). Fantasías humillantes y la búsqueda del displacer. In *En torno a Freud*. Madrid: Biblioteca Nueva.

Modern, R. (1993). *Franz Kafka, una búsqueda sin salida*. Buenos Aires: Almagesto.

Moliner, M. (1982). *Diccionario de uso del español*. Madrid: Gredos.

Montevechio, B. (1995). Status de las creencias en la teoría psicoanalítica. *Revista de Psicoanálisis, 52*(3), 821-843.

Montevechio, B., Rosenthal, G., Smulever, M., & Yampey, N. (1986). Mito y realidad en psicoanálisis. In *Actas del XV Congreso Interno y XV Symposium*, APA, T. II.

Mujica, H. (2000). No se elige, se acontece. *Viva*, 15 de julho (revista do jornal *Clarín*).

Novick, J., & Novick, K. (2000). Prohibido a los bárbaros. En torno a "Pegan a un niño". In *En torno a Freud*. Madrid: Biblioteca Nueva.

Olmos, T. (2000). Dolor mental en la adolescencia y cura psicoanalítica. In *14 conferencias sobre el padecimiento psíquico y la cura psicoanalítica*. Biblioteca Nueva APM.

Payne, R. (1973). *The Life and Death of Adolf Hitler*. New York: Praeger.

Paz, O. (1994). *La llama doble: amor y erotismo*. Barcelona: Seix Barral.

Potamikanou, A. (1992). De vórtices y volcanes. Siempre sobre el recorrido de las identificaciones. *Revista de Psicoanálisis, 49*(56), 739-752.

Rand, N., & Torok, M. (1997). La inquietante extrañeza de Freud ante el hombre de la arena. In *El psiquismo ante las generaciones*. Buenos Aires: Amorrortu.

Rauschning, H. (1939). *Hitler m'a dit*. Paris: Cooperation.

Resnik, S. (1977). Acerca de la depresión narcisista. *Revista de Psicoanálisis, 34*(1), 145-149.

Roazen, P. (1975). *Freud and His Followers*. New York: Alfred Knopf.

Robert, M. (1980). *Acerca de Kafka. Acerca de Freud.* Barcelona: Anagrama.

Rodríguez Monegal, E. (1985). *Jorge Luis Borges: Diccionario.* México: FCE.

Romero, J. L. (1956). *Las ideas políticas en la Argentina.* Buenos Aires: FCE.

Rosolato, G. (1918). Culpabilidad y sacrificio. In *La relación de desconocido.* Barcelona: Petrel.

Sábato, E. (1998). *Antes del fin.* Buenos Aires: Seix Barral.

Sánchez Vidal (1995). *Dalí.* Madrid: Alianza.

Scavino, D. (1999, 25 de abril). La amistad versus el poder. *Clarín.*

Schoo, E. (2001). *Cuadernos de la sombra.* Buenos Aires: Sudamericana.

Shakespeare, W. (1953). *El rey Lear.* In *Obras completas.* Buenos Aires: El Ateneo.

Sófocles (1991). *Antígona.* México: Porrúa.

Steiner, G. (1991). *Antígonas.* Barcelona: Gedisa.

Steiner, G. (1998a, 2 de abril). El pensador solitario. *Clarín.*

Steiner, G. (1998b). *Errata, el examen de una vida.* Madrid: Siruela.

Todorov, R. (1993). *Frente al límite.* México: Siglo XXI.

Vallino, D., & Macció, M. (1996). Note sul complesso fraterno nei gruppi. *Psiche, 2,* 63-72.

Vallino, D., & Macció, M. (2003). Di alcune miserie nell' attività intellettuale dei Piccoli Grupi alla luce del paradigma fraterno. *Quaderni di Psicoterapia Infantile, 47.*

Van Gogh, V. (1988). *Cartas a Theo.* Barcelona: Labor.

Wiesel, E. (1982). *Celebración bíblica*. Barcelona: Bruguera.

Winnicott, D. W. (1967). Papel de espejo de la madre y la familia en el desarrollo del niño. In *Realidad y juego*. Buenos Aires: Granica, 1972.

Wisdom, J. C. (1963). Comparación y desarrollo de las teorías psicoanalíticas de la melancolía. *Revista Uruguaya de Psicoanálisis*, 5(1).

Yerushalmi, J. (1996). *El Moisés de Freud*. Buenos Aires: Nueva Visión.

Zak de Goldstein, R. (1994). La demanda de dependencia revertida y la familia. In *IV Jornadas de la Familia y la Pareja*, APA.

Zimmerman, H. (2000). *Tres mil historias de frases y palabras*. Buenos Aires: Aguilar.

Índice de autores

A

Aguinis 133
Aisenberg 74, 75
Anzieu 99
Aragonés 191, 232
Aristóteles 159
Assoun 28
Aulagnier 77

B

Balthus 67
Bank 100, 101, 279
Baranger 81, 135, 175, 176, 185, 213
Barrios 162
Baudelaire 54
Beltz 30
Benjamin 84
Bentham 158
Bergeret 67
Bion 60, 262
Bolognini 273
Bordelois 67, 127, 160, 161, 163, 164
Borges 5, 89, 107, 127-130, 132, 140, 141, 143-145, 147-150, 153, 154, 156, 160-165, 167-170
Braier 149
Brasca 202
Britton 123, 270
Brod 97, 110, 111, 115, 124
Brusset 20, 59, 104, 138

C

Cícero 159
Conran 270

D

Deleuze 91
Derrida 269
Dolto 68

F

Faimberg 75, 223, 293

Foucault 158, 168

Freud, A. 101, 102

Freud, S. 9, 16, 18, 19, 21, 22, 31, 32, 40, 41, 46, 53, 54, 56, 57, 67, 69, 74, 76, 78, 85-87, 90, 93, 97, 98, 99-108, 119, 121, 130, 134, 144, 156, 173, 191, 194, 200, 203, 205, 206, 212, 213, 215, 222, 233, 238, 242, 243, 249, 263-265, 267-269, 283, 285, 292, 294

"Alguns tipos de caráter encontrados no trabalho psicanalítico" 144

"Análise terminável e interminável" 242

"Autobiografia" 103, 128

carta a Ferenczi 222

carta a Wilhelm Fliess (3 de outubro de 1897) 98

carta ao filho, Ernest Freud (12 de maio de 1938) 104

Conferência 21, "Desenvolvimento libidinal e organizações sexuais" 292

Conferência 26, "A teoria da libido e o narcisismo" 53

"dissolução do complexo de Édipo, A" 93, 290

"Dostoiévski e o parricídio" 78

"Esboço de psicanálise" 191

"estranho, o" (*der Unheimlich*) 8, 76, 131, 224

"homem dos ratos" 85

"Inibição, sintoma e angústia" 233

"Interpretação dos sonhos" 99

"Introdução ao narcisismo" 56, 294

"Moisés e o monoteísmo" 93, 283

"Novas conferências introdutórias à psicanálise" 93

"Psicogênese de um caso de homossexualidade feminina" 21

"Recordar, repetir e elaborar" 212

"Sobre alguns mecanismos neuróticos no ciúme, na paranoia e na homossexualidade" 105

"Totem e tabu" 155

"Uma criança é espancada" 40, 43, 54, 78, 263, 264

"Uma dificuldade no caminho da psicanálise" 54

G

García Badaracco 77

Girard 119

Goux 281, 283

Green 57, 75

Greenson 273

Grimal 134

H

Hagen 43

Hegel 20

J

Jones 102

Joseph 4, 59

K

Kaës 131, 132

Kafka 5, 89-95, 97, 98, 106-111, 115-119, 122-124

Kancyper 3, 4, 62, 68, 71, 77, 86, 153, 181, 207, 264, 269, 283

Künslicher 66

L

Lacan 16, 54, 56, 131, 132, 208

Lagache 76, 208

Laing 22

Landolfi 94

Laplanche 38, 76, 104, 131, 212

Leclaire 108, 221, 222

Lichtmann 149

Llovet 91-93

Losso 26

M

Marai 84

McDougall 75

Mercader 156

Milmaniene 284

Modell 263, 264

Moliner 175

Mujica 157, 158

N

Novick 264

P

Payne 280-282

Paz 117, 159

Plutarco 159

Potamikanou 272

R

Rand 90

Resnik 198

Roazen 102

Robert 97

Rodríguez Monegal 145

Rosolato 103

S

Sábato 182, 238, 251, 260, 287

Sánchez Vidal 256

Santo Agostinho 285

Scavino 158

Schoo 36

Sófocles 206

Steiner 283, 286

T

Todorov 284, 285

V

Vallino 169, 197, 268, 294

W

Wiesel 34-36

Wilde 149

Winnicott 56

Wisdom 254

Y

Yerushalmi 104, 283, 285, 286

Z

Zimmerman 175

Índice remissivo

A

Abraão 17, 110, 137

adolescência 34, 66-68, 101, 107, 128, 209, 210, 212, 214, 223, 224, 231, 232, 241, 255

afetos 16, 55, 64, 66, 70, 73-75, 80, 149, 150-152, 161, 176, 201, 207, 213, 225, 235, 250, 287

agressividade 38, 183, 193, 224, 225

algia e "algo" 56, 57, 65

ambivalência 131, 134, 135, 150, 197, 206, 207, 241, 249, 264

amizade 110, 128, 129, 153, 156-160, 163, 164, 190, 285

amnésia infantil 213

amor 19, 28, 35, 41, 64, 94, 105-107, 110, 115, 127, 134, 143, 145, 148, 150, 153-161, 193, 222, 243, 292, 294

análise de adolescentes 241

análise de crianças 195

analista, personalidade do 243

analisabilidade 241

angústia 74, 100, 108, 139, 196, 198, 213, 215, 228, 233, 235, 272, 275, 276

anjo 34-39

Antígona 103, 174, 206, 253, 290

a posteriori 66, 85, 117, 174, 209, 230, 272

apropriação 28, 75, 76, 286

atuação 19, 36, 140, 156, 182

autoimagem narcisista 86, 247

B

bênção 23, 25, 26, 28, 43-45

Bíblia, relato da

"Amor de David por Jonathan" 145

"Bênção de Efraim" 43-45

"Caim e Abel" 127, 130-132, 135, 141, 155, 191, 195, 285, 290

"Conluio entre Rebeca e Jacob" 51

"Luta de Jacob em Peniel" 33

"O calcanhar de Esaú e o guisado de lentilhas" 16

"Parábola do filho pródigo" 235, 236

"Saga de José e seus irmãos" 41, 138

Borges 5, 89, 107, 127-130, 132, 140, 141, 143-145, 147-150, 153, 154, 156, 160-165, 167-170

"1964" 150

"A intrusa" 130, 144, 145, 152, 154

"Animais dos espelhos" 130, 152, 166, 169

"A sorte" 156

"Autobiografia" 103, 128, 254, 260

Buenos Aires 154

"burrinho de carga" 182

"butim filial" 51

"Emma Zunz" 152

"Encontro com Borges" 129

e seu relacionamento com Bioy Casares 160, 165

e seu relacionamento com Güiraldes e Lugones 130, 160

"Gênesis" 130, 141

"Juan López e John Ward" 130, 141, 143

"O fim" 130, 152

"O Golem" 168

"Remorso por qualquer morte" 140

C

Caim 36, 87, 91, 103, 106, 120, 122, 127, 130-137, 141-143, 148, 155, 162, 191, 195, 196, 253, 285, 286, 290

e Abel 127, 130-132, 135, 141, 155, 191, 195, 285, 290

campo 17, 18, 23, 24, 42, 79, 81, 83, 90, 117, 127, 151, 160, 183, 200, 209, 213, 232-234, 236, 241, 257, 272, 283, 286

analítico 79, 81, 183, 213, 234, 241

dinâmico 83, 160, 209, 232, 233

perverso 200

carrasco 195, 227

casos clínicos

Adriano 214-222

Hernán 47-87

Inês 251-279

Marcos 173-203

cisão 191

comparação 39, 40, 42, 55, 58, 72, 182, 202, 276

maníaca 40

masoquista 40

obsessiva 40

propriamente dita 39, 40

complexo

de Édipo 87, 89-125, 129-131, 134, 139, 161, 173, 174, 191, 215, 264, 273, 282, 290, 292-294

do intruso 16

do semelhante 39, 228

fraterno 1, 3-6, 11-13, 15, 33, 40, 51, 52, 60, 65, 87, 89, 90, 94, 102, 104-107, 121, 124, 127-131, 137-139, 144, 149, 160, 161, 164, 166, 168, 171, 173, 174, 182, 185, 191, 199, 200, 202, 203, 209, 210, 214-216, 218, 222, 228, 232, 249, 282, 285, 289-295

materno 153, 184

paterno 40, 78, 84, 93, 103, 134, 226, 264

conflitiva 28, 37, 184, 290, 293

   edípica 290, 293

   fraterna 28

   parento-filial 22, 46, 133, 137, 157, 197, 199, 232, 234

   pré-edípica 264

   sadomasoquista 32, 39, 81, 149, 190, 200, 262, 266

conflito 26, 27, 34, 133, 137, 162, 197, 212, 213, 215, 226, 234, 290

   de lealdades 226

   psíquico 213, 226

confraternidade 87, 130, 131, 159, 161, 165, 169, 285

confronto 33, 34, 36, 37, 124, 210, 211, 214, 229, 231, 232, 292

   duplo 36

   entre filho e o pai-Deus 34

   geracional 124, 210, 211, 214, 229, 230, 292

   inibição do 108, 110

conluio 22, 26, 28, 29-31, 33, 47, 51, 52, 70

crença 16, 39, 91, 119, 122, 123, 154, 166, 168, 197, 202, 225, 265, 268-271, 289

   inconsciente 91, 119, 197, 202, 225, 289

cristianismo 43, 45, 46, 285, 286

culpabilidade 16, 40, 61, 78, 91, 94, 96, 103, 109, 119, 120, 174, 200, 207, 251, 257, 262-268

   edípica 61, 78, 103, 120

   fraterna 61, 96, 103, 142

masoquista 266

narcisista 119

narcisizante 266

sentimento de 78, 118, 120, 219

ubíqua 91, 119, 120, 251, 257, 262, 263

D

Dalí 182, 238, 251, 254, 255, 260, 287

defusão da pulsão de morte 223

desafetação 75

desafio tanático 124, 125, 215

desidealização, processo de 37, 198, 239, 240

   paroxística 240

   gradual 198, 239, 240

desidentificação 70, 82, 175, 221-224, 229, 254

desligamento 37, 190, 222, 230

desmentido 9, 19, 191, 231, 265

detalhe 84, 85, 183, 208

dinâmica 37, 47, 51, 64, 86, 97, 103, 106, 119, 131, 133, 137, 151, 152, 155, 183, 199, 200, 228, 237, 244, 250, 263, 264, 266, 283, 285, 287, 291, 293, 294

   edípica 106, 287, 293, 294

   fraterna 47, 103, 155, 250, 283, 287

   narcisista 106, 133, 228, 291

discriminação 37, 70, 81, 185, 224, 240, 279

dívida 219, 234

dor 56, 57, 71, 95, 122, 150-152, 196, 197, 235, 237, 243, 254, 263, 264, 269, 271 duplo 18, 19, 32, 36, 37, 51, 54, 60, 65, 76, 77, 97, 99, 118, 120, 131, 136, 155, 165, 167, 181, 182, 200, 204, 208, 225, 228, 231, 238, 250, 251, 254, 264, 265, 271, 285, 289

    bissexual 37, 155, 264, 294

    especular 37, 51, 54, 77, 167, 182, 208, 238

    ideal 37, 54, 99, 165

    imortal 19, 165

    ominoso 18, 19, 97, 118, 120, 181, 200, 238, 251, 271

E

Édipo 5, 12, 52, 78, 87, 89-91, 93, 103-106, 122, 129-131, 134, 139, 144, 161, 162, 173, 174, 191, 210, 215, 216, 222, 228, 264, 273, 282, 290, 292-294

Efraim 43-45

ego 19, 31, 32, 37, 39, 41, 53, 54, 56, 60, 68, 76, 93, 94, 105, 134, 138, 169, 191, 197, 198, 205, 208, 210, 214, 221, 224, 225, 230, 233, 239-241, 243, 250, 254, 265-268, 272, 294

    ideal 32, 39, 41, 54, 68, 76, 138, 197, 198, 205, 208, 210, 225, 241, 250, 266

    ideal do 31, 68, 197, 205, 208, 210, 240, 241, 267, 294

    ideal negativo 54

elaboração 33, 35, 52, 62, 65, 68, 81, 93, 144, 152, 185, 191, 198, 200, 210, 211, 212, 216, 222, 223, 226, 228, 249, 251, 269, 273, 274, 282, 293

Esaú 5, 7, 15-18, 22-28, 33, 36, 42, 43, 47, 51, 87, 131, 137

    "calcanhar de Esaú" 42, 43

    e Jacob na situação analítica 47

estrutura 12, 15, 57, 65, 66, 70, 76, 80, 81, 90, 91, 107, 132, 138, 153, 185, 199, 216, 223, 254, 283

    edípica 12, 216

    fraterna 15

    narcisista 223

F

fantasia 18, 19, 20, 36, 40, 41, 58, 61, 62, 63, 78, 81, 103, 131, 139, 155, 202, 206, 222, 225, 234, 247, 257, 262-264, 267, 271, 283

    de confraternidade e complementação 161

    de excomunhão 103, 131, 160, 161, 200

    de "espancam uma criança" 40, 54, 78, 263, 264

    de gemelaridade 131, 200

    de morte 8, 18, 43, 71, 105, 118, 120, 121, 140, 150, 182, 212, 223, 224, 232, 249, 266

    de rivalidade 131, 138, 188, 292

    de roubo 20, 140

    de roubo da primogenitura 16

    de "se colocar de lado" 21, 22, 200

    do clone 267

    do "gêmeo imaginário" 20, 60, 65, 139, 262

    do "siamês imaginário" 59, 61, 63, 65, 262, 265

    do "unicato" 40, 46, 61, 202, 283

    dos "vasos comunicantes" 61, 131, 225, 257, 262

    edípica 206

    fratricida 36

furtiva 103, 131, 139, 161
inconsciente básica 81
inerentes à fratria 131, 291
parricida 133, 206
favorito 49-50
"Fazedor" 265
filho-progenitor 211, 223
fim de análise na adolescência 241
fratricídio 36, 103, 127, 130, 155, 165
Freud 9, 16, 18, 19, 21, 22, 31, 32, 40, 41, 46, 53, 54, 56, 57, 67, 69, 74, 76, 78, 85-87, 90, 93, 97-108, 119, 121, 130, 134, 144, 156, 173, 191, 194, 200, 203, 205, 206, 212, 213, 215, 222, 233, 238, 242, 243, 249, 263-265, 267-269, 283, 285, 292, 294

G

gemelaridade 16, 18, 131, 200

H

historização 66, 68, 77, 175, 176
Hitler 182, 251, 279, 280-283, 285, 287
homossexual, aspiração 155, 156
homossexualidade 21, 105, 144, 145, 200
Hórus 29, 30

I

ideal 31, 32, 37-39, 41, 54, 68, 76, 99, 138, 165, 197, 205, 208, 210, 224, 225, 240, 241, 250, 264, 266-268, 294
identidade, processo de 12, 21, 68, 181, 182
identificação 39, 56, 60, 70, 75-77, 79, 80, 84, 93, 100, 104, 109, 118, 123, 160, 182, 199, 204, 208, 223, 231, 243, 251, 253-256, 267, 268, 272-274, 282

alienante 272
com o progenitor perturbado 274
heroica 39, 76, 208, 282
imposta 75, 251, 253, 254, 256, 273
reivindicatória 70, 75-77, 79, 80, 282
identificatório, reordenamento 68, 107, 210, 211, 214, 229, 231, 233
indicadores do processo analítico 213, 241
infans 56, 221, 222, 289
ingenuidade 67
imortalidade/mortalidade 38, 41, 47, 133, 134, 135, 137, 157, 162, 163, 168, 204, 206, 207, 208, 221, 249, 255, 267, 289
insight 74, 79, 81, 84, 174, 183, 185, 188, 198, 212, 213
"Interminável" 242
intersubjetivo 26, 33, 77, 108, 120, 222, 264, 267
intrassubjetivo 32, 70, 71, 212, 213, 222
intrusão 75, 76
intruso 16, 131, 201, 207, 250, 256, 290
Irmão/s
como usurpador 19, 106, 107, 138, 204
como duplo 18, 19, 32, 36, 37, 46, 60, 65, 76, 93, 97, 99, 106, 118, 120, 131, 135, 136, 155, 165, 181, 182, 200, 204, 208, 255, 228, 231, 238, 250, 251, 254, 264, 265, 271, 285, 289, 291, 294
"de substituição" 99, 249, 251, 252, 256, 260, 267, 271, 279, 281, 287
enfrentamento entre 32, 131, 137, 250, 285

ordem de nascimento dos 46, 174, 201, 203, 208
relação entre 162
irmão morto 90, 99, 118, 121, 181, 238, 253-255, 287
irmão-progenitor 211, 223
Isaac 17, 18, 22-28, 51, 110, 137
Ísis 29, 30
Israel 28, 33, 34, 36, 41, 42

J

Jacob 5, 7, 15-18, 23-28, 33-39, 41-45, 47, 51, 87, 91, 100, 103, 104, 106, 131, 137
José 41-44, 131, 138
judaísmo 43, 46, 136, 283, 285
Julie Löwy 91, 92, 106, 108, 110, 115
Julius 98-100, 106

K

Kafka, F. 5, 89-95, 97, 98, 106-111, 115-119, 122-124
  "Barulho" 95
  "Carta ao pai" 93, 108
  "Cartas a Felice" 116, 117
  "O abutre" 94
  "O castelo" 107
  "O processo" 123
  "Josefine, a cantora, ou o povo dos ratos" 123-124
  "Os cônjuges" 110
  "Retorno ao lar" 107
  e a mãe colaboracionista 107, 108, 110
  e seu relacionamento com Max Brod 97, 110, 111, 115, 124
Kafka, H. 91-93

L

labirinto narcisista 107
Laio 134, 162
lei 28, 64, 93, 121, 135, 199, 283, 284, 286
  de talião 283
luto 26, 28, 70, 99, 123, 131, 150, 151, 180, 182, 219, 232, 238, 249, 254, 256, 260, 267, 269, 281
  na dimensão edípica 285-287
  na dimensão fraterna 286, 287
  na dimensão narcísica 37, 286, 287
luto patológico 180, 267

M

mal-entendido 104, 273, 293
Manassés 44, 45
masoquismo 57, 65
matricídio 144, 155
memória 29, 54, 63, 68, 71, 118, 120, 150-153, 175, 230, 231, 267, 269
  da dor 57, 71, 150-152, 254, 263, 269
  do rancor 29, 71, 150-152
mito 15-17, 22, 29, 31, 51, 110, 127, 130-137, 155, 166, 205, 206, 255, 285, 290
  de Caim e Abel 127, 130, 132, 135, 155, 285
  de Hórus 29
  de Jacob 7, 15, 16, 24, 26, 33, 35, 37, 38, 41, 43-45, 51, 87, 91, 104

do herói 28, 31, 205, 282

latino-americano 30

morgado 135, 204

mortificação psíquica 225

muro narcisista 53, 55, 57, 59, 69, 266, 273

muro narcisista-masoquista 55, 57, 59, 69

N

narcisismo 12, 16, 18, 19, 29, 38, 39, 41, 53-57, 65, 75, 76, 90, 106, 108, 129, 135, 137, 138, 151, 194, 201, 208, 209, 245, 250, 265, 283, 285, 290, 292-294

afecção 55, 69

armadilha 152, 175, 191

autoimagem 86, 241, 247

contrato 47, 197, 198, 206

crença 16, 39, 91, 119, 122, 123, 154, 166, 168, 197, 202, 225, 265, 268-271, 289

das pequenas diferenças 39, 137, 283, 285

desligamento 37, 190, 222, 230

ego 19, 31, 32, 37, 39, 41, 53, 54, 56, 60, 68, 76, 93, 94, 105, 134, 138, 169, 191, 197, 198, 205, 208, 210, 214, 221, 224, 225, 230, 233, 239-241, 243, 250, 254, 265-268, 272, 294

ferida 38, 54, 107, 116, 193, 201, 249, 252, 269

filial 57

injúria 282

investimento 37, 53, 57, 93, 108, 119, 131, 174, 239, 249

libido 38, 53, 54, 265

masoquista, muro 53, 55, 57, 59, 65, 69, 273

narcisista 12, 15, 20, 26, 34, 37-40, 43, 47, 51, 53, 55, 57, 59-61, 65, 69, 75-77, 86, 99, 103, 106-108, 115, 119, 120, 130, 131, 133-135, 138, 143, 144, 149, 154, 169, 173, 191, 197-199, 201, 202, 204, 206-208, 210, 218, 223, 228, 231, 232, 238, 242, 247, 249, 256, 262, 264-267, 272, 273, 287, 289, 291, 294, 295

nas dimensões intra e intersubjetivas 38, 39, 191, 197, 209, 265, 294

narcisização 42, 52, 55, 264-266

Narciso 12, 54, 87, 91, 122, 129, 131, 153, 166, 169

nazismo 284

necessidade de castigo 21, 32, 62, 140, 174, 293

nivelação 61, 62

O

objeto 8, 11, 21, 37, 38, 40, 53, 56, 59, 60, 76, 77, 81, 93, 106, 107, 110, 120, 125, 132, 133, 148-150, 154, 156, 159, 168, 195, 200, 207, 209-211, 224, 232, 239-241, 264, 265, 267, 268, 270, 271, 273, 289, 290, 292, 294

morto-vivo 180-182, 254

sobrevalorizado 37, 240

obsessivo, pensamento 226

ódio 37, 38, 42, 70, 105, 150, 207, 217, 283

ominoso 18, 19, 37, 76, 97, 103, 108, 118, 119, 123, 131, 153, 180, 181, 200, 238, 239, 251, 265, 271, 290

onipotência 37, 38, 54, 76, 100, 138, 208, 224, 225, 239, 241, 265, 270, 272, 289, 293

outro 19, 20, 26, 38, 40, 63, 77, 85, 107, 131, 138-140, 147, 168, 190, 192, 193, 198, 200, 202, 224, 228, 231, 234, 250, 254, 258, 265, 281, 285, 290

    desejo do 228

    negação mortífera do 285

P

pacto 28, 79, 110, 157, 202

    conluiado 17, 22, 26, 30, 33, 47, 51, 52

    de lealdades 17, 26, 52, 143, 226

    perverso 110, 200

parental, casal 27, 33, 108, 204

parricídio 78, 103, 285

passado 47, 66, 68, 71, 89, 102, 107, 124, 143, 150, 152, 179, 181, 210, 243, 244, 278, 283

patologia pré-narcisista 55, 265

Peniel 33-37

perdão 141, 260, 267, 269, 270

Pigmalião 168, 169

poder 17, 19, 30, 38, 40, 41, 43, 46, 71, 75, 107-111, 119, 124, 127, 128, 133, 143, 150-153, 156, 158, 159, 161, 168, 169, 189, 190, 192, 200, 202, 207, 225, 235, 241, 256, 265, 268, 283-285, 287, 289, 290, 293

primogenitura 16, 18, 25, 28, 164

processo analítico 6, 57, 62, 65, 75, 80, 86, 87, 171, 173, 182, 183, 191, 209-211, 213, 215, 216, 219, 221, 222, 225, 234, 238, 241, 243-245, 247, 249, 251, 274

    de término 244, 247

    identificatório 68, 107, 108, 134, 135, 138, 174, 175, 204, 205, 210, 211, 229, 231, 251

protesto fraterno 200, 202, 203

provocação 40, 125, 133, 137, 196

pseudoindividuação 224

psíquico 56, 57, 65, 75, 85, 100, 123, 130, 169, 176, 205, 212, 213, 226, 242, 265, 289, 291

    funcionamento 57

    mudança 53, 57, 67, 239, 242

pulsão de morte 8, 18, 71, 150, 212, 223, 224, 266

R

rancor 29, 56, 70, 71, 107, 124, 150-153, 219, 269

Rebeca 17, 18, 22, 23, 26, 27, 51

reestruturação 37, 67, 211, 239, 242

relação 20-22, 28, 32, 37-39, 46, 59, 60, 62, 73, 76-78, 85, 99, 100, 103, 105, 108, 112, 117, 130, 132-134, 138, 150, 152, 156-162, 176, 178, 180, 181, 190, 193, 200, 201, 204, 207, 217, 219, 220, 225, 226, 228, 229, 233, 235, 242, 243, 245, 246, 254, 262-265, 268, 272-274, 281, 283, 291

    centáurica 207

    de domínio 133, 157, 201

    parento-filial 22, 46, 133, 137, 157, 197, 199, 232, 234

Rembrandt 43-45
  e o estudo sobre a tela "Jacob abençoando os filhos de José" 43, 46, 137
repetição 42, 76, 137, 150, 166, 174, 175, 180, 211, 212, 251, 277, 293
resistência 35, 53, 68, 81, 233
ressentimento 42, 71, 73, 76, 138, 149, 150, 152, 207
ressignificação 62, 66-68, 160, 209, 210, 230, 231
rivalidade 16, 17, 20, 22, 27, 32, 33, 35, 46, 131, 135, 138, 139, 144, 146, 155, 176, 182, 184, 188, 200-202, 207, 283, 285, 292-294
  edípica 33, 135
  entre gêmeos 18, 20-22, 51, 52, 139
  evitação da 139
  fraterna 32, 33, 35, 46, 131, 135, 144, 200, 202
  no casal 110

S

Sábato 182, 238, 251, 260, 287
sadomasoquista, relação 32, 87, 190, 200, 263
sentimento de si 38, 39, 54, 85, 108, 161, 223, 289
simbiose 20, 139, 153, 182, 185, 190, 207
  familiar 185, 190
  fraterna 153
  mãe-filho 22, 79, 182
  pai-filho 51, 52, 153, 182, 207

sistema 41, 52, 61, 62, 77, 108, 119, 120, 133, 134, 138, 149, 169, 199, 204, 230, 231, 248, 262, 264, 266, 267, 282, 289
  edípico 11, 27, 34, 86, 109, 121, 131, 140, 199, 285, 289
  narcisista 77, 108, 120, 133, 134, 138, 199, 204, 264, 267, 289
  pigmaliônico 34
"sobremorrente" 180, 182
solidariedade 11, 61, 156, 158, 160, 169, 285, 290
superego 32, 34, 68, 90, 91, 93-97, 121, 124, 169, 210, 218, 224-226, 228, 233, 240, 266-268, 294
  da cultura 34, 135, 293

T

termômetro 179
transferência 53, 57, 99, 233, 290, 291
  edípica 290, 291
  fraterna 99, 290, 291
  narcisista 53, 290, 291
transmissão intergeracional 174
trauma 42, 174, 272

V

vergonha, sentimento 40, 120, 175, 225, 262, 265, 271
vínculo fraterno 104, 138, 149
violência familiar 176, 215
vítima 27, 52, 62, 67, 76, 82, 86, 100, 118-120, 123, 134, 141, 152, 269, 274
vitimário 76, 123, 134, 141, 195, 269, 274

GRÁFICA PAYM
Tel. [11] 4392-3344
paym@graficapaym.com.br